本书为国家社会科学基金青年项目"惠农政策执行中的基层权力运行与规制研究"(13CZZ051)成果

惠农政策执行与基层治理现代化

申恒胜 著

中国社会科学出版社

图书在版编目（CIP）数据

惠农政策执行与基层治理现代化 / 申恒胜著 . —北京：中国社会科学出版社，2023.6
ISBN 978 – 7 – 5227 – 1548 – 3

Ⅰ.①惠⋯　Ⅱ.①申⋯　Ⅲ.①农业政策—研究—中国②地方政府—行政管理—研究—中国　Ⅳ.①F320②D625

中国国家版本馆 CIP 数据核字（2023）第 040832 号

出 版 人	赵剑英
责任编辑	田　文
特约编辑	金　泓
责任校对	王太行
责任印制	王　超

出　　版	中国社会科学出版社
社　　址	北京鼓楼西大街甲 158 号
邮　　编	100720
网　　址	http://www.csspw.cn
发 行 部	010 – 84083685
门 市 部	010 – 84029450
经　　销	新华书店及其他书店
印　　刷	北京君升印刷有限公司
装　　订	廊坊市广阳区广增装订厂
版　　次	2023 年 6 月第 1 版
印　　次	2023 年 6 月第 1 次印刷
开　　本	710 × 1000　1/16
印　　张	19.75
插　　页	2
字　　数	266 千字
定　　价	108.00 元

凡购买中国社会科学出版社图书，如有质量问题请与本社营销中心联系调换
电话：010 – 84083683
版权所有　侵权必究

目 录

第一章 导论 ………………………………………………………（1）
  一 研究缘起与问题提出 ………………………………………（1）
  二 研究述评 ……………………………………………………（6）
    （一）乡村社会的政策执行研究 ……………………………（6）
    （二）国家治理中的乡村权力及其行为转换研究 …………（11）
  三 理论资源与研究框架 ………………………………………（21）
    （一）政权、乡土与治理：国家—基层政权—乡村社会的
         三维视角 ………………………………………………（22）
    （二）政策执行中的"基层自主性"：理论反思与实践
         观察 ……………………………………………………（27）
  四 基本框架 ……………………………………………………（32）
  五 研究方法 ……………………………………………………（34）
    （一）个案基础上的质性研究 ………………………………（35）
    （二）乡域研究的反思与实践 ………………………………（37）
  六 样本选择与资料来源 ………………………………………（38）

第二章 治理转型：救灾治理中的政策承接与分类 ……………（42）
  一 灾贫治理：汶川地震对基层治理转型的影响 ……………（42）
    （一）政策惠农：基层政策执行的场域转换 ………………（42）
    （二）灾贫嵌结：地震对国家治理转型的影响 ……………（46）

二　资源分配中救灾政策的承接与转换 …………………… (51)
　（一）救灾与惠农：政策执行的国家文本 ……………… (51)
　（二）承接与转换：政策执行的现实样本 ……………… (56)
三　基层分类治理中的政策统一性与类型化 ………………… (63)
　（一）分类治理下资源分配的统一性 …………………… (63)
　（二）以家户为基础的分类治理 ………………………… (71)
小　结 ………………………………………………………………… (79)

第三章　政策情境：惠农背景下的乡村资源分配秩序 ……… (82)
一　生活理性：惠农政策执行的乡村情境 …………………… (83)
　（一）个体发展：惠农利益与农民行为变革 …………… (83)
　（二）生活理性：农民资源争取的道义伦理 …………… (89)
二　规则呈现：乡村社会中的情法融合 ……………………… (94)
　（一）乡村情理：熟人社会的现实规约 ………………… (94)
　（二）情法融合：政策执行中的分类施策 ……………… (98)
三　信访治理：以惠农为导向的乡村稳态秩序 ……………… (105)
　（一）信访中的非正式治理 ……………………………… (105)
　（二）"一岗双责"下的基层稳控秩序 ………………… (111)
小　结 ……………………………………………………………… (116)

第四章　精准嵌入：扶贫政策执行中的差异化治理 ………… (118)
一　扶贫政策的精准嵌入 ……………………………………… (118)
　（一）规范化的精准识贫 ………………………………… (118)
　（二）精准原则下的差异化治理 ………………………… (123)
二　嵌入生活的精细化帮扶 …………………………………… (128)
　（一）扶贫对日常生活的嵌入 …………………………… (128)
　（二）村庄内源性扶贫及其规范化 ……………………… (134)
三　村庄整体扶贫中的项目运作 ……………………………… (138)
　（一）"关系"运用：扶贫项目争取的能动过程 ……… (138)

（二）"典型"打造：扶贫项目的经营策略 ………………（142）
　　小　结 …………………………………………………（149）

第五章　半正式行政：村干部的政策角色与治理过程 ………（151）
　一　半正式行政下的村干部角色 ………………………（151）
　　（一）村治模式下村干部的边际地位 …………………（151）
　　（二）村干部的半正式政策角色 ………………………（155）
　二　惠农政策执行中的连带治理与社会交换 …………（160）
　　（一）连带治理：村庄的半正式治理机制 ……………（160）
　　（二）社会交换：乡村社会的非正式治理机制 ………（165）
　三　村组干部的话语表达与群体形态 …………………（170）
　　（一）村干部收入的话语表达 …………………………（170）
　　（二）农地收益分配中的村庄权力竞争 ………………（175）
　　（三）农贸市场占地中的群体形态 ……………………（180）
　　小　结 …………………………………………………（185）

第六章　利益自治：农地集体产权的乡土表达 ………………（187）
　一　政权治理转换与农地现实样本 ……………………（187）
　　（一）权力隐身与政权治理的转换 ……………………（187）
　　（二）铁镇农地治理的样本叙述 ………………………（190）
　二　利益自治：农地产权的乡村表达 …………………（197）
　　（一）村民小组：土地收益分配的主体 ………………（198）
　　（二）社保纠纷：农地治理中的社保问题 ……………（202）
　　（三）自治下移：村庄利益博弈的后果 ………………（206）
　三　"集体"的治理：日常生活中的土地产权过程 ……（211）
　　（一）土地出租的"集体"构建 …………………………（211）
　　（二）土地调整的集体约束 ……………………………（215）
　　小　结 …………………………………………………（219）

第七章　文化关联：惠农治理中的农民认同 ……………… (223)
　一　熟人社会的文化关联与利益共融 ……………………… (224)
　　（一）保护：乡村日常生活的文化关联 ………………… (224)
　　（二）共融：混合角色下的利益增长 …………………… (230)
　二　政策评价：惠农政策认同的差异 ……………………… (236)
　　（一）政策评价：绩效考量与认同提升 ………………… (236)
　　（二）执行绩效：农民评价的差异化 …………………… (240)
　三　权威重塑：村庄空间中的农民认同 …………………… (244)
　　（一）村庄闲话的传播与评价 …………………………… (244)
　　（二）农民的正当性认知与构建 ………………………… (250)
　小　结 ………………………………………………………… (256)

**第八章　规制与治理：惠农时代的基层政权建设与治理
　　　　　现代化** ……………………………………………… (258)
　一　常规化的制度规制与基层政权建设 …………………… (258)
　　（一）常规化的制度规制 ………………………………… (258)
　　（二）考核问责下的行为约束 …………………………… (263)
　二　政策互嵌及其制度化：惠农政策执行的现代化进路 …… (270)
　　（一）惠农政策执行的互嵌 ……………………………… (270)
　　（二）基层自主与惠农政策执行的制度化 ……………… (274)
　三　治理现代化视域下的基层政权建设 …………………… (278)
　　（一）理论反思：惠农时代的乡镇治权强化 …………… (278)
　　（二）政策进路：迈向治理现代化的基层政权建设 …… (282)

参考文献 ……………………………………………………… (291)

第一章

导　论

一　研究缘起与问题提出

自2004年至2022年，国家连续19年发布关于"三农"问题的中央一号文件，展现出国家对"三农"问题的高度重视。长期以来，对中国农业社会与小农传统的改造，在国家治理体系和治理能力现代化基础上实现农业农村现代化，塑造和提升农民对国家的认同度，是中国国家治理转型的基本命题和重要任务。在中国治理实践中，这种通过党和政府的"红头文件"来推动政令贯通和战略实施的方式具有鲜明的中国特色，深刻形塑了基层政权的运作环境与行为方式。中央一号文件制定者和发布者的级别、等次处于较高位置，反映了一段时期内国家发展的主导方向和重大战略，对地方治理及其工作具有重要指导作用。地方政府要以此为决策蓝本和行动依据，制定相应的配套政策与执行方案，并在实践中全力推动战略决策的实施。

在国家"三农"政策的战略转型中，2006年，施行两千年之久的农业税正式取消，中国农民正式告别"皇粮国税"，国家对农村社会的治理进入学术界所称的"后税费时代"。这一事件具有标志性和里程碑意义，国家对农民实现了由"取"向"予"的历史性转变，打破了几千年来由分散的小农阶层支撑庞大官僚体系的局面，意味着农业财政的终结。[①] 农

[①] 徐勇：《现代国家建构与农业财政的终结》，《华南师范大学学报》（社会科学版）2006年第2期。

业税的取消使国家寻求更有效的方式破解乡镇治理功能弱化的现状，摆脱"悬浮型"政权①的运作特性，强化政策组织力和执行力，提升基层政权治理权能，构建服务型政府。此后，国家以"支农惠农强农"为导向的"三农"发展战略日益清晰化和系统化，逐步构建覆盖全面、指向明确、配套推进的惠农政策支持体系，开展新农村建设和扶贫开发，并在党的十八大后全力推进精准扶贫战略。2020年全面建成小康社会后，这一战略又被更具发展性的乡村振兴战略所替代。

从国家"三农"政策的持续性和连贯性来看，精准扶贫涉及的基础设施建设、产业发展扶持、教育医疗卫生、人口转移就业、异地扶贫搬迁等具体内容，都清晰明确地体现出对以往"三农"政策的延续和提升，在现实目标和操作原则上也更加精细化。精准扶贫不仅施惠于贫困户，它对其他农民及农村的整体发展都具有重要提升意义。就政策内容而言，精准扶贫实际涵盖了以往各项惠农政策，这些政策最终由基层干部作为主要承载主体去落实和推进。由于惠农政策的执行状况直接影响国家的治理绩效，税费改革后基层政权的"悬浮"状况一直为政、学两界所关注。随着国家支农惠农政策体系的建立，国家试图通过政策供给与资源输入强化基层政权治理能力，夯实基层政权作为国家治理基石的基本功能。饱受学术界"悬浮"争议的基层政权真正下沉到乡村社会，承担起公共服务供给、惠农资源配置、开展精准扶贫与推进乡村振兴等重大战略任务，呈现出"分配型政权"②与"下沉型政权"③等运作特性。因此，"后税费时代"是一个过渡性概念，它无法涵盖农业税取消后国家"三农"政策的转型方向与农村社会的现实状况，而"惠农时代"则是更为科学的表达。

---

① 周飞舟：《从汲取型政权到"悬浮型"政权——税费改革对国家与农民关系之影响》，《社会学研究》2006年第3期。

② 申恒胜：《"分配型政权"：惠农政策背景下基层政权的运作特性及其影响》，《东南学术》2013年第3期。

③ 郭占锋、李琳、张坤：《从"悬浮型"政权到"下沉型"政权——精准扶贫对基层治理的影响研究》，《中国农村研究》2018年第1期。

任何治理的重大"转型"都是在特定事件影响下促成的。2008年的汶川特大地震是国家治理现代化与基层治理转型的重要推动因素，也是有效联结税费时代与惠农时代的时间节点与事件接点。① 灾害作为一种突发性事件，为国家的"有组织进场"创造了条件。救灾的过程也是惠农政策供给与惠农资源输入的过程。在救灾体制下，基层政权必须打破"悬浮"样态，在实践中真正承担起应急救灾、重建开发、资源分配、秩序维系等重大任务。这一工作机制持续到此后的几次重大救灾事件中，如玉树地震、甘肃泥石流、芦山地震等，演变为国家对灾区治理的制度化形式，改变了税费时代基层政权的运作特性与行为方式。国家的"三农"政策逐步由资源汲取转变为资源支持，注重工业对农业、城市对乡村的"反哺"，在改善基层政权资源匮乏与治权弱化困境的同时，不断强化政权权能尤其是服务职能。此后，惠农政策体系的构建、精准扶贫和乡村振兴战略的推进实施，也贯穿这一政策思路，体现出习近平民生思想对以往"三农"政策的系统性提高和理论性升华。

一般认为，"惠农政策"主要是指进入21世纪以来，中国政府为了支持农业的发展，提高农民的经济收入和生活水平，推动农村的可持续发展而对农业、农民和农村给予的政策倾斜和优惠。② 这一较为宽泛的概念界定表明，惠农政策并不单指某一特殊的政策类型，或带有明确惠农色彩的具体政策，而具有宽广性和延展性意涵。当前，尽管某些惠农政策在执行中产生了差异化效果，但国家颁布的"三农"政策实际都着眼于"支农惠农强农"，这是"三农"政策制定的基本出发点和最终归宿。精准扶贫与乡村振兴战略的提出，标志着国家将原来分散的惠农政策整合为系统性的扶贫政策支持体系，将针对农户个体、村庄集体及地区发展的政策进行优化组合，锻造成为系统的国家战略工程。

基于此，本书把一切支持和有利于农村发展和农民生产生活的政策，因其带有积极的"惠农"导向而皆归为惠农政策范畴。按功能分

---

① "节点"强调时间上的片段性，"接点"强调事件衔接上的连续性。
② 奚洁人主编：《科学发展观百科辞典》，上海辞书出版社2007年版。

类，惠农政策主要包括：（1）分配型惠农政策：有关救灾物款、低保、各类补贴等方面的政策；（2）发展型惠农政策：有关义务教育、合作医疗、社会保障、公共设施、融资就业、计划生育、技能培训等方面的政策；（3）稳控型惠农政策：税改、减负、扶贫及与惠农政策执行相关的维稳政策；（4）规制型惠农政策：惠农政策中有关政权建设、反腐倡廉、土地开发、监督考核等的政策规定。根据惠农政策的性质和功能，基层干部具有不同的政策执行偏好与行为取向。基层治理中的诸多问题与事项，虽然缺乏明确、权威、标准化的规定，但总体上仍属"惠农政策"范畴。它不仅有"扶贫开发"的政治内涵，更有达致良政善治的治理内涵。如果对"惠农政策"只做狭义的理解，就无法深刻领会惠农政策的战略意图和治理目标。

笔者对惠农政策执行问题的研究，源于长期以来对中国农村问题的现实关注与理论反思。笔者在2005—2011年在华中师范大学攻读政治学理论与政治社会学硕、博学位期间，受到"华中乡土派"实证研究方法的影响，基于自己的现实关怀与学术旨趣，对中国农村及其治理问题产生了浓厚兴趣。在对农村研究著作研读过程中，笔者发现，由于缺少"在场"意识与经验体认，国外学者对中国农村问题的研究不可避免带有对既有材料的切割和拼装，具有较强的西方话语构建和价值判断色彩。这种"片面的现实"不利于整体性地呈现中国的现代化经验与发展模式，妨碍我们形成对中国乡村社会的整体性认识。跟随团队在湖北、山东等地农村调研时，笔者非常关注国家政策在乡村社会的贯彻落地及各主体间的行为关联问题，对国家治理转型中的农村社会问题进行现实观察和反思，尤其关注地方性知识与事件对国家宏观治理的影响。

2008年汶川地震发生时，全国掀起的抗震救灾热潮及研究的学术自觉，使笔者在2010年6—7月间有机会深入地震灾区调研。在驻地调研期间，笔者接触和访谈了大量基层干部和当地农民，亲身体验到他们对抗震救灾的体验、经历和感知。在应急体制下，国家的救灾治理政策得到了较好执行（这些政策皆属惠农政策的范畴）。由于乡村社会的复杂性与灾害嵌入的突发性,需要我们在生动真实而又不断变换的"研究现场"探讨政策文本与治理实践之融合与差异,以展现惠农背景下政策的执行机制及贯彻落地问题。在持续的学术关注之下,笔者又数次到当地回访,试图在国家惠农政策不断推进的场景中深入发掘基层社会的治理之道,并对此进行方法论反思。

既有的公共政策执行研究更多关注资源下乡进程中形成的"精英俘获"问题,认为基层社会形成了以权力为中介,具有广泛性、隐蔽性和自我稳固性的"分利秩序",造成基层治理的"内卷化"。[①] 这种学术表达背后,隐藏着一种较强的价值判断,即将当前乡村治理问题的根源笼统地归结于基层政权本身,从基层政权与农村社会的相互抵牾角度展现基层精英的独占优势,并站在作为"弱势群体"的农民角度发掘基层权力的失范问题。这尽管可以从社会角度透视和发掘"国家"的运作逻辑,却未呈现和还原基层政权运作的真实样态,也未给出未来发展图景的解释,反而选择性屏蔽掉乡村治理的诸多面向和客观事实。关于惠农政策运行与基层政权的关联性研究,或拘囿于静态的制度分析,或通过"他者"的形式(即农民的表达与行为)来呈现,难以客观反映和理解事实。

经过持续的调研、观察和思考,笔者认为,农业税取消后,基层治理的现实场景经历了从"税费时代"向"惠农时代"的转变,基层治理研究必须抛离"税费"场域的限制,在支农惠农强农的实践场景中呈现其运作机制、演化过程和变革路径。资源支持型乡村治理体制使惠农政策执行与基层政权运作呈现出新特征新变化,需要关注和研究。党的十八大后,随着国家治理体系和治理能力现代化总体目标的提出,国家从不同层面构建了规范透明、公正高效的"权力入笼"制度体系,对强化政策执行力、规范基层政权运作提出了系统要求。2021年4月,《中共中央 国务院关于加强基层治理体系和治理能力现代化建设的意

[①] 陈锋:《分利秩序与基层治理内卷化——资源输入背景下的乡村治理逻辑》,《社会》2015年第3期。

见》发布，提出完善党全面领导基层治理制度、加强基层政权治理能力建设、健全基层群众自治制度、推进基层法治和德治建设、加强基层智慧治理能力建设等具体内容。这需要我们在治理实践中推进基层政权研究，将基层政权研究与政策执行研究有机结合。

从"惠农政策执行"视角切入，能有效观照国家宏观政策话语与基层微观治理情态，呈现惠农政策执行中基层政权与农村社会的互嵌互构，更加精准地审视基层政权在惠农政策执行中的基本样态、运作逻辑及其支配因素。本书试图回答：基层治理从税费时代向惠农时代转型的动力机制是什么？这一转型对惠农政策执行与基层治理现代化有何影响？惠农政策执行如何形塑基层社会治理样态？如何以惠农政策执行为切入点推进基层治理现代化？对这些问题的思考构成了本书的基本问题意识与研究动力。

二 研究述评

学术界对该论域的关注，既涉及公共政策执行问题，又内含政策执行主体的研究，包括基层政权及村庄权力问题。

（一）乡村社会的政策执行研究

国外对公共政策执行问题的关注和研究较早，研究成果和研究体系较为系统全面。1951年哈罗德·拉斯韦尔（Harold D. Lasswell）与勒纳（Daniel Lerner）在其合著的《政策科学：视野与方法的近期发展》一书中正式提出"政策科学"概念之后，公共政策执行问题就在政策研究中处于重要地位。在查尔斯·林德布罗姆（Charles E. Lindlblom）、托马斯·戴伊（Thomas Dye）等对政策制定研究的基础上，20世纪70年代起美国掀起了政策执行研究的热潮，主要遵循三条研究路径：一是自上而下的研究路径，认为政策目标与政策执行结果并非上传下达的直线关系，而是存在一定的执行偏差。二是注重通过理论分析框架和模型建构，强调政策制定与执行之间的互动及其影响。三是提出更具整合性的政策执行框架，关注府际关系（垂直体系、水平体系）对政策执行的影响。①

西方公共政策执行的理论框架与概念模型奠定了政策执行的理论基础，但中西方的政治制度、社会结构与历史传统的差异，使我们研究惠农政策执行问题，必须更多地在中国本土的实践框架与治理经验基础上进行理论提炼与范式创新。在国内，早期的研究成果更多从公共管理学的角度探讨公共政策执行的概念、问题、逻辑和分析框架等相对宏观的主题，主要体现在一些教材和专著中，如陈振明的《政策科学：公共政策分析导论》、金太军的《公共政策执行梗阻与消解》、陈庆云的《公共政策分析》、张金马的《政策科学导论》、桑玉成的《公共政策学导论》、宁骚的《公共政策学》等。尽管许多学者已经注意到政策研究的重要性，但他们更多地从规范性的理论与框架的结构角度进行研究，未能在变动的社会场景中关注政策执行问题。

自20世纪90年代中后期开始，随着村民自治逐步激活农民权利意识，村委会选举成为农民政治参与的重要方式，同时由于税费改革导致乡村治理问题的增多，这在学术界形成了以村民自治与乡村治理为核心的研究热潮，推动了农村政治学的发展和兴起。其中，国家政策的执行问题是一个重要的研究内容，尤其是中国共产党进入农村开展革命以来，其对乡村社会的组织、动员与整合等问题受到较多关注。由于理论与研究问题的产生主要基于中国现实的情境与乡村治理的需要，而众多研究者的介入和参与，使得这一时期的政策执行研究更多与乡村社会嵌结在一起，即采取国家与社会互动的视角，透视国家政策在乡村社会的实践逻辑与运作困境，或从乡村社会本身出发，反观乡村政策执行对国家治理的影响及效果。

任何公共政策的执行都涉及对社会权威性利益的分配及相关群体的

---

① 贺东航、孔繁斌：《公共政策执行的中国经验》，《中国社会科学》2011年第5期。

认同重构。农村社会作为国家治理的基础,政策执行的好坏直接关系到惠农政策目标的达成。基层政府作为惠农政策执行的重要主体,发挥着打通政策执行"最后一公里"的职能。但受中国政府结构与行政模式的影响,政策执行结果与政策制定目标往往呈现出较大差异。既有研究表明,以"政党下乡"与"行政下乡"为支撑的"政策下乡"[①] 在乡村社会经常遭遇公共资源被精英"俘获"的问题,[②] 进一步加剧了农村的治理困境。

关于政策执行的研究,学术界已经形成一些共识性的分析概念和研究框架。许多学者用"变通"这一概念来解释当前中国的政策执行状况、实践困境及其效果。研究认为,地方的变通是当代中国政治权力运作的一种普遍机制,[③] 合理的政策变通是一种政策"渐进调适"方式。基层干部在实践中拥有虽受限制却切实存在的自主性,他们容易在执行中改变政策,一种选择性的政策执行的模式已经在中国的乡村中形成。[④] 众多研究探讨了政策执行的运作过程与技术策略问题,具有丰富的学理传统。周雪光对政府行为的研究发现,政策制定和政策执行环节之间存在松散连接、分离偏差,甚至相互对立的现象。[⑤] 强世功在对中国宪法的研究中也发现了"规范"与"事实"或"表达"与"实践"

---

① 参考徐勇教授的相关文章:《"政党下乡":现代国家对乡土的整合》,《学术月刊》2007年第8期;《"行政下乡":动员、任务与命令——现代国家向乡土社会渗透的行政机制》,《华中师范大学学报》(人文社会科学版) 2007年第5期;《"政策下乡"及对乡土社会的政策整合》,《当代世界与社会主义》2008年第1期。

② 李祖佩、曹晋:《精英俘获与基层治理:基于我国中部某村的实证考察》,《探索》2012年第5期。

③ 王汉生、刘世定、孙立平等:《作为制度运作和制度变迁方式的变通》,香港:《中国社会科学季刊》1997年冬季号。

④ 欧博文、李连江:《中国乡村中的选择性政策执行》,载[德]托马斯·海贝勒、[德]舒耕德、杨雪冬主编《"主动的"地方政治:作为战略群体的县乡干部》,中央编译出版社2013年版,第341—364页。

⑤ 周雪光:《基层政府间的"共谋"现象——一个政府行为的制度逻辑》,《开放时代》2009年第12期。

之间的巨大背离。① 在此基础上，许多学者对政策变通的形式进行了划分：庄垂生将其分为自定义性、调整性、选择性和歪曲性四种形式；② 王汉生、刘世定、孙立平等从变迁的角度将政策变通划分为：重新定义政策概念边界、调整制度安排的组合结构、利用制度约束的空白点、打政策的"擦边球"等。③

这些研究大多建立在国家、政府与社会的互动框架基础上。政策制定遵从从社会诉求到政府决策的基本路径，政策执行遵从的是"从政府到社会"的路径，它是一个社会建构的过程，④ 它因科层结构、地方性规范、权力边界、实践情境的不同而导致不同乃至截然相反的实践样态。⑤ 从规范性的意义而言，政策制定者、政策执行者与政策目标群体之间是一种"互依三角"关系，任何一个环节的利益诉求都可能导致政策失灵。⑥ 但在实践中，政策的制定与执行是相互分离的，体现出政治与行政的二分原则，即按照"上令下行"的原则来实现政令的传递。许多研究将政策执行的失效归结于高度分化的科层结构。⑦ 中国国家治理的链条和规模漫长而庞大，科层体制的层级结构使得不同部门之间的横向交流和垂直管理非常困难，而行政管理体制中作为垂直管理的"条条"与作为属地管理的"块块"之间的矛盾，导致政府管理中存在普遍的"碎片化"的制度结构和部门自我中心主义。⑧ 这在实践中极易

---

① 强世功：《中国宪法中的不成文宪法——理解中国宪法的新视角》，《开放时代》2009年第12期。
② 庄垂生：《政策变通的理论：概念、问题与分析框架》，《理论探讨》2000年第6期。
③ 王汉生、刘世定、孙立平等：《作为制度运作和制度变迁方式的变通》，香港：《中国社会科学季刊》1997年冬季号。
④ 郑石明：《嵌入式政策执行研究——政策工具与政策共同体》，《南京社会科学》2009年第7期。
⑤ 秦振兴：《双重嵌入：农村政策执行的失真性实践机制研究》，硕士学位论文，吉林大学，2017年。
⑥ 赵蜜、方文：《社会政策中的互依三角——以村民自治制度为例》，《社会学研究》2013年第6期。
⑦ 陈家建、边慧敏、邓湘树：《科层结构与政策执行》，《社会学研究》2013年第6期。
⑧ 孔祥利：《地方政府与驻地中央机构的互动——以"央视大火"的应急处置过程为例》，《中国行政管理》2012年第6期。

造成政策执行的偏差和扭曲。

众多学者探讨了政策执行失效的原因,总体而言观点具有一致性。丁煌用制度分析方法探究了政策执行中的阻滞现象,认为它是政府权力划分缺乏规范、横向机构间职能配置交叉重叠、政策执行监督制度不健全、干部管理制度不合理等因素共同作用的结果。① 王国红认为政策规避是政策执行中的常见现象,他把原因归结于利益驱动和政策执行机制的缺陷。② 赵吉林则将公共政策执行出现偏差的原因归结于政策执行者的自主化。③

在乡村治理中,基层政府是在一个"以党领政"、党和国家相互嵌入的独特结构和政治生态中执行政策的,具有"高位推动"的多层级、多属性特点。④ 宏观的政策文本在落地过程中,地方政府基于具体的政策执行环境,为了降低政策执行的难度,往往根据地方实际和利益状况调整政策目标、执行规则与程序,变通性地创造出一套灵活的、可操作的"土政策",进而偏离了国家的政策初衷。它具体表现为基层政府基于自身利益考量的选择性政策执行、因政策理解偏差而导致的错位与变通、以文件和会议落实政策造成的政策执行空转,以及对原有政策目标的替换性政策执行、象征性政策执行、附加性政策执行⑤,这都在一定程度上造成了政策执行的偏差,成为公共政策执行的非正常现象。政策实用性低与执行压力变化所带来的政策消极执行与运动式执行的交替,使得政策执行呈现波动式执行的特征。⑥ 尽管国家治理能力不断强化,治理技术持续进步,但当政策文本遇到地方社会的具体情境时,仍然难

---

① 丁煌:《我国现阶段政策执行阻滞及其防治对策的制度分析》,《政治学研究》2002年第1期。
② 王国红:《论政策执行中的政策规避》,《唯实》2003年第2期。
③ 赵吉林:《公共政策执行自主化的成因分析》,《云南行政学院学报》2003年第1期。
④ 贺东航、孔繁斌:《公共政策执行的中国经验》,《中国社会科学》2011年第5期。
⑤ 王汉生、刘世定、孙立平等:《作为制度运作和制度变迁方式的变通》,香港:《中国社会科学季刊》1997年冬季号。
⑥ 陈家建、张琼文:《政策执行波动与基层治理问题》,《社会学研究》2015年第3期。

以得到完全的贯彻落实。在"压力型体制"[①]与政治锦标赛体制[②]的约束下，基层政府在被动承接和执行上级政策的过程中，逐步在制度环境中寻求和扩展政策变通的自主性空间，并在政策目标与政策实践之间维持一种动态平衡。

从以上研究可以看出，既有的政策执行研究遵循政策本身（政策统一性与灵活性之间的张力）、科层结构（政策执行中的行政链条及其信息失真）、利益主体（政策执行者作为利益主体所具有的谋利倾向）与执行机制（基于具体的政策执行语境而进行的政策选择与变通）等解释路径。这一路径更多关注政策本身及执行主体，却无意中忽视了政策执行对象与执行环境对政策执行过程的影响。本书认为，对惠农政策执行的研究，不能仅仅关注基层政府及村庄社会（村干部），而要在基层治理的具体情境与变换场景中进行研究，尤其要关注农村社会对政策执行的影响。

（二）国家治理中的乡村权力及其行为转换研究

基层政权并不只是与基层权力机构相关的一整套制度设置，更是以基层干部为承载主体、以基层权力为内核的机构创制与权力配置的统一体。研究惠农政策执行，不能也无法避开基层权力问题。"权力"作为政治学、社会学等学科的重要分析概念，学术界围绕该主题的研究，主要在"国家—社会"分析框架下展开，并以国家治理变革为场景，在理论范式构建与经验研究方面，产生了系列值得借鉴的成果。诸多学者对权力进行了类型学分析，如迈克尔·曼把权力分为"专制权力"和"基础性权力"，[③] 费孝通将村庄权力划分为同意权力、横暴权力与教化权力等类型。[④]

---

① 荣敬本：《从压力型体制向民主合作制的转变：县乡两级体制改革》，中央编译出版社1998年版。
② 周飞舟：《锦标赛体制》，《社会学研究》2009年第3期。
③ Michael Mann, *States, War, and Capitalism*, Oxford: Blackwell, 1988, pp. 5-9.
④ 费孝通：《乡土中国》，上海人民出版社2007年版，第56—64页。

1. 革命、集体化与治理转型中的村庄权力研究

晚清以降，随着国家政权建设的推进，在战争、革命及集体化的宏观政治环境下，中国的乡村权力结构及其实践机制随着政治环境的推移而呈现出不同的特征。随着国家政权的下沉，"皇权止于县政"的传统政治结构被打破，国家政权下乡重塑了乡村社会的权力结构与内生秩序，立基于"权力的文化网络"基础上的"保护型经纪"逐步蜕变为以获益为导向的"赢利型经纪"。① 这成为中国革命发轫于农村的社会诱因。20世纪上半叶，许多学者关注乡村精英与地方社会发展问题，并成为一种研究传统，如明恩溥对"乡村头面人物"的研究发现，村庄管理"并非由全体村民承担，而是由少数几个人承担"②。萧公权在研究19世纪帝国的控制体系时，也对士绅的角色与作用及其与官僚制政权的区隔给予了特别关注。③ 张仲礼对19世纪中国绅士的构成、特征及社会选择机制进行了研究，并分析了这一独特社会集团在国家治理中的作用。④ 他在《中国士绅的收入》中进一步研究了中国士绅的收入来源及其结构分化。随着中国的现代化转型，地方精英的分化现象越来越明显，研究者对于这个群体的关注置于经济变革、政治转型与社会重组的背景下，代表性的研究成果有：费孝通在《江村经济》中对中国农村社会政治精英、经济精英和宗教精英的研究（1938年），林耀华在《金翼》中对宗族精英的研究（1948年），杨懋春在《一个中国村庄：山东台头》中对社区宗族、宗教和政治精英的研究（1945年）等。

在国家政权建设与社会转型的基础上，乡村权力运作结构、形态、变迁与困境等问题成为关注的焦点。杜赞奇（Prasenjit Duara）以"权

---

① ［美］杜赞奇：《文化、权力与国家——1900—1942年的华北农村》，王福明译，江苏人民出版社2003年版，第28—37页。
② ［美］明恩溥：《中国乡村生活》，午晴、唐军译，时事出版社1998年版，第57页。
③ 萧公权：《中国乡村——论19世纪的帝国控制》，联经出版事业股份有限公司2014年版。
④ 张仲礼：《中国绅士》，上海社会科学院出版社1991年版。

力的文化网络"解释政权建设中乡村权力的异变问题;① 简·奥伊（Jean Oi）在《当代中国的国家和农民》中，分析了原子化的社会权力如何影响精英化的社会权力和政治权力;② 孔飞力对"乡村名流"进行了研究，阐述了这一群体在晚清地方军事化的实践行动与影响。③ 周荣德则关注一个社区中士绅阶层的阶层结构、社会特征、生成方式与阶级属性，强调了中国社会阶层结构的开放式秩序和士绅流动性生成的多种途径。④

在农村的组织结构、生产方式、思维观念与风俗习惯都受到国家形塑的背景下，革命话语影响下的乡村政治精英的身份、角色与地位等问题受到更多的关注。韩丁（Willam Hinton）的《翻身》与《深翻》，克鲁克夫妇（Isabel and David Crook）的《十里店：一个村庄的群众运动》，弗里曼等人的《中国乡村，社会主义国家》，黄树民《林村的故事》等研究成果，均以村庄为研究样本，通过对中国经验的考察，分析土改、整党、公社化与改革中的经济整合、政治动员、社会控制与文化改造，探讨作为"国家代理人"的基层权力精英与地方社会之间的整合进程及其差异，形成了海外学者对中国近代农村革命与改革的系列研究作品。在国家的高强度整合下，以"命令—服从"为特征的科层体制推动基层干部成为国家的代理者，他们对制度的"组织性依附"⑤使其可以利用制度性权力在乡村社会推行国家的政策。

传统的地方精英理论为我们分析公共政策执行提供了参考，但政治环境的变化使得我们所关注的乡村干部在许多方面都不同于传统权力精

---

① ［美］杜赞奇:《文化、权力与国家——1900—1942年的华北农村》，王福明译，江苏人民出版社2003年版。

② Jean Oi, 1989, *State and Peasant in Contemporary China: The Political Economy of Village Government*, University of California Press.

③ ［美］孔飞力:《中华帝国晚期的叛乱及其敌人——1796年—1864年的军事化与社会结构》，谢亮生、杨吕泉、谢思炜译，中国社会科学出版社1990年版。

④ 周荣德:《中国社会的阶层与流动——一个社区中士绅身份的研究》，学林出版社2000年版。

⑤ 孙立平、王汉生等:《改革以来中国社会结构的变迁》，《中国社会科学》1994年第2期。

英，作为体制内精英的乡村干部也仅仅是该研究的一部分内容。许多研究注意到明清地方士绅与当今乡村干部之间在功能上的内在关联，如维维恩·舒（Vivienne Shue）提出，1949年以来中国农村的地方干部，从功能上来看，是明清时期士绅精英的继承人。如同士绅一样，地方党的干部面对本地社区和国家，在政治体系中起到掮客和中介人的作用。① 王国斌则审慎地表达了两者之间的差异，他认为明清时期中国的地方士绅生活在全国各地，他们在总体上并未达成一致，也未以地方党干部的方式出现在村庄内。干部比起士绅来更加接近本地农民，他们对本地农民所负的责任也大大超过士绅精英。②

改革开放以来，随着"乡政村治"治理结构的建立，村民自治作为嵌入村庄的一项制度安排，在村庄事务中发挥着愈益重要的作用。因村委会选举、村庄治理催生的新的社会结构与问题，促使许多研究者把视野转移到村庄，探讨村庄选举与治理的样态、问题与对策。作为乡镇权力延伸的村干部行为角色问题，也成为重点研究内容，并形成了几种具有代表性的理论：

一是"双重角色"理论，这一观点在承继费孝通"双规政治"理论的基础上，认为在村庄治理中，村干部扮演着"政府代理人"和"村民当家人"的双重角色，政府和村民对村干部的不同期盼使其在实践中容易陷入角色困境。③

二是经纪理论，主要借鉴杜赞奇对乡村精英的类型划分，认为村干部的类型可以根据其行动取向划分为"保护型经纪"和"赢利型经

---

① Shue Vivienne, 1988, *The Reach of the State: Sketches of the Chinese Body Politic*, Stanford University Press. 转引自［美］王国斌《转变的中国：历史变迁与欧洲经验的局限》，李伯重、连玲玲译，江苏人民出版社1998年版，第127页。
② ［美］王国斌：《转变的中国：历史变迁与欧洲经验的局限》，李伯重、连玲玲译，江苏人民出版社1998年版，第127页。
③ 徐勇：《村干部的双重角色：代理人与当家人》，香港：《二十一世纪》1997年8月号（总第42期）。

纪"，① 他们在某种程度上沿袭了传统经纪的行为模式。在治理精英与大众之互动中，"父母官"与"子民"的角色定位使两者体现为监护与被监护的关系，但在城市化进程中这种"监护人"角色不断被弱化。② 村干部应该是村民利益的代表者与维护者，其他种种角色都是对这一应然角色的偏离。③

三是"双重边缘"理论，认为村组干部"处于政府体制和农民社会的边缘地带，既为两者所需要，却又无法为两者真正接纳，只能在结构的夹缝之中讨生活，求利益，属于一种特殊意义上的'边缘群体'"④。村组干部实际处于一种"边际人"境况，即处于行政管理系统（官系统）和村民自治系统（民系统）的边际位置。当两者发生矛盾时，他们大多向民系统一方回归。⑤

四是"撞钟者"理论，即随着税费制度的改革，乡镇财权不断被上收，而事权却逐步下放，乡村因资源匮乏导致治理结构发生重大变化，村庄正式权力日益弱化，村干部成为村庄秩序的"守夜人"和村政中的"撞钟者"。⑥ 在惠农背景下，资源的输入使乡村各利益主体的谋利取向更加凸显，基层政权与农民在"权力—利益的结构之网"⑦下，开始打破熟人社会的社会关联与人情结构，演变为一种具有强大张力的博弈关系。

以上研究置于国家与社会的结构谱线中，更多从两者的二元对立来

---

① 贺雪峰、阿古智子：《村干部的动力机制与角色类型——兼谈乡村治理研究中的若干相关话题》，《学习与探索》2006 年第 3 期。
② 申静、陈静：《村庄的"弱监护人"：对村干部角色的大众视角分析》，《中国农村观察》2001 年第 5 期。
③ 陈永刚、毕伟：《村干部代表谁？——应然视域下村干部角色与行为的研究》，《兰州学刊》2010 年第 12 期。
④ 吴毅：《双重边缘化：村干部角色与行为的类型学分析》，《管理世界》2002 年第 11 期。
⑤ 王思斌：《村干部的边际地位与行为分析》，《社会学研究》1991 年第 4 期。
⑥ 吴毅：《"双重角色"、"经纪模式"与"守夜人"和"撞钟者"——来自田野的学术札记》，《开放时代》2001 年第 12 期。
⑦ 吴毅：《"权力—利益的结构之网"与农民群体性利益的表达困境——对一起石场纠纷案例的分析》，《社会学研究》2007 年第 5 期。

探讨基层权力的角色困境，带有不可避免的缺陷。在集体化和税费改革背景下，这种极化和对立无法给出基层政治运作真实样态和发展图景的解释，反而屏蔽掉更多异于两者的融通与互动状态。在治理实践和运作过程中，乡村权力的角色定位并不必然固定在国家或社会的某一端点上，而是在其间左右摆动，呈现出一定的偏移性和自主性，其内在因素在于国家整合力度与乡村自组织力量的互动状况。既有研究也发现，随着国家干预力度的不同，社区精英的行为归属在国家与社区之间游移：他们从土改前的村庄社会"保护人"，转变为土改后国家政权在村庄里的"代理人"，再到改革后发展为具有相对自主性的群体，成为村庄的"承包人"。①

已有研究多是在国家与村庄社会的二元架构中对乡村干部角色定位的应然摹写，是一种静态的和结构主义的普适性分析，而非过程化的情景性研究。② 这种静态的分析有助于我们理解权力结构的特征，但权力本身并不是孤立存在的，而是置于一定的政治环境、社会制度、文化生态及利益结构中，是一个动态的实践运作过程。权力的分属呈现出非均衡性和差异性，需要我们在具体的实践场景中理解和把握。

2. 国家政权建设中的基层政权研究

在运作体制上，费孝通认为中国传统政治是一种"双轨制"，即"自上而下的中央集权体制"与"地方社会自治"双轨。③ 在这种分类基础上，黄宗智提出了"集权的简约治理""半正式基层行政"等概念概括中国传统社会治理的特征。由于传统官僚化的限度及节约治理成本的需要，国家不得不依靠大量非正式官员和地方性知识对县以下的乡村社会进行治理，却无法对其支付薪俸并给予"名分"。改革开放以来，"简约治理"所包含的半正式组织和地方社会自治模式没有发生实质性

---

① 宿胜军：《从"保护人"到"承包人"》，载杨善华、王思斌主编《社会转型：北京大学青年学者的探索》，社会科学文献出版社2002年版，第113、123页。
② 吴毅：《双重边缘化：村干部角色与行为的类型学分析》，《管理世界》2002年第11期。
③ 费孝通：《乡土中国》，上海人民出版社2007年版，第277—280页。

改变。① 基层纠纷问题在处理过程中，也依赖半官半民的纠纷处理制度，在这一领域中，国家（官方审判）与社会（民间调解）展开交接与互动。②

在中国基层治理实践中，非程式化的乡村规则仍然发挥重要作用。正是依赖这些半正式官员的帮助，正式的国家权力才得以不断扩展其控制范围与治理能力，实现了晚清以来国家一直努力却未达成的权力下沉目标。孙立平、郭于华等人对华北收粮案例的研究发现，基层干部将诸如人情、面子、常理等日常生活原则和民间观念引入正式权力行使过程，展现出"正式权力的非正式运作"逻辑。③ 这也表明，国家权力与乡村社会边界的模糊交织，使乡村权力的具体实践过程具有复杂化和实用性特点。但这种张力关系并未妨碍国家与社会在基层治理方面互相依赖，反而使基层社会呈现出"实体治理"的特点，即"国家与社群共同参与，官方职能与地方制度安排交织在一起，互助合作，官民两利"④。这一样态广泛存在于中国乡村治理结构，它既使国家与社会的利益实现了相互耦合，也因非正式官员的自利行为导致国家政治权威与地方社区利益遭受双重损失。

乡村治理实践受到一些非正式规则的约束。历史学者吴思在对中国传统社会结构进行研究时提出了"潜规则"概念，它是隐藏在正式规则之下、实际上支配着社会运行的不成文的规矩。⑤ 它作为一种权力结构方式，通常围绕作为代理人的官员个体建立起来，并与公共权力以及以此为基础形成的公共规则紧密嵌结并相互替代。吴钩也发现，在正式

---

① ［美］黄宗智：《集权的简约治理——中国以准官员和纠纷解决为主的半正式基层行政》，《开放时代》2008年第2期。
② ［美］黄宗智：《经验与理论：中国社会、经济与法律的实践历史研究》，中国人民大学出版社2007年版，第137页。
③ 孙立平、郭于华：《"软硬兼施"：正式权力非正式运作的过程分析》，载《清华社会学评论》第1辑，鹭江出版社2000年版。
④ ［美］李怀印：《华北村治——晚清和民国时期的国家与乡村》，中华书局2008年版，第15页。
⑤ 吴思：《潜规则：中国历史中的真实游戏》，复旦大学出版社2009年版，第1、259页。

的科层权力结构之外，还存在一个隐权力系统。这种隐权力来自私人关系网络的权力辐射，中国传统官场中的人情、面子、威望等因素在实践中与正式权力紧密关联。①翟学伟等人对人情、面子等乡村实践机制的研究，实际上也揭示出乡村社会权力再生产的逻辑，是正式权力在乡村社会的扩充。②

受村民自治实践的影响，诸多关于基层权力的研究更多是以村庄为研究单位的。由于村庄视野的限度，造成了越来越多的对经验性材料的切割和拼装，③推动农村政治的研究视野逐步抬升至乡镇，从政权运作与政权建设的角度来展现政治学的学科禀赋。乡镇处于国家行政体系的末端，是国家治理的基石，承担了大量治理任务。由于乡镇履行重要的国家治理职能，许多农民也将其看作"国家"。然而，乡镇作为国家在基层的代表，具有"能动地利用一切条件合理地扩展自身权益的能力"④。它"建立了一个可以随时使用国家名分的基层组织，它有选择地贯彻国家的意图，但更多的是利用官方地位增加自己集团的政治经济利益"；"它具有因地制宜、因事制宜和因人制宜的权力，具有管辖本地事务的（非法律意义上的）'自主性'，具有摆脱国家和社会监督的（非法律意义的）'独立'地位"。⑤因此，基层政权的身份角色具有多重性特征，要从乡镇权力的运作实践与现实机制出发，透视基层政权的具体运作逻辑及其对国家政策的影响。

许多研究通过透视基层政权的行为角色来分析其运作特性，试图找出"角色—行动"之内在关联，探讨基层政权在乡土社会的运作机制及其绩效。研究发现，农业税取消之前，基层政权作为一个公共机构，

---

① 吴钩：《"隐权力"：中国历史弈局的幕后推力》，云南人民出版社2010年版，第3—6页。
② 翟学伟：《人情、面子与权力再生产》，《社会学研究》2004年第5期。
③ 徐勇、吴毅、贺雪峰、仝志辉、董磊明：《村治研究的共识与策略》，《浙江学刊》2002年第1期。
④ 熊万胜：《基层自主性何以可能——关于乡村集体企业兴衰现象的制度分析》，《社会学研究》2010年第3期。
⑤ 张静：《基层政权：乡村制度诸问题》，上海人民出版社2007年版，第44页。

其在实践中的运作特性与其公共职能相悖，体现出较为明显的资源汲取性与利益经营性特征。20世纪90年代中后期以来，国家分税制改革导致地方财政权力上收和集中，基层政府陷入资源匮乏而事务增多的困境。2006年农业税的取消剥夺了基层政府的许多税收权力，基层政府的财政开始捉襟见肘，甚至到了"财政空壳化""吃饭财政"的地步。在此基础上，基层政府的经营性特征受到更多关注。张静用"政权经营者"概念来解释基层政权参与经济活动时的角色，她发现，政府从事营利事业的行为普遍受到鼓励，并被认为是体现了公共事业的发展，但政府与其他经营者的地位并不对等。① 杨善华、苏红将基层政权划分为"代理型政权经营者"与"谋利型政权经营者"两种类型，改革前基层政权主要代理国家对地方进行经营，而改革后基层政权转变为谋求自身利益的行动者。② 随着乡村治理的结构转型，基层政府在对待国家政策方面的态度更具实用性，在实践中以更加积极的态度扩展自己的政策和制度空间。赵树凯提出"基层政府公司化"概念，它集中表现为政府以追求经济增长，特别是财政收入为最高动力，却缺乏动力提供公共物品，导致基层社会内部的张力无法有效化解。③

税费改革后，基层政府的财政权能日益弱化，而"乡镇政府的权力体系是残缺而虚弱的"④，许多学者以"乡域"为研究单位和对象，展现了乡镇权力的运作策略与态势。在资源匮乏的约束下，乡镇"跑钱"和借债的行为取向更加凸显，乡镇财政主要依靠上级转移支付，没有实质性的财权、人事权和事务权，没有力量和动力提供公共产品，成为事实上的县级政权组织的派出机构，成为高度依赖县级政权组织的

---

① 张静：《基层政权：乡村制度诸问题》，上海人民出版社2007年版，第50页。
② 杨善华、苏红：《从"代理型政权经营者"到"谋利型政权经营者"——向市场经济转型背景下的乡镇政权》，《社会学研究》2002年第1期。
③ 赵树凯：《农村发展与"基层政府公司化"》，《中国发展观察》2006年第10期。
④ 赵树凯：《乡镇改革谈何容易》，《中国发展观察》2006年第1期。

"政权依附者",① 基层政权与农民的关系从过去的汲取型转变为更为松散的"悬浮型"。② 乡镇政权处于科层制组织序列的末梢,又处于自上而下的压力型体制下,同时还面对一个自下而上的乡村社会,这一多重结构形塑了乡镇"维控型"政权的本质特性。③ 在这一政权样态下,基层政府无法有效回应乡村社会的各种需求,只能援引各种策略技术完成上级任务并维持社会稳定。吴毅通过人类学的"深描"形式,摆脱"国家—社会"研究范式下以国家为本位的精英研究路径,深入乡村社会内部探究权力运行的社会基础及内在逻辑,展现了基层政权、村级组织和农民在复杂的互动结构中博弈共生的过程和状态。④ 董海军从角色类型学的角度分析了乡村干部群体的角色实践及其弱势化困境,认为角色超负与角色闲散都违背了政治理性,而其由于经济收入缩水、权威日益受损、社会声望及地位逐渐降低而处于弱势化境地。⑤

这些研究均以中国乡村社会的结构性变迁与治理转型为背景,关注改革开放以来乡村治理变革与国家财政体制改革对基层政权运作的影响,丰富了基层政权运作的理论,为本书奠定了深厚的理论基础。在20世纪90年代以来村民自治与税费改革的背景下,通过阐释国家政权建设在乡村社会的实践机制及其效果,可以呈现国家与社会之间的多重复杂关系,进而探讨国家政权下乡面临的问题与解决进路。

然而,已有研究更多关注国家自上而下的政策传递而较少关注农村社会的回应,无法摆脱制度、权力、利益等政策执行问题的传统解释路径;过于强调基层干部的利益取向与经营性特征,无法全面、整体地呈现基层权力的运作样态与基本特征。同时,概念式抽象逻辑的

---

① 饶静、叶敬宗:《税费改革背景下乡镇政权的"政权依附者"角色和行为分析》,《中国农村观察》2007年第4期。
② 周飞舟:《从汲取型政权到"悬浮型"政权》,《社会学研究》2006年第3期。
③ 欧阳静:《"维控型"政权:多重结构中的乡镇政权特性》,《社会》2011年第3期。
④ 吴毅:《小镇喧嚣:一个乡镇政治运作的演绎与阐释》,生活·读书·新知三联书店2007年版。
⑤ 董海军:《乡镇干部群体的角色实践及其弱势化:一项类型学的观察》,《社会》2005年第6期。

"应然性"思考虽有助于我们把握基层政权的内涵、结构与本质,却无法获得对政权运作过程的动态理解。惠农政策的目标群体是非程式化和非规则化的农村社会,并不完全按照科层逻辑并遵循一套规范化的技术理性程序而运作,而是受到乡土社会特有规范与知识传统的影响。惠农政策必须按照社会整体的利益需求和价值规则去制定,要求执行者严格照章、依法办事。村庄社会的内生秩序以地方性知识和规范为治理基础,基层干部作为治理主体,需要将国家的治理目标融入地方性规范的整体框架,实现国家政策与地方规范的有机结合和相互配套。

这样,以惠农政策为切入点研究基层政权的运作,就需要对照国家规范化的政策文本与基层治理实践之间的内在差异,探求市场化、现代化冲击下的农村社会结构、思维理念与价值规范对国家政策的影响及其回应。在基层治理体系和治理能力现代化的背景下,追索基层政权如何承接、执行和转换国家的政策文本,将政策执行嵌入乡村社会结构的具体情境,达成国家意志与乡村利益的整体性一致,需要立足于乡村社会作出动态性考察。通过拓展惠农政策研究与基层政权研究的学理价值,可以有效提升"国家—基层政权(惠农政策)—农民"的理论解释力。这也是破解"上有政策,下有对策"政策执行困局的题中之义,是实现国家政令畅通和基层善治的现实需要。

三 理论资源与研究框架

基层政权运作的场域从税费时代向惠农时代的转变,使基层社会进入一个以资源分配为主要内容的治理格局。基层政权由"汲取"到"分配"的功能转变,使惠农政策执行融入了更多的主体性因素。其中,以惠农政策为关联的国家、基层政权与乡村社会之间的互动样态与运作机制,是本书考察的核心议题。既有的基层政权与乡土社会关系的研究及其运用,为本书提供了多维度、宽视野的理论视角。

（一）政权、乡土与治理：国家—基层政权—乡村社会的三维视角

在政治学的研究传统中，"国家—社会"是重要分析框架。这一框架建立在西方历史经验基础上，并契合中国上层政治复杂多变、基础性政治社会长期稳定的基本事实，被广泛应用于乡村研究，演化出"国家—地方士绅（精英）—社会"等较具解释力的框架。这一框架将地方官僚制政权等同于"国家"，忽视了两者的差异。

要考察惠农背景下基层政权的运作及其影响，必须从动态的历史角度来探究基层政权变革的背景及其基本规律。在传统社会，官僚制政权与地方士绅共同支撑起国家的治理体系，两者互为补充，呈现出"官绅共治"的结构样态。君主、官僚制政权与地方士绅的治理边界与行为逻辑，成为学术界关注的重要内容。中国作为一个具有根深蒂固农耕传统的农业大国，传统的官僚制政权与数量庞大的小农阶层有机结合，形成了相互依赖、相互强化的机制。大国治理需要解决规模和效率之间的矛盾，需要简约治理与精细化治理之间的密切融合与相互借鉴。由于官僚体制的内部结构非常复杂，其行政链条也较为漫长，当国家政策经由各级行政体系到达农村时，既面临信息传递中不可避免的失真问题，又要面对多元复杂社会对政策文本的形塑和转换。因此，从形式上看，国家政策是具体的和明确的，但当落实到农村社会时，必须经过政策执行者的进一步细化和调适，才能转化为具体的实践行动，这是政策本身固有的内在特点。魏丕信在研究18世纪中国的官僚制度与荒政时，发现政策执行中的变通正是在非正式官员这一层级产生的，它既包括那些遍布乡村的下层代理人，也包括那些地方官员的随从们。[①]

晚清以降，国家与社会关系最深刻的变化发生在基层乡村领域，而这一框架高度契合于中国社会结构的变迁与转型，成为解释乡村变革的主流框架。随着现代国家构建的加快，国家与社会的二元划分和对立逐

---

① ［法］魏丕信：《十八世纪中国的官僚制度与荒政》，徐建青译，江苏人民出版社2006年版，第85页。

步被打破，二者呈现出"你中有我、我中有你"的相互关联与嵌结格局。随着政权下乡及现代国家对乡土的政治整合，传统士绅作为一个阶层发生整体性瓦解。在国家的型构下，整个社会呈现出"总体性社会"①的特点。"总体性社会消灭了社区领袖和民间精英层，把一切资源和权力集中于国家机器，这样一来，政社合一的生产大队成为农村中唯一的合法组织，再也没有任何体制外的挑战者了。"②国家掌握着对关键性资源的分配权力，实现了对社会生活的全面控制。随着政权下沉到村庄，地方行政机构的规模也在不断扩张。地方社会精英已经不能独立发挥社会治理功能，而必须作为国家制度体系内的基层干部发挥治理作用。基层政权作为国家在基层的代理者，其贯彻政策的能力大大提升，可以在工业化与城市化的导向下推行国家的各项政策。

同时，基层社会也建立起一种相对微弱却有效的政治回应与反馈机制。在以政治整合与控制为导向的宏观环境下，基层政权在实践中逐步发展起一套自我生存和利益经营的策略技术。上级政府为了获得他们在工作上的支持和配合，也在某种程度上默认了他们的策略性行为。由于许多基层干部来自农村，许多人本身就是农民，在治理实践中，他们努力在国家政策与社区利益之间维持一种动态平衡。这导致国家决策在执行中呈现出分散化的态势，使国家呈现出"碎片化的威权主义"。③

1978年后，"改革"与"发展"成为国家的主流话语，政府权力逐步收缩，同时将事权下放，乡镇政权在基层治理中承担了越来越多的行政事务，诸如发展经济、维护稳定、推行计划生育政策、征收农业税等事项，使乡镇政府的治理权能日益完善，其主体地位逐步凸显。它在不断利用国家的政策文本扩展自身权力运作空间的同时，在对待上级命

---

① 孙立平、王汉生、王思斌、林彬、杨善华：《改革以来中国社会结构的变迁》，《中国社会科学》1994年第2期。
② 沈延生：《村政的兴衰与重建》，《战略与管理》1998年第6期。
③ Lieberthal, Kenneth, "Introduction: The Fragmented Authoritarianism Model and Its Limitations", In Kenneth Lieberthal & Michel Oksenberg (eds.), *Policy Making in China: Leaders, Structures, and Process*, N. J.: Princeton University Press, p. 2.

令和政策方面的态度也更加实用化。集体化时期基层干部所秉持的政治理想和道德观念在市场经济的冲击下，越来越被以绩效为基础的经济发展主义所支配和替代。尤其是1994年开始推行的分税制改革，促使资源逐步向上集中，乡镇政权日益缺乏有效的财政支撑。在"财权上收、事权下放"的治理模式下，基层政权为摆脱资源匮乏的约束，不得不通过政策的变通和利用来打破这种资源配置格局，以应对上级的责任考核与政策指标。

周雪光的研究发现，正式制度在运行中通过科层制内部不同层次、不同机构间的互动而变通实施，表现出多样不一的实际过程和结果，体现权力、资源向上集中的权威体制与以加强基层治理能力为核心的有效治理相悖。[①] 在实践中，许多地方通过"土地财政"来解决日常行政中的资源匮乏问题，并利用税费权力向农村进行摊派和征收，造成农民税费负担沉重。有研究将乡村组织比喻为国家与农民之间的"巨型海绵"，通过农业税费与财政转移支付从农民与国家身上汲取资源。[②] 基层政府与农民在征地补偿方面的利益分配无法得到有效平衡，造成资源约束之下两者关系的内在紧张。由于基层政府无法有效地提供公共服务，而更多地向农村社会汲取资源，导致税费时期农民对基层政府的认同度较低。

近二十年来，基层政府在技术化治理方面得到不断发展和完善，并逐步取代了以管控和汲取为主要内容的总体性支配权力。但由于科层化的技术治理改革只触及了行政体制中的工具方面，并未从根本上改变行政权力运行的布局和机制，[③] 因而它没有从根本上改变基层政权运作方式及对行政经营技术的工具化运用。在治理实践中，作为国家代理人的

---

① 周雪光：《权威体制与有效治理：当代中国国家治理的制度逻辑》，《开放时代》2011年第10期。
② 张英洪：《农民、公民权与国家——以湖南省山脚下村为例》，《中国农村观察》2009年第3期。
③ 渠敬东、周飞舟、应星：《从总体支配到技术治理——基于中国30年改革经验的社会学分析》，《中国社会科学》2009年第6期。

科层组织立基于常规机制，其内在缺陷也容易被放大而常常导致组织的失败和危机，促使国家演变出运动型治理机制以应对之。①

在国家治理现代化背景下，随着运动式治理向常规化治理的转变，国家对农村社会的政治整合与社会治理，更多通过涉农政策的制定和实施来实现。其中，政策的执行是把国家意图贯彻落实到位、让惠农政策真正惠"农"的关键。国家持续的资源输入与政策供给使基层政权在权力运行规范化制度化方面面临重大考验，尤其是在那些政策规定较为模糊的中间地带，最容易产生权力失范问题，成为国家监控的重点领域。资源配置中的问题也受到农民的高度关注，使基层干部任何细微的失误都可能演变为社会矛盾。

因此，惠农政策的执行，不能以概念化的或想象的农村图景为依据，而必须以农村的现实状况为基础。中国农村地域差异极大，自然禀赋迥异，经济发展不平衡，呈现出异质化和非均衡性的特点。虽然一些学者一再强调农村发展要"走出乡土"②，但费孝通先生所界定的"乡土中国"依然是我们理解和分析乡村问题的基础。现代化对中国农村社会产生了巨大影响，国家也从政治、经济和文化上对农民进行了系列再造，但中国的现代化进程起步较晚且一度发展缓慢，1840年后的100多年时间里，战争和革命是时代主题，国家难以实施系统的现代化建设与经济政治转型。1978年党的十一届三中全会以后，中国的现代化发展道路真正走上加速轨道。经过40多年的改革开放，中国的现代化建设事业取得了巨大成就，但在很多方面仍处于发展阶段。

从"三农"角度来看，我国农村大部分人口仍停留在传统的农业生产领域内，停留在传统农村社区中，仍然是小农经济。③ 在全球化浪潮和服务业发展所形成的大规模就业之下，农村家庭仍然顽强地作为一

---

① 周雪光：《运动型治理机制：中国国家治理的制度逻辑再思考》，《开放时代》2012年第9期。
② 陈心想：《走出乡土：对话费孝通〈乡土中国〉》，生活·读书·新知三联书店2017年版。
③ 温铁军：《我们还需要乡村建设》，《开放时代》2005年第6期。

个经济单位而存在，半工半耕的小农家庭仍然是农村家庭结构的主要形式。①虽然现代化进程在不断强化对农村社会的改变，农民亦可以获得与城市居民相近的生活方式，但其思维理念与行为方式仍然具有根深蒂固的"乡土性"特征。基层政权面对的治理对象主要是乡村社会与乡土农民，乡土之"土"深刻影响了基层政权的运作方式。这一观点将在后面的实证研究中得到验证。在治理实践中，我们可以看到一些农民只讲权利不讲义务的现象，农民的集体责任和道德义务逐步衰减，导致他们在传统消解、现代性嵌入的乡村社会并没有真正找到能够体现其主体意识的价值规范，因此"农民的行为表达是以利益而非政治为取向的，是农民实用理性的表达，同时这种表达形式是针对具体问题的、个体化的"②。

这就意味着，在基层治理中，乡镇政府面对的依然是非规则化、非程式化的乡村社会。乡镇作为国家在基层社会的政权构造，受到一系列结构性的制度框架、理性化的程序安排等的规范，因而基层干部的行为具有科层体制下的约束性。这导致了科层化与乡土性之间的内在张力。在农村，国家权力与乡村社会权力之间的边界是模糊的甚至相互交织的，惠农政策执行与基层政权运作必然受到农村的实际情境和各种非程式化规则的约束。随着资源支持型乡村治理体制的建立，基层政权与农民的互动模式由税费时代的资源汲取转变为以提供公共服务为特征的资源分配。这改变了基层政权的运作方式及与农民之间的关系。

惠农政策制定后，通过政府行政链条嵌入基层政权的日常运作，成为基层干部推进的主要工作。基层政府处于行政链条末端，它既受到来自科层体制的正式制度框架的规约，也受到地方性知识与乡村公共规则的约束，这些都影响着惠农政策的执行效果。在结果导向而非过程导向

---

① ［美］黄宗智：《中国的现代家庭：来自经济史和法律史的视角》，《开放时代》2011 年第 5 期。

② 李祖佩：《分利秩序：鸽镇的项目运作与乡村治理》，社会科学文献出版社 2016 年版，第 36 页。

的绩效考核机制下，基层政府在执行上级政策时具有一定被动性和约束性，其自身也缺乏创新的动力。"命令—服从"的科层制运行规则导致基层政府更多把政策执行当作一项"任务"，把完成上级规定的指标当作最终的考核标准，这使政府行为具有机会主义倾向。

农业税取消后，乡村社会出现短暂的治理空档期。然而，尽管国家"三农"政策领域发生了重大变革，但"基层政府的制度环境没有改变，基层政府的行为逻辑也没有改变，政府运行机制的根本变革仍未触及。"[①] 张静在其研究中也认为，"探索一个世纪之久的基层政权之现代性改造，仍然是一个未完成的课题。"[②] 在国家治理现代化背景下，基层政权建设与基层权力规制仍然任重道远。我们需要跳出"税费时代"基层政权的分析场景，考察和思考"惠农时代"基层政权的运作机制与规律，探讨基层政权的建设进路与规制整合问题。这是当前基层政权建设面临的时代命题和重要任务。

（二）政策执行中的"基层自主性"：理论反思与实践观察

"基层自主性"是在借鉴和反思"国家自主性"的理论资源基础上提出的。西达·斯考克波认为，作为一种对特定领土和人民主张其控制权的组织，国家可能会确立并追求一些并非仅仅是反映社会集团、阶级或社团之需求或利益的目标，这就是"国家自主性"（state autonomy）。[③] 进一步讲，国家的自主性结构意味着它具有自身的逻辑和利益，而不必与社会支配阶级的利益和政体中全体成员群体的利益等同或融合。[④] 它讨论的核心议题是国家相对于不同利益群体的超越性以及

---

① 赵树凯：《乡镇治理与政府制度化》，商务印书馆2010年版，序言。
② 张静：《基层政权：乡村制度诸问题》，上海人民出版社2007年版，第82页。
③ ［美］西达·斯考克波：《找回国家——当前研究的战略分析》，载彼得·埃文斯、迪特里希·鲁施迈耶、西达·斯考克波主编《找回国家》，方力维、莫宜端、黄琪轩等译，生活·读书·新知三联书店2009年版，第10页。
④ ［美］西达·斯考切波：《国家与社会革命：对法国、俄国和中国的比较分析》，何俊志、王学东译，上海人民出版社2007年版，第27—28页。

政策执行中实现自身意志和利益的能力。① 国家作为一个重要的治理主体，在遭遇其他强势社会集团潜在或现实的抵制和反对时，能够提出自己的独立目标，并在实现这一目标和秩序维系中贯彻自己的意志，则意味着它具有超越其他社会群体的能力。

因而，自主性的国家行为具有包容性和排斥性，它在作出有利于一定社会集团的决策行动时，可能对另一社会集团的利益造成损害，这需要它"规律性地采取那些能够增强其权威、政治生命以及对国家组织的社会控制（正是国家机构中的当政者创造了这些相关的政策或政策理念）的形式"②。国家自主性的一个重要衡量标准是，国家制定的政策得到社会的认可和执行的能力，这往往影响到国家目标的实现程度。在这一过程中，国家的政策可能会引起社会的结构性变化或其他群体的不同政治反应。国家如何对这些挑战作出回应并不受影响地实施自己的战略方案与决策目标，直接关系到国家在不同的社会情境下防止被其他社会精英所限制或阻碍，进而实现自身的意志。因此，国家由理性官僚体制组成，它有相对独立的利益和目标，在政治生活中并非只是被动的社会利益的传输带③，而是具有自我利益取向的独立行动主体。

马克斯·韦伯关于国家的经典理论认为："国家是一种持续运转的强制性政治组织，其行政机构成功地垄断了合法使用暴力的权力，并以此维持秩序。"④ 吉登斯将民族国家与暴力联系起来，认为它是统治的一系列制度模式，它对业已划定边界（国界）的领土实施行政垄断，

---

① 李祖佩：《分利秩序：鸽镇的项目运作与乡村治理》，社会科学文献出版社2016年版，第24页。

② [美] 西达·斯考克波：《找回国家——当前研究的战略分析》，载彼得·埃文斯、迪特里希·鲁施迈耶、西达·斯考克波主编《找回国家》，方力维、莫宜端、黄琪轩等译，生活·读书·新知三联书店2009年版，第20页。

③ 黄冬娅：《比较政治学视野下的国家分殊性、自主性和有效性》，《武汉大学学报》（哲学社会科学版）2009年第4期。

④ Max Weber, *Economy and Society*, ed. by Guenther Roth & Claus Wittich, New York, Bedminster Press, 1968, Vol. 1, p. 54.

它的统治靠法律以及内外部暴力工具的直接控制而得以维护。① 这意味着，国家自主性的实现是以权力的强制为基础和后盾的。国家与权力密不可分，国家甚至是一种"权力集装器"，它反映的是一种统治关系，即国家在自己的统辖地域内拥有唯一合法使用暴力的权力，其他任何组织、团体对于暴力的使用都受到严格限制。

同时，国家也是一种特殊的组织结构，这种组织拥有相对于个人或团体的自主性，依靠传统的、克里斯玛的与法理的权威进行统治。国家由一系列政权结构组成，它不能仅仅被看作是政府，国家与政府具有明显区别，它还包括立法、行政和司法等一系列强制性权力体系。作为理性的行动者，它能够有效连接公共权威与社会，并对社会施加影响力和整合力。由于国家与社会边界的模糊性，米格代尔提出"社会中的国家"② 概念，主要回答"国家权力的社会影响因素是什么"这一问题。这意味着，我们在关注国家在政治生活中的作用时，也要关注社会对国家的影响，进而寻求建立一种动态平衡的国家与社会关系。这就需要走出"国家中心论"或"社会中心论"的极化和对立，从国家与社会的互构来审视两者关系。

相对社会而言，国家具有划界于社会的分殊性、超越社会的自主性和渗透社会的有效性。③ 在中央与地方政府尤其是基层政府之间的关系上，基层政府的行为机制与治理逻辑一直以来颇受关注。在整个国家权力体系中，基层政权构成了最基础的政治部件。在乡村社会，许多农民把基层政权看作"国家"，他们执行国家政策并代表国家意志。有些研究在分析乡村治理问题时，也将基层政府笼统地视为国家。④

---

① [英] 安东尼·吉登斯：《民族—国家与暴力》，胡宗泽、赵力涛译，生活·读书·新知三联书店1998年版，第147页。
② [美] 乔尔·S. 米格代尔：《社会中的国家：国家与社会如何相互改变与相互构成》，李杨、郭一聪译，江苏人民出版社2013年版。
③ 黄冬娅：《比较政治视野下的国家分殊性、自主性和有效性》，《武汉大学学报》（哲学社会科学版）2009年第4期。
④ 陈锋：《机会主义政治——北镇的治理实践与分利秩序》，博士学位论文，华中科技大学，2013年，第24页。

然而，基层政权"这种组织结构一旦生成，便会有自己的生命，自己的运行逻辑，甚至追求自己的、而不是最高公共权威的利益"。① 相对于国家与基层社会而言，基层政权既是某种意义上的"国家"，同时又拥有不同于国家与社会的独特利益，具有一种行动自主性。它可以依据自己的合法权利，努力摆脱上级政府和各种社会力量施加的影响和控制，遵循自己的价值规则与意志实现自身利益与行政目标，表现出不同于上级政府与社会公众的自主性行为逻辑。当然，基层政权与国家的互动是通过正式的科层体制进行的，是被那些正式的制度、规则和程序所形塑的。然而，它面对的乡村社会却是复杂多样的，它与社会的互动往往是非正式的。在这一张力关系中，如何在实践中将正式的规则制度转化为能被乡村社会所接受的治理资源，进而塑造国家政权在基层社会的政治权威，需要基层政权恰当界定政策执行力与行动自主性之间的关系。基层政权要以国家整体利益的维护和实现为前提，避免政策执行的自主性可能造成的对国家治理规范的偏离。

在惠农背景下，承认基层自主性并非无视或否定国家整合，而是强调基层行为在受国家政策影响的同时，也被乡村社会的具体情境所塑造。基层政策执行的成效并不完全等同于国家的政策文本，也不一味妥协于社会的结构化因素，而要在国家与乡村社会之间找到一个恰当的衔接点。这样，我们对基层自主性的理解就不会被一些价值偏见所左右，以致将基层自主性与国家自主性置于一种对立状态，导致我们对基层政治群体的形象作出误判，认为基层官员是由追求私利的易腐官员组成的混合体。这既不符合学术研究的旨趣，也不符合社会事实。

对资源分配中基层自主性的研究，要置于具体的、动态的时空场域进行过程分析，在惠农政策过程与治理实践中理解基层政治行为；通过对惠农政策执行中基层政权运作的机制、逻辑与后果的分析，把握国家治理现代化视角下基层政策执行制度化与基层政权建设的基本进路。在

---

① 李强：《自由主义与现代国家》，载《政治理论在中国》，牛津大学出版社2001年版。

惠农背景下，资源分配能力是体现基层自主性的重要因素。它一方面体现在基层政权对国家惠农政策的执行及对资源分配的掌握，并在治理实践中恰当地实现国家与社会的双重利益，另一方面体现在社会要素（乡村与农民）对基层政府行为的影响与塑造。总体而言，尽管"国家"是本书重点考察的对象，但本书更多在"乡域"中呈现基层政府的政策执行行为，及其与农村社会的互动过程。各种外部因素的嵌入会影响基层政府的政策执行与资源分配能力，它必须有效调节乡村社会利益。

许多学者通过研究国家权力与国家能力之间的现实关系与应然样态来考察国家政权建设的困境和任务，如王绍光、胡鞍钢、李强等人都认为，现代国家建设应该强化国家的基础性权力，而非专断性权力。[①] 其他大量关于项目制、农民行为、基层政权特性等问题的研究，实际上也是在"国家能力"的基础上透视基层政治的运作机制与绩效，以将基层政治行为带回到制度化的轨道上来。这种研究过于强调国家在规则制定方面的作用，以及国家对社会的控制、汲取和整合能力，认为国家控制的强化与政策的输入没有相应提升国家的基础性权力，反而催生出越来越多的治理难题。

正如本书所揭示的，在惠农政策执行中，国家政策的统一性受到基层执行实践与乡村社会具体情境的型构，体现出政策执行的偏差。这种偏差不是因为政策主体的主观执行能力弱而导致的，更多受到客观环境的约束。既有研究强调自上而下、自外而内的制度供给，并没有看到地方社会特殊性规范对国家公共规则的割裂，以及地方社会对下沉的国家权力的反向塑造。[②] 这需要我们不仅要关注国家的制度供给与政策资源输入，还要对制度和政策执行的自主性空间与影响因素进行研究，综合

[①] 参见王绍光、胡鞍钢《中国国家能力报告》，辽宁人民出版社1993年版；李强《自由主义与现代国家》，载《政治理论在中国》，牛津大学出版社2001年版。
[②] 赵晓峰：《公私定律：村庄视域中的国家政权建设》，社会科学文献出版社2013年版，第27页。

考察影响政策执行的支配因素与运作机制，充分重视基层自主性在政策运行中的作用。否则，如果只看到政策供给而忽视政策执行要素，就会遮蔽政策供给与执行绩效之内在联系。这需要在惠农政策执行中考察基层自主性与国家自主性如何实现双重发挥和同向构建。

四　基本框架

本书共分八章。第一章导论，介绍了本书的研究缘起与问题意识，对乡村社会的政策执行研究、国家治理中的乡村权力及其行为转换研究进行理论梳理，呈现国家政策目标、地方政策实践与乡村复杂现实之间的关联与差异。从国家—基层政权—乡村社会的三维视角探求政权、乡土之关系及其治理样态，对政策执行中的"基层自主性"问题进行理论反思与实践观察，奠定本书的理论资源和研究框架，同时对研究方法、样本选择与资料来源等进行阐释。

第二章，治理转型：救灾治理中的政策承接与分类。本章以汶川地震为研究起点，阐释灾害、贫困与政权治理之内在关联与相互嵌结，理解汶川地震对国家治理转型与基层政策运行的影响，呈现救灾政策的执行机制与规律，厘清乡村治理从"税费时代"向"惠农时代"转型的政策场景。通过对灾害背景下救灾政策执行的考察，发现基层政策实践与国家政策文本呈现出悖合交织的状态，体现出政策执行的统一性、承接性与权变性的相互结合。救灾政策执行绩效受乡村多元复杂现实的型构，促使国家针对基层政权运作规范化与基层治理能力等问题进行现代化革新。

第三章，政策情境：惠农背景下的乡村资源分配秩序。本章分析在常态治理中，基层社会如何构建起以惠农资源分配为主导的治理秩序。资源以及基于资源的利益分配，构成审视基层治理机制的重要变量。农民的个体发展和生活理性促使农民参与惠农资源的利益分配框架，构成为惠农政策执行的现实情境。惠农政策执行主体与分配对象之间既是一个融通共存、博弈互涵的整体，又在日常实践中呈现为一种分割和耗散状态。面对农村社会的利益表达与复杂需求，基层治理方式体现出情理与法律的融合互通、正式规则与非正式规则的交织和并置。科层压力的传导、"一岗双责"与属地管理体制的构建推动了乡村稳态社会秩序的建立。

第四章，精准嵌入：扶贫政策执行中的差异化治理。本章在精准扶贫的政策场景，分析扶贫治理的差异化实践、嵌入日常生活的帮扶、村庄内源式扶贫及扶贫项目争取与经营的能动策略。规范化的扶贫程序面对农民对贫困话语构建的现实，导致贫困户的参与机制和发展动力不足。但在目标考核与压力体制下，扶贫干部通过人财物的资源输入与产业对接，努力打通精准扶贫的"最后一公里"，实现了对贫困户的精准全覆盖及内生脱贫动力的发掘。项目制运作中的"关系"运用与"典型"打造，体现出集中化管理与私人化运作、短期建设与长效治理之间的张力，需要建立基层组织协同、公众参与的项目治理机制，使外来力量与资源有效融入乡村内部的知识网络与治理结构，形成与当地产业发展及经济结构相适应的增长方式。

第五章，半正式行政：村干部的政策角色与治理过程。本章从村干部的角度分析其半正式政策角色与治理地位，通过典型案例阐释基层政策执行的连带治理与社会交换机制，在农地收益分配场景呈现村庄权力竞争与群体形态。村庄内部的权力结构与村民的组织化程度呈现出复杂分化状态，在多元主体互动下，因利益调整导致的村庄权力主体的策略性行动，推动了权力结构从均衡向非均衡的转变，引发了村庄权力结构的再造。基层治理中大量非正式的政策实践展现出"国家在场"与"村庄自主"的互动性调适，这既是导致基层治理困境的重要因素，也是基层治理转型的社会基础。

第六章，利益自治：农地集体产权的乡土表达。本章在土地政策执行的场景，探讨集体产权约束下村庄社会的"利益自治"逻辑。在对铁镇农地治理样本考察的基础上，从历史与现实关联的角度分析村民小组在土地收益与社保名额分配中的主导地位，呈现农地产权的乡土表达情态；结合土地出租与土地调整的典型案例，阐释日常生活中的土地产权过程。在农地治理中，基层政府改变了显性化和强制性的权力运作形式，利用村民自治的制度框架，与乡村的非规则化治理形态保持一定距离，隐身于后台发挥指导和管理作用，依靠乡村自身力量处理利益纠纷问题，体现出一种"约束型自主"的逻辑。

第七章，文化关联：惠农治理中的农民认同。本章主要从乡村文化关联的角度探讨农民的认同状况及其差异。在乡村熟人关系与文化网络中，村干部在国家规定的资源分配框架内，努力实现与村庄整体利益一致的"共融式增长"。但在村庄空间内，农民对惠农政策评价与执行绩效评价的差异体现出农民认同的非均衡性。农民对村干部的道德评判展现出双方在"乡村舆论场"中的博弈关系，影响了农民对正当性的认知及政策执行制度化水平的提高。

第八章，规制与治理：惠农时代的基层政权建设与治理现代化。本章考察常规化的制度规制与考核问责下的行为约束举措，对政策执行的互嵌、基层自主性等问题进行理论归纳，提炼政策执行制度化的进路；在治理现代化视域下，对惠农时代乡镇治权的强化进行理论反思，以基层治理体系和治理能力现代化为导向，提出推进基层政权建设的实践路径。

五 研究方法

合理的研究方法是学术研究的前提和基础。20世纪90年代中后期以来，受到大规模村庄选举调查经验的启发，政治学、社会学和人类学等不同领域的学者，都在一定程度上关注乡村治理问题，通过多学科的融通与对话，将各学科的优势和特色应用于乡村研究。2008年以来，由于汶川地震催生的救灾、维稳、扶贫与乡村振兴等日益复杂的乡村治理问题，国家层面提出了治理体系和治理能力现代化的目标和任务，使此前广受关注的乡村治理问题再次成为研究热点。

研究问题、研究方法与研究视角的多元和深化，使中国乡村研究逐步摆脱了对西方理论话语体系的依赖，彰显出中国的乡村研究底色与治理经验。该时期的乡村研究主要呈现出向下、向纵深发展的特点，研究更加精细化。华中师范大学中国农村问题研究中心（现中国农村研究院前身）开始了"百村十年观察"，并通过大数据、大平台来体现和展示中国村庄的基本状况。这些调查越来越走向纵深和宽广，包括村庄调查、家户调查、口述史调查等，建立了拥有海量农村调查资料的数据存储平台"中国农村发展智库系统"。同时，坚持"顶天立地"的原则，通过提供资政服务提升研究成果的显示度和影响力。

与此同时，其他学者也开始了研究转型，强调从农村社会内部来理解乡村，将重心转向研究转型期乡村社会的性质，探讨乡村治理的社会基础等问题，涵盖了私人生活、代际关系、宗教信仰、纠纷调解、人情往来、农田水利、农民上访、土地制度等主题，取得了较为丰富的研究成果。这些研究主要是在社会学的理论和方法基础上展开的，关注国家形塑下的村庄政治社会秩序与权力结构问题，审视这种秩序和结构是否有利于公共产品供给及国家整体利益的达成。他们注重通过人类学"深描"的方式，展现乡村社会的基本问题与治理形态。

在对乡村研究既有内容、方向和方法进行反思的基础上，本书主要采用以下研究方法：

（一）个案基础上的质性研究

要真正理解和认识乡村社会，透视和发掘惠农政策执行中基层政权运行的机制和问题，必须深入到乡村社会内部，在具体社会情境中开展参与观察和动态分析，做到"深入乡村观察乡村"。质性研究是描述和理解乡村社会的重要方法，它是针对以统计和数据模型为基础的量化分析而言的。但在社会科学领域，任何变量和因素的选取都可能造成研究结论的偏差，而过于依赖量化分析可能造成对事物或事件的精细描述欠缺,这都使量化分析带有不可避免的缺陷。质性研究则是在真实和具体的社会情境下,通过归纳、演绎等方式,针对不太明确的事物作出解释性或描述性的阐释,深入探究事物发展演进的脉络、机制与线索,在研究方案的选择方面具有延展性。

本书是建立在个案基础上的定性研究。个案研究在应用中面临微观与宏观、特殊性与普遍性的矛盾。市场化流动和社会异质性的增加,导致通过个案研究寻求对事物整体性认识的努力都面临重大挑战。为此,拓展个案研究与区域研究成为弥补个案研究缺陷的重要手段。研究者需要走出"村庄",做到"超越乡村理解乡村"。这样,我们才能通过对不同村庄的类型学考察,为理论生产提供知识增量。在乡村振兴的战略背景下,这不仅是必要的,而且是可行的,具有理论阐释与资料获取的优势。为了避免对经验的切割和拼装,必须在个案研究中"走出个案",在现场体验基层政权的运作机制与逻辑的同时,始终抱持反思性批判,在实践经验的基础上进行理论提升。

本书在惠农政策执行的背景下,选择西部铁镇作为研究样本,坚持乡村社会微观个案研究的基本理论与方法,对该镇的惠农政策历史变迁、运作机制与演进逻辑展开系统和全面考察,通过长期驻地调研和多次回访,理解和把握乡村惠农政策的内在变迁规律及政权运作逻辑。由于个案研究需要解决从局部走向整体的问题,这需要开展"拓展个案"研究,以在个案研究中超越个案。铁镇的地理环境与发展状况,实际代表了西部乡镇的基本形态。课题组基于对铁镇的持续性观察,通过查阅文献、深度访谈、参与观察、深剖个案、旁听会议等方式掌握了丰富的实证材料。同时,课题组将按惠农政策执行层次对不同干部进行重点剖析,以厘清政策执行的特征与问题。

对个案的研究必须在一定的时段范围内展开,才能在动态的历史角度展现惠农政策变迁过程及演进的内在机制。本书的研究表明(第二章),汶川地震是理解惠农政策体系构建与国家治理转型的重大事件接点。通过对这一历史接点中政策执行的考察,能够清晰展现"税费时代"与"惠农时代"的政策变迁逻辑,以及应急体制下的政权运作机制。

(二) 乡域研究的反思与实践

尽管本书以乡镇为研究单位,但研究对象并不拘囿于乡镇政权本身。乡镇权力的运作必须在特定的空间范围内展开,即"场域"。以村庄为单位的研究进路是农村研究的重要传统,并产生了系列具有影响力的研究成果,但中国乡村社会是不规则的和异质性的,不同村庄形态迥异,差别极大。在政治学领域,狭隘的村庄视野无法反映和容纳多样化的社会现实,由此引发村庄研究代表性与普适性的争论。"若从地理空间层级的基层政治发生的角度去把握作为研究单元的村庄,则不难发现作为政治学意义的基层政治过程的确未必能为村庄所包容。"① 费孝通先生已经注意到这一问题,他在对"江村"研究的基础上,又对其他地区的村庄进行了调查,试图通过村庄类型比较方法来解决这一问题,而《云南三村》可以看作是以村庄为切入点对中国社会整体性认识的一种努力。这样,研究者在细致地对村庄社会全貌进行"解剖麻雀"式的深入考察的同时,调和宏观理论与微观个案之间的张力。

吴毅在反思村庄研究的局限时,提出了以"乡域"为研究单位,并以此阐释和演绎"小镇"的政治运作样态与机制,包括基层政权、村级组织和农民关系的互动关系等内容。② 在布迪厄那里,"域"是一个具有相对自主意义的完整的时空关系网络(arena)。它具有"空间开放性、实践延展性和政治运作影响因素穿透性和多维性的网状化特征"③。在这一网络中,基层政治的运作过程与影响机制得以持续铺陈

---

① 吴毅:《小镇喧嚣——一个乡镇政治运作的演绎与阐释》,生活·读书·新知三联书店2007年版,第601页。
② 吴毅:《小镇喧嚣——一个乡镇政治运作的演绎与阐释》,生活·读书·新知三联书店2007年版,第600页。
③ 狄金华:《被困的治理:河镇的复合治理和农户策略(1980—2009)》,生活·读书·新知三联书店2015年版,第39页。

和渐次展开，各种政治关系、权力实践与利益冲突展现其中。通过"乡域"权力的运作，不仅可以透视乡镇建制中的制度性和科层制力量，还可以揭示乡村社会自身的运行机制，探讨乡镇权力运作的社会基础与动因。乡镇、村庄、村民小组及村民等各层级主体不仅不应被排斥在考察范围之外，反而要更加强调其在乡村政治实践过程中的穿插与交织。本书既不是一个局限于基层政治与行政体制的静态研究，也不是局限于乡镇层面的单一主体研究，而是多重主体的交叉研究。从地理空间上看，"乡域"恰好可以克服村庄政治在时空展示上的局限，从而在一个更宏大更完整的空间范围内理解基层政权的运作状况，又可以有效解决田野研究中的问题和困难（如县域研究在田野调查时的困难）。这既可以避免忽视国家的"在场"问题，也避免忽视乡村社会自身的运行机制和乡村内部的自主性问题。

本书将基层政权的研究置于乡村互动的场景下，以铁镇惠农政策执行中的典型村庄和案例为例，围绕具体个案展开深度阐释，透视基层政权的政策执行机制、成效与问题。惠农政策执行作为考察国家、基层政权与乡村社会关系的重要面向，能够集中凸显国家政策形塑下日常社会的运作情态与政治过程，使我们在关注更加宏大的国家叙述和话语建构的同时，能够精确地观察到更加细微的运作机制及存在的问题，从而在一种充满张力的社会状态下透析基层政权的运作逻辑。这样，在乡域场景下，既可以呈现制度化的正式逻辑，也可以透视嵌入政策执行中的乡村社会力量及各种非正式关系，达致对惠农政策执行的全面理解。

六　样本选择与资料来源

在本项目开展前，笔者曾在湖北、四川、重庆、山西等地进行过长期调研，关注的核心问题主要是中西部资源匮乏约束下的基层社会治理问题。笔者发现，惠农政策的执行实践与绩效具有地域差异性，基层政府的资源分配方式深刻影响了基层治理样态与乡村秩序。在围绕惠农资源配置而展开的乡村秩序重构中，国家的惠农政策文本深嵌乡村内部结构，在实践运作中却又为乡村规则和内生情境所型构，展现出与科层体制运作不同的治理逻辑。如何理解和把握形成这一差异的内在机理，有效破解惠农政策的执行困局，成为笔者长期思考的核心问题。

在承继以往理论研究和经验积累的基础上，笔者最终选择西部D县的铁镇作为田野调查对象及个案分析的样本。铁镇由原铁镇与宝镇于2003年合并而成，政府办公场所设在铁镇。全镇总面积61.55平方公里，人口3.4万，现辖12个村，两个居民委员会，75个村民小组，10个居民小组。铁镇以山地、丘陵为主，地处较偏僻，在经济发展、自然禀赋、基础建设与资源获取等方面，呈现出一定劣势。铁镇有坚石，历代采集供建筑及在坚石上镌刻之处甚多，成为当地一文化特色。之所以命名为"铁镇"，意喻当地人坚忍不拔之精神。铁镇棕红色泥岩产白芷、半夏、青蒿等中药材，亦使当地名医广布。集体化时期，当地人靠红苕救命度荒，后种植海山茶，畅销周边茶肆。改革开放后，当地适应产业发展的需要，开始种植葡萄，命名为"铁镇葡萄"，成为该市最大的葡萄种植基地。在养殖方面，黑山羊成为当地远近闻名的品牌，并获商标注册，成为当地经济支柱，这也使当地羊肉馆、羊肉汤锅极负盛名，尤其是每年立冬之后，各地奔黑山羊而来的车辆络绎不绝。

2008年汶川地震时，铁镇被划为重灾区，铁镇政府办公楼也成为危房，经政府批准撤出，政府搬入原宝镇政府办公楼，受损的办公楼经过重建后又再次使用。地震后，铁镇在救灾重建、支农惠农、精准扶贫等持续性的政策支持下，基层政权的治理环境与运作方式发生重大转变。在调研期间，笔者反复思考：国家的惠农政策文本如何转化为基层的具体实践？它在情境化、非规则化的乡村社会如何真正贯彻落地？这些问题的回答融入了政策与政权的双重视角，两者既存在互通，又存在不同。

选择铁镇作为研究样本，主要是基于以下几个因素：一是铁镇作为笔者长期观察研究的样本，具有一定的典型性。作为农村研究者，拥有自己独立的研究样本具有特殊的重要性。铁镇作为汶川地震的重灾区，在救灾治理中承接了大量的惠农政策与资源，并在此后作为精准扶贫的重点乡镇，为本研究提供了更加丰富的惠农政策执行场景，为探讨"税费时代"向"惠农时代"转变的内在机制提供了更为翔实的材料。二是调研得到当地县乡政府的积极配合和支持，在田野调查与资料掌握方面具有无可比拟的方便性。早在2010年，笔者的博士生导师曾在当地进行过社会改革实验，笔者作为观察者和参与者亲历了当时的场景，并对汶川地震后救灾治理问题进行了调研和长期跟踪观察。同时，笔者与当地基层干部与村民建立了良好的人际关系，并融入其日常生活，得以方便地参与他们对乡村矛盾的调解，与他们进行持续、深度、友善的交流，倾听他们的意见与看法，对他们进行深度访谈。课题组对该镇进行了持续的调研，先后多次到当地回访，每次半个月到一个月不等，通过访谈和参与观察，获得了丰富的一手材料。

本书的资料来源主要包括以下几个方面：

第一，文献资料。主要是铁镇自2006年以来与本课题相关的各种政策文件与数据资料，这既包括铁镇档案馆未公开出版的部分存档资料，亦包括当地县志、镇志、水利志等已正式出版的文本资料，还包括村规民约、当地干部会议记录与工作笔记等材料。2006年以来，铁镇经历了农业税取消、新农村建设、救灾重建、惠农政策下乡、精准扶贫、乡村振兴等不同政策场景。将研究置于一个较长的时段内，有利于在动态的历史场景中把握基层治理的变迁规律。

第二，访谈资料。访谈可以更深入地了解事件发生发展的具体过程，真实展现基层政权的运作逻辑。在调研期间，笔者对县职能部门主要干部、铁镇党政干部、村两委干部、村民小组长、村民代表与普通村民（包括乡村"混混"），掌握了不同时段不同主体的访谈材料，力图全方位呈现不同治理场景中各行为主体的互动关系。

第三，参与观察所得资料。在铁镇，笔者获准旁听镇领导班子会议，随同乡镇干部下乡处理农村社会矛盾，得以与村民直接接触和交谈，并在不同主体的反复印证与感知中获得经验性的体悟。通过参与式观察和现场体验，获得了从事研究所需的问题来源与理论意识。尽管这些资料不太完整甚至碎片化，但基层干部与村民之间的频繁接触和互动还原了事件过程，可以在更真实、更生动的场景中不断把思考引向深入。

第二章

治理转型：救灾治理中的
政策承接与分类

本章力图表明，在理论研究与个案考察时，本书为何选择以汶川地震作为研究起点。本章主要以汶川地震为切入点，阐释灾害、贫困与政权治理之内在关联与相互嵌结，理解汶川地震对国家治理转型与基层政策运行的影响，呈现救灾政策的执行机制与规律。

一 灾贫治理：汶川地震对基层治理转型的影响

（一）政策惠农：基层政策执行的场域转换

在既有的研究传统中，农业税的取消是分析乡村治理体制改革及国家与乡村关系变革的重要时间节点，"税费时代""后税费时代"等概念被广泛用来指代以税费改革为主要内容的乡村治理实态。如果说"税费时代"能涵盖和体现该时期乡村治理的主要内容与特征，研究者可以从"税费"切入去透视基层治理的实践样态与政权运作状况，并由此反观国家与乡村关系，那么"后税费时代"则只是一个与"税费时代"相对应的模糊概念，无法呈现该时期的乡村实态，它是研究者因无法恰当评估农业税取消后乡村治理发展趋势而使用的一个临时性概念。税费改革对乡镇财力、乡镇治理能力与乡村关系产生了深远影响，但这种影响的实际效果及基层治理的未来走向如何，当时学术界却缺乏统一性意见。用何种概念概括该时期乡村治理的实际内容与基本特征，

第二章 治理转型：救灾治理中的政策承接与分类

值得我们在具体的实践情境中仔细推究并进行理论反思。

随着以国家为主导的资源支持型乡村治理体制的建立，"政策惠农"成为国家推进"三农"工作变革的主要导向，"惠农时代"而非"后税费时代"更能恰当概括乡村治理变革和基层政策执行的现实场景。农业税取消后，基层政权治理能力在短期内难以支撑乡镇政府职能的发挥，它与乡村社会紧密型的关系被打破，并因资源匮乏而无力向乡村社会提供公共服务。基层政权运作体现出一些过渡特征，如"悬浮型政权""维控型政权"等不同实践形态。这些形态均偏离了基层政府的公共服务职能，是必须予以调整的非常规形态。

税费改革对中西部财政匮乏的基层政府影响较大，造成个别乡镇财政捉襟见肘。乡镇政府在绩效考核压力下，不得不通过跑钱借贷、发展乡镇企业及落实"村财乡管"等措施获取维持日常行政运转的基本经费。乡镇权力的暂时收缩在短期内造成了基层政权"悬浮"，农民与基层政权的关系也更加松散。然而，国家承接农村税费制度改革成本和构建公共财政下新的农村公共服务政策体系，为农村治理体制变革提供了宝贵经验。① 国家治理能力的不断强化意味着这种疏离状态只是暂时的，如何解决农业税取消后乡镇治理能力的弱化问题，以增强国家在基层的治理基础，是一个十分重大而迫切的问题。学术界对乡镇机构改革的探讨和争议促使国家寻求新的方式和时机再次进入农村并进行有效治理。在这场讨论中，影响较大的观点是"县政、乡派、村治"的治理框架。这一观点倾向于弱化乡镇作为基层政权的治理权能，提出将乡镇政府转变为县级政府的派出机构，作为县级权力的延伸，专事政务和指导村民自治。② 若如此，国家治理层级不断上移的同时，乡镇的治理能力将进一步削弱，它作为一级政权的权能将更加不完整。在"基础不牢，地动山摇"的整体治理理念下，这种理念无法转变为现实。

为解决税费时代基层治理中长期累积的矛盾和问题，提升基层政权

---

① 郑有贵：《农业税费改革的重大意义与宝贵经验》，《人民论坛》2021年第31期。
② 徐勇：《县政、乡派、村治：乡村治理的结构性转换》，《江苏社会科学》2002年第2期。

治理能力和服务能力，维护和稳定社会秩序，国家不但不能弱化而且要强化基层政权的治理权能。在以惠农为导向的治理转型下，面对惠农政策与资源的持续输入，如何有效对接和执行这些政策，并对乡村社会形成的利益网络进行组织和再造，需要推动基层政权打破"悬浮"与"汲取"的功能定位，真正承担起乡村社会资源配置的任务。

要实现这一转变，需要借助特定的时机或事件。关于这一时间节点和事件接点的研究，一直被学术界所忽视，国家治理的连续性及其转型机制也无法得到清晰展现。学术界关于"接点政治""接点治理"等问题的研究，更多指向社会矛盾更容易发生在"政治应力"最为脆弱的接点部位，认为县政是国家上层与地方基层、中央领导与地方治理、权力运作与权力监控的"接点"部位，而县城则是城市与乡村、传统与现代、中心与边缘地带的"接点"部位。[①] 但也有研究认为，接点不仅不是国家与农民关系上的脆弱部位，反而是最强有力的连接部位。[②] 这些接点是国家与社会进行有效对接的纽带，是通过各级政权、乡村组织与农民等不同主体的相互衔接和互动实现的。其中，非正式的社会力量（各种社会组织与体制外精英）扮演了重要角色。无疑，"接点"概念是联结国家与乡村（农民）进而实现有效治理的重要解释方式，但这种研究呈现的更多是两种不同事物之间的静态衔接。本书认为，"接点"不仅是静态事物的相互衔接，更具有"转型"涵义，是联结不同治理体制的动态过程。

推动税费时代向惠农时代转型的重大事件正是汶川大地震。在治理实践中，对国家或地区产生重大影响的特殊事件往往在公众的话语表达中通过不同形式体现出来，反映出一个时代的特征和标志。不同群体通过特殊的时代标签展现其对重大事件的认知和影响，如"新中国成立

---

① 徐勇：《"接点政治"：农村群体性事件的县域分析》，《华中师范大学学报》（人文社会科学版）2009 年第 6 期。
② 袁明宝：《接点治理：国家与农民关系视角下的国家政权建设》，硕士学位论文，华中科技大学，2010 年，第 12 页。

第二章 治理转型：救灾治理中的政策承接与分类

以来""改革开放以来""农业税取消后""党的十八大以来"等，均展现出重大事件对公众意识的形塑作用。对灾区而言，"汶川地震以来"成为2008年后当地干部和普通群众频繁使用的话语形式。可见，这一事件深深凝刻在当地农民的集体记忆中，展现出汶川地震对当地社会的影响。

从社会的角度看，多数人从情感意识的扩展与民族自信的生成去体验"灾害现场"，或从技术层面为国家防震减灾提供智力支持，但抗震救灾与灾后重建中的治理问题及其影响却鲜为人关注。"三年重建两年完成"的政府治理过程使灾后社会得以迅速修复，这也使地震很快淡出人们的视野，零散的研究受制于学术能力与传播力的限制无法产生足够的影响。[①] 地震作为突发性事件，救灾与重建一旦完成，灾区治理即恢复到常态社会的治理逻辑。危机情态下的政府行为，往往被看作是一种过渡性的应急行为，不具有常态治理的适用性。加之特殊事件的敏感性和复杂性，也使研究者进入现场及开展田野调查时，遇到前所未有的困难。这样，灾害发生的地域性及学科研究的局限性导致这次大地震带来的治理变革未能给学术界提供足够的知识增量。

既有研究发现，社会风险能量的转化使常态和应急态之间出现了第三种模糊形态——"转换态"。相对于以规则为基础的常态和以问题为导向的应急态，转换态的本质体现了现代治理的复杂性和不确定性。[②] 尽管地震后的恢复重建可以短期内完成，但其形成的深远影响会持续到此后的治理变革中。我们需要反思这次地震对国家治理转型及国家与社会关系的影响，从而透视隐藏在事件背后的影响因素与转型逻辑。

汶川地震催生了大量的社会治理问题，也使常态社会长期积累的矛盾和问题集中爆发出来。其中，应急体制下的基层政策执行、基层政权

---

① 王玲：《救灾政治：合法性经营视角下的现代国家与乡村社会》，博士学位论文，华中科技大学，2012年。
② 刘一弘、高小平：《风险社会的第三种治理形态——"转换态"的存在方式与政府应对》，《政治学研究》2021年第4期。

运作的权力技术与乡村关系、灾害情境下的社会稳定、税费时代的遗留问题等,都给灾害背景下的基层政权造成了巨大压力,凸显出基层政权的运作困境。灾区基层政府一改税费时期的"悬浮"状态而再次下沉,直接面对并有效回应灾民的各种需求,真正承担起救灾、重建、维稳、资源分配等重大任务。资源的输入为灾区经济社会发展及均等化公共服务体系的构建提供了契机,但也打破了灾区社会内部结构,型构出新的乡村秩序与运行规则,使原有乡村社会矛盾与灾害治理问题相互交织,改变了基层政府与农民的互动方式。灾害的爆发将基层政权置于救灾重建一线,在锤炼其应急治理经验与权力技术的同时,也催生出权力运行规范化与治理能力现代化的要求。

(二)灾贫嵌结:地震对国家治理转型的影响

救灾重建、贫困治理与国家治理现代化是一脉相承的逻辑关系。"国家治理体系和治理能力现代化"总体目标的提出,是对现实中长期存在的治理问题的综合反映和理论升华。在税费时期,基层治理的问题与矛盾就已在农村社会充分暴露。但由于基层治理资源的匮乏、治理能力的弱化及维稳压力下的避责机制,导致基层矛盾纠纷更多被掩盖和遮蔽,而未得到真正解决。"发展型地方主义"与压力型体制的助推,造成了基层政府"打点"式的应对方式及日常行政中的"不出事逻辑"的扩大再生产[①],不但无法有效回应农民的现实需求,反而使农村矛盾长期累积,增加了社会治理的压力与风险。

汶川地震主要发生在川陕甘等西部经济落后和深度贫困地区,这让中央政府和外界社会更深刻和直观地认识到西部偏远地区的贫困事实。尽管此前国家也重视贫困治理问题,并采取了持续性的扶贫行动,但随着人民生活质量的不断提高,贫困标准也在发生变化。在实践中,传统的粗放式扶贫治理模式与基层权力运作的不规范等问题相互嵌结,很难

---

① 杨建国:《基层政府的"不出事"逻辑:境遇、机理与治理》,《湖北社会科学》2018年第8期。

第二章　治理转型：救灾治理中的政策承接与分类

改变西部地区农村社会的贫困状况。由此，"精准扶贫"理念在政策实践中日益清晰并被提升为国家战略，成为全面建成小康社会的重要着力点和各贫困地区基层政府的中心工作。

纷繁复杂的贫困现象背后隐藏着深层的脆弱性根源，其中，地理位置、气候条件、生态环境等因素与制度、政策、文化、能力等因素相互交织，形成了异常脆弱的"人类—环境"耦合系统，产生了较为严重的贫困问题。[①] 救灾重建增进了外界对西部地区的了解，使社会整体上对贫困的认知更加具体和明确。灾害与贫困相互耦合交叠，那些贫困地区恰恰是地貌类型多样、发展禀赋较差、生态环境脆弱的偏远地区，呈现出灾频灾重、灾贫叠加与灾害影响突出等特点，是国家脱贫攻坚重点推进的地区。在国务院划定的汶川地震51个重灾县与极重灾县中，有43个是扶贫工作重点县，这使地震灾区的恢复重建必须与扶贫开发有机结合，两项工作具有内在耦合性和政策连续性。西部许多地区工业化与市场化发展严重不足，传统农业发展又极受自然要素的约束。为了改善当地社会恶劣的生产生活环境，精准扶贫被赋予了治灾、反贫、发展与治理现代化等不同内涵。

在财政匮乏条件下，没有国家的资源输入和政策支持，当地是无法实现全面脱贫的，这需要国家对农村贫困问题进行系统综合治理。为了保证惠农资源真正"惠农"，使国家政策真正落地并取得实效，国家借助汶川地震向西部贫困地区输入巨额资源，也通过制定灾后恢复重建的条例、措施与指导意见，强化政策供给。由于当时国民经济发展下行压力持续增大，国家亦希望通过扩大投资拉动内需，提振经济发展的内在动力，确保经济增长指标。因此，国家对汶川地震灾后重建的政策要求，从一开始就不是仅恢复到灾前水平，而是要超过灾前水平并获得进一步的发展，以此推动西部大开发战略与新型城镇化战略进一步向纵深开展。国家的战略意图明确之后，通过增加对农村社会的资源输入，来

[①] 王国敏、张宁、杨永清：《贫困脆弱性解构与精准脱贫制度重构》，《社会科学研究》2017年第5期。

强化基层政权建设，提升基层治理能力，推动国家治理体系和治理能力现代化，就成为全面深化改革的一个总目标。从汶川地震抗震救灾到灾后重建，再到"国家治理体系和治理能力现代化"目标的提出，以及后来"精准扶贫"战略的实施，这一过程是一脉相承、层层推进的连续性脉络，表明救灾重建所催生的治理问题要求提升基层治理能力，而乡村善治的实现也要求加强基层政权建设。

巨额资源的输入要求必须强化乡村社会的组织建设与制度保障，明确基层政权运作的边界与框架，提升政权治理能力与服务功能。在汶川地震及北京奥运会带来的社会治理与维稳压力下，国家对社会稳定给予了极大关注，政府投入了巨大人力物力，主动介入乡村治理过程。但以管控为主的维稳治理理念与社会动员机制缺乏进取性、发展性和可持续性，也不符合乡村社会追求平稳中和的发展逻辑。外部的嵌入式治理必须契合乡村社会的内部需求和知识传统，政府的技术治理才能有效维系乡村秩序和提升农民福祉。灾害社会治理不能采取"做作业"式的应景性应对，而要推动基层政权真正"下沉"到村庄社会，把维护农村社会稳定、推动农业发展和解决基础民生作为基层政府的中心工作和主要任务，进而使服务型政府的构建获得实质性内容。灾害治理中，基层政府改变了悬浮型的运作方式，真正以乡村公共利益为行动依归，提升了基层政府的公共服务职能。

许多研究关注自然灾害所呈现的社会断裂机制，如它对灾区群众生命、财产、心理及社会秩序等方面造成的严重破坏，却忽视了它对治理转型的重大连续性作用。灾害社会只是一种暂时状态，国家对灾害社会治理的目标，就是使其迅速平稳地过渡到常态社会。在许多人看来，灾害社会所呈现出的基本样态、运作规律和治理逻辑受到特殊情境的限制，这些要素不具有连续性和延展性，无法将应急体制下的治理模式移植到常态社会的治理实践。但这种"灾常有别"的理论界定并不能降低在灾害社会构建一种有效治理模式的重大意义。这种治理模式虽不能移植到常态社会，但救灾重建中的问题具有特殊的复杂性和紧迫性，而

第二章 治理转型：救灾治理中的政策承接与分类

应急情态下的治理经验对基层治理具有重要的借鉴意义，这使他们在常态社会的治理中更加从容自如。

在铁镇调研中，许多基层干部坦言，尽管在此之前，国家也向农村输入了一些惠农政策与资源，但这些政策资源较为零散、不成体系，对基层政权的治理能力未形成根本性挑战。他们在日常事务中虽然也会遇到许多棘手难题，但这些难题都是政府治理的常见问题，是非对错没有严格的判别标准。这些问题即使处理不好，最多也只是方式方法不当。但救灾重建中的许多问题，基层干部此前从未遇到过，上级政府也没有给出明确的处理方案，只能靠基层干部凭借主观经验和个人判断去摸索。事情处理得好，是自己的"分内之事"；一旦处理不好，造成不良影响，则要承担政治责任。在灾害状态下，任何细小的失误都可能造成严重社会影响。在整个救灾重建过中，基层干部不得不时刻绷紧神经，精神高度紧张，唯恐出一丝纰漏。经过救灾重建的锤炼，基层干部发现，他们在此后处理日常问题更加从容自如。灾区基层政府经历了一次完整真实的体验，提高了应急治理能力，并将应急治理经验拓展到常态社会的治理实践，进一步改善了基层政治关系。

在地震灾区长期调研中，我们接触到大量基层干部和农民，他们都从自身的角度表达了他们的境况、态度及相互关系。可以看到，乡村干部通过努力为农民提供公共服务来改善税费时期在乡村社会留下的群体形象。许多农民讲述，地震当天下午，乡镇干部就在村干部的带领下来到村里，他们查看灾情、核实受灾损失、询问村民困难、帮助搭建临时住处，并反复叮嘱农民不要再住在屋里。在大灾面前，乡镇干部在农民眼里不再是高高在上的科层制官员，而是熟人社会值得信赖并提供安全的"乡亲"。这让相互隔阂的村民与基层干部之间具有了一种认同意识和亲近感，双方关系具有了修复和改善的情感联系与实践基础。在日常治理与灾后重建中，尽管农民对基层干部的抱怨和芥蒂仍然存在，但他们在抱怨之后总不忘补充一句："地震后，他们还是做了很多事情。"可以看出，基层干部在救灾治理中的实际表现已经获得了村民的认可，这不仅成为基层治理现代化的重要拐点，也为基层政权制度化建设和推进基层治理现代化奠定了社会基础。

由汶川地震引发的救灾治理作为国家借助灾害事件系统整合社会、重建灾后治理形态的一次尝试，国家已经把灾区政府与普通群众动员组织到当地社会的统一目标中："抗震救灾，建设美好家园"。这是在"运动式治理"饱受诟病的情况下，国家借助这一特殊事件而采取的治理实践，并取得了良好的治理成效，实现了国家的治理目标。它不仅提升了灾区群众对国家的政治认同，更重要的是，它改变了农民对基层治理保持疏离和冷漠的行为模式。灾区群众面对国家输入的巨额资源，逐步改变了以往对村庄公共事务的淡漠态度，不断构建灾民身份与话语体系，争相向基层政府索要资源。

在"天崩地裂"的地震现场，人们的恐惧和无助很容易使其团结在党和国家这一政治共同体周围，形成"万众一心、众志成城"的抗震救灾氛围。这就意味着，每个人要获得生存和救助，必须在国家统一的政策安排与救灾体制中寻求机会。他们必须抛弃作为个体的自利的"自我"，通过救灾实践中的积极行动表明自己隶属于"集体的一员"，从而既获得一种群体认同意识和归属感，也在国家的救助体系下赢得政策关照的机会。在救灾现场涌现出许多英勇事迹，许多灾民置个人家庭于不顾，争相去救助那些处于危难中的人们。通过信念的建构与行动的展现，他实际上已经向国家与当地社会表明自己在救灾重建中不可或缺的作用。灾区群众正是通过这种行动获得了一种集体共同体意识。在资源支持下，基层干部由"取"到"予"的角色转换改善了基层权力的实践基础。由于乡村干部掌握了更多的惠农资源与分配权力，农民再也不能对基层社会的资源分配漠然处之，必须在实践中努力改善并维持与乡村干部的良好关系，防止在救灾重建与资源分配中被排斥在外。

由此，汶川地震作为国家惠农政策体系构建的重要事件接点，它深刻形塑了基层政权的运作特性及其互动方式，对国家治理现代化与基层治理转型具有重大影响。我们有必要从这一事件的现实过程出发，探讨国家惠农政策持续走向深入的演进逻辑,以及惠农政策执行中基层政权的运作方式与规律。

本章在救灾重建的惠农政策场域,以铁镇的救灾治理为研究样本和叙述个案,探讨基层政府的政策执行逻辑。通过考察基层政府对救灾的嵌入过程,分析国家政策文本与地方实践规则是如何影响基层权力运作形态的,以展现灾害场景中基层政权的运作机制与现实困境,为常态社会的治理实践提供参考借鉴。在对汶川地震受灾情况进行分类评估时,铁镇所在的D县其他乡镇受灾情况较为严重,被划为重灾县。铁镇因灾死亡1人,受伤11人,房屋倒塌850余间,受损近3500间,全镇房屋经济损失近4亿元。借助救灾重建之机,全镇共有两千余户农民进行了农房重建。

二 资源分配中救灾政策的承接与转换

(一) 救灾与惠农:政策执行的国家文本

汶川地震给灾区群众造成了巨大的生命和财产损失,乡村原来的日常生活结构被打破,社会秩序也遭到严重破坏。如何尽快使灾害下的危机情态恢复到常态社会的治理状态,成为国家与灾区政府的首要任务。在地方资源匮乏型财政体制约束下,单独依靠基层政府很难承担并完成救灾重建的重大任务。随着现代国家建构的推进,政府的公共性与服务性职能在治理实践中得到重视和凸显,国家在救灾与重建方面承担着不可推卸的政治责任。

国家救灾的政策体系必须通过科层体制的行政链条传递到基层,最终仍需要基层干部转化为具体的实践行动。"政策导向虽然源于中央,但是,政策推进必须依托基层政府,这是一个无法逾越的环节。"[①] 灾区的基层政权处于国家行政体系的最末端,在灾害发生后却处于救灾重

---

① 赵树凯:《乡镇治理与政府制度化》,商务印书馆2010年版,序言。

建的最前沿,在国家救灾体制中发挥着基础性的、不可替代的作用。为了解决基层政权面临的资源匮乏与政权悬浮困境,国家必须首先向灾区输入政策与资源,以满足政权运作与基层治理需要。因此,救灾重建政策本身就包含了"惠农"的因素,两者是有机关联的。基层政府在救灾中的首要任务,就是在危机场景下能顺利地将这些资源分配下去,扮演了"分配型政权"①的角色。如何及时、高效和公正地分发资源,这在当时并不是一件容易的事情。基层政权的分配特征在惠农背景下体现得更为明显,而救灾重建也是在惠农背景下发生的,它为我们提供了一个更加特殊的基层权力运作场景,进而深刻体现出灾害社会与常态社会之间的政权运作差别。

  英国社会学家安东尼·吉登斯将资源分为两类,即配置性资源和权威性资源。前者是指对物质工具的支配,后者是指对人类自身的活动行使支配的手段。国家作为一种"权力集装器",它通过集中配置性资源与权威性资源而生产出权力。②在灾害社会,救灾治理的政策执行与基层权力运行紧密相连。樊佩佩、曾盛红借用吉登斯的权力再生产理论,探讨灾害场景中权力与制度双向互动的逻辑及其所形成的资源配置架构,进而阐明权力特性与制度结构如何形塑基层社会的"内生性权责困境"。③研究惠农背景下的基层政权运作问题,必须置于国家治理现代化与基层治理转型的具体情境及其过程,去透视基层政权对国家惠农政策的承接机制、执行策略与转换逻辑。在政策执行中,基层干部必须通过自身的策略与经验将国家政策转化为能被认可、易于执行的政策实践,并在灾害情态下小心运作,审慎调试国家与乡村之间的互动关系。国家惠农政策体系的构建与实施,有助于提升公众对党和国家的政治认

---

  ① 申恒胜:《"分配型政权":惠农政策背景下基层政权的运作特性及其影响》,《东南学术》2013年第3期。
  ② [英]安东尼·吉登斯:《民族—国家与暴力》,胡宗泽、赵力涛译,生活·读书·新知三联书店1998年版,第7—8、14页。
  ③ 樊佩佩、曾盛红:《动员视域下的"内生性权责困境"——以"5·12"汶川地震中的基层救灾治理为例》,《社会学研究》2014年第1期。

第二章 治理转型：救灾治理中的政策承接与分类

同，而救灾重建更是重塑和提升政治认同的重要契机。

中国传统政治的运作与救灾密切联系，历代王朝也建立了较为完善的"荒政"体系，但不同治理背景的差异，使传统救荒经验很难复制到现代国家治理中。汶川地震的突然发生，给基层政府的救灾实践提出了前所未有的挑战。救灾的基本前提是对灾害影响的查验与核实，进而为国家迅速制定出相关政策并开展救灾提供事实依据。但由于缺乏完善的查灾核灾手段，许多基层干部也缺乏相关经验，在报灾过程中，各项统计数据依循科层体制的路径层层向上传递，经常导致信息和数据在筛选过滤中产生失真现象。基层政府为了获得更多的政策扶持和救助资源，往往利用自己的信息优势而建构对灾情的话语表达。在治理实践中，国家必须对基层政府的日常政策行为进行监控以防止基层行为失范，防范其对社会可能造成的负面影响，并通过各种监控手段进行纠偏。

具体而言，国家向灾区输入的救灾重建政策主要包括以下几个方面：

一是临时生活救助类政策。面对灾害社会造成的巨大损失和严重破坏，国家必须向灾区紧急输入维持日常生产生活必需的物质资源，以稳定社会秩序，恢复和发展生产，使灾害场景下遭受打击的公众情绪能够得到迅速提振并聚集到党和国家周围，形成"万众一心、众志成城"的意志和决心。这些政策主要包括《关于对汶川地震灾区困难群众实施临时生活救助有关问题的通知》（民发〔2008〕66号）、《汶川地震抗震救灾生活类物资分配办法》（民发〔2008〕74号）、《关于对汶川地震灾区困难群众实施后续生活救助有关问题的通知》（民发〔2008〕104号）以及各级政府制定颁布的具体执行办法。这些政策对救助对象、分配原则、操作程序、组织保障、部门责任、监督机制、违规责任等做了严格而详细的规定。

与这些政策相伴随的是国家陆续拨付的各项资源。尽管"十元钱一斤粮"的临时生活补助政策对灾区群众而言只能满足基本的生活所需，但它却具有特殊重要的政治意义。作为展现国家在灾害治理面前的责任与态度的一种形式，临时生活救助只是国家资源输入的开端，其后更大规模的、持续性的资源输入相继而至。这一政策针对的对象是"受灾群众"或"灾区困难群众"，但在实践中并无严格区分，尤其是在那些轻灾区，乡村干部在操作时更多采取模糊化的处理方式，未根据受灾情况对"受灾群众"做进一步区分，体现为"普惠性"的政策趋向。但对灾区群众而言，临时生活救助却是"灾民"身份得以构建的基础，据此他们可以在后续资源的输入中向基层政府索要更多资源。

二是捐赠物款的使用和管理政策。在救灾实践中，除了国家拨付的资源外，大量的社会捐赠也成为亟须监管的重点领域。由于社会捐赠种类繁杂，捐赠部门不一，数量各异，更考验基层政权的操作技术。于是，关于救灾物款的发放、使用与管理等问题亟须国家制定政策进行规范。在地震发生后的较短时间内，国家针对这些问题制定了系列指导性办法，对救灾中的诸多事项、程序、制度、监督等进行规范，具体包括：《关于加强汶川地震抗震救灾捐赠款物管理使用的通知》（国办发〔2008〕39号）、《关于汶川地震抗震救灾捐赠资金使用指导意见》（国办发〔2008〕51号）、《关于加强对抗震救灾资金物资监管的通知》（中纪发〔2008〕12号）、《汶川地震抗震救灾资金物资管理使用信息公开办法》（民发〔2008〕75号）及民政部财政部国家统计局联合发布的《汶川地震抗震救灾捐赠款物统计办法》等系列文件，各级政府部门也制定了相应的执行办法。这些政策主要针对资源分配中可能存在的挤占、挪用、滞留、私分、克扣以及不及时转拨、分配不公等行为。

这些文件还规定了系列技术规则和操作标准，如生活类物资应根据"受灾区域大小、受灾程度、人口密度"等要素进行分配。灾区各级政府按照国家政策要求制定了更加具体和细化的实施办法，对各类违规行为的处罚规定在措辞上非常严厉。这些政策在特定条件下可以通过量化指标进行具体化，基层干部必须以国家制定的技术规则和操作标准为行动依据，体现出政策的统一性特征。

三是农房维修与恢复重建政策。为了解决受灾群众的住房困难,并应对当年群众过冬问题,进一步将灾后秩序恢复与社会重建紧密结合,在临时生活救助与安置等事项基本完成之后,国家紧接着启动了农房恢复与重建政策。2008年8月1日,四川省人民政府发布了《"5·12"汶川地震损坏农房维修加固工作方案》,其中对补助范围和对象、补助标准、审批程序、资金来源、目标任务、保障措施等做了具体规定。为了保证公平公正,政府的基本思路是按照农房受损程度进行分类补助,其具体标准体现在该省制定的《农村房屋地震破坏程度判别技术导则》中。文件规定了技术导则的适用范围与基本原则,尤其是对各种结构房屋破坏等级的判别进行了详细规定。房屋框架结构分为钢筋混凝土结构、砌体结构、木结构、土石墙结构等类型,并对相关结构房屋的柱、墙、梁、屋盖及其他附属构件的"轻微损坏""中等破坏"和"严重破坏"的判别标准进行了细致描述。

关于房屋重建政策,是国家在对各级政府上报的灾情数据进行初步把握,以及召集各类专家对灾区实地考察、评估和论证的基础上而制定的。这些政策包括《汶川地震灾后恢复重建条例》《国家汶川地震灾后重建规划工作方案》《关于支持汶川地震灾后恢复重建政策措施的意见》《关于做好汶川地震灾后恢复重建工作的指导意见》《关于汶川地震灾区城镇居民住房重建的指导意见》《汶川地震灾后恢复重建总体规划》等系列文件,形成了组织严密、互为支撑的灾后重建政策支持体系。这些政策对调查评估、重建规划、具体实施、资金筹集与政策扶持、监督管理、法律责任等做了规定,是整个恢复重建时期的指导性文件。

四是推进灾区经济社会进一步发展的其他配套政策。主要表现为在财政、税费、金融、土地、产业、对口支援、社会援助及其他方面对灾区进行全方位支持的政策,其目的是统筹全国资源,进行协调配合以支持灾区社会的重建与发展。这些政策与扶贫开发政策相结合,既在原有的发展水平上进行"兜底式"扶贫,也以此为契机推动灾区社会进一步向前发展，破除西部地区长期以来面临的基础设施薄弱、资源匮乏与发展滞后的瓶颈，属于"发展型惠农政策"。

（二）承接与转换：政策执行的现实样本

对农民而言，政策本身的价值，在于他们可以借助这些政策获得特定利益和其他资源。与这些政策相配套的，是国家与社会输入到乡村的种类繁多、数量不一的各类物资。在地震后的第二天，铁镇就陆续接收到政府拨发和社会捐赠的各种救灾物资。这些物资包括灾区急需的大米、方便面、各类蔬菜、帐篷、牛奶、矿泉水、棉絮、凉被等物资。为了规范物资的接收和发放，民政部颁布了《汶川地震抗震救灾生活类物资分配办法》（2008年6月1日）与《汶川地震抗震救灾捐赠款物统计办法》（2008年7月16日）。按照政策要求，这类物资在发放给灾民之前，接收单位必须进行登记。在调研中，我们在铁镇保存的档案文献中发现了部分救灾物资的登记台账，这些台账分别按照接收和发放两个方面进行登记。从台账本身来看，登记表内容比较清晰，其中详细记录了救灾物资的名称、数量（金额）、运送（捐赠）单位、接收时间、接收单位、发放时间、发放数量、库存数量以及村民领取时的签名等基本信息。根据这些记录可以看到，铁镇在地震后从外界接收的各项救灾物资，经过工作人员的努力都顺利发放到群众手中，并根据民政部的政策规定进行分类造册，收发数量相等，账物相符，具有形式上的完整性与合理性。

然而，汶川地震作为突发性的灾害事件，国家此前缺乏相对应的制度设置与政策安排，基层政府也没有相应的治理经验，民政部的"捐赠款物统计办法"也是后来才制定的，其回应具有滞后性。但是，民政部要求统计的起始日期为2008年5月12日。实际上，为了稳定社会秩序，在救灾物资抵达灾区后，基层政府就必须有效回应并满足灾区群众的要求，而及时、迅速地发放各种物资。有的乡镇因为没有及时把救灾物资发放出去，遭到农民的诘问。与常态社会的治理相比，危机情势

第二章 治理转型：救灾治理中的政策承接与分类

下的资源分配工作不能有任何推迟和延误。当民政部这一政策出台后，许多物资已经分发下去。在当时工作繁杂紧张的形势下，即便是收发者本身也不可能对自己经手的物资了然于心。为了应对上级的检查和审计，基层干部不得不根据要求，作出了这些报表。实际上，考虑到灾后社会的复杂形势，民政部也赋予了基层干部"特事特办"的权力，紧急情况下"可先发放物资，后补办手续"[①]。乡镇政府之所以这样做，既是遵循国家政策的需要，也是对捐赠单位负责的表现；既可以使物资顺利发放下去，也可以有效回应灾区民众的质疑。尽管这些台账不一定完全反映物资分发的实际过程和全部内容，但基层的操作实践却必须符合国家的政策规定。民政部也只是从"程序合理合法"的角度对基层物资收发行为进行规范，尽可能考虑基层社会的复杂现实，允许已经分发的物资另行补报。

面对灾区群众的诉求，如何及时、快捷、高效地分发这些物资成为摆在基层干部面前的头等难题。基层干部在税费时期面临的"资源汲取者"角色转变为"资源分配者"角色，但这种角色的转换并未完全改善基层干部的行动困境。税费时期他们面临的资源征收难题在地震后转变为资源分配难题，从"不好收"变成了"不好发"，基层干部无论如何统筹考虑也很难达到让灾区群众完全满意的结果。物资分发是灾后的日常工作，一旦处理不好就可能引发严重后果。在铁镇，镇、村、组三级干部时刻处于紧张状态，时时事事处处小心谨慎，生怕出一丝纰漏。

在物资分发方面，对于那些"规定性"的政策，如针对困难群众临时生活救助（统称为"十元钱一斤粮"），基层干部有比较规范、可量化的依循标准，尤其是钱的发放比较容易。由于这笔物款的发放直接关系到灾后群众的生活，国家制定了一系列程序和规则，要求专账核算，专款专用，严格遵循"民主评议、登记造册、张榜公布、公开发

---

① 民政部：《汶川地震抗震救灾生活类物资分配办法》（民发〔2008〕74号），第十三条。

放"等程序。在符合条件的地方,国家要求将这些救助款纳入涉农资金"一卡(折)通"进行发放,防止发放过程中可能存在的挤占挪用和虚报冒领,使这笔物款真正到达群众手中。D县政府还曾专门下达文件,反复申明作为灾民的"救命钱粮",不允许用于抵扣村庄集资款和其他欠款。在灾害情态下,国家对违规违纪行为的处理非常严厉,乡村干部一般不会在这一关键性问题上触碰国家政策底线。在铁镇各村,村民在领取临时生活救助物款时都遵循严格的程序,必须逐个签字、按手印,并由村委会盖章存档。这种"实名登记"方式保障了责任的落实,做到收发环节账物相符。通过这种方式,国家试图建立与农民的直接联系,将各种款项"直接"发放到农民手中,尽量减少中间环节,尤其是防止村组干部对救灾资源的截留和抵扣。

尽管国家制定了规范、刚性的政策文本,但在现代社会,一统的观念制度在实践中不断受到多样化生活实践的挑战和削弱。① 乡土化的社会实践与权力运行规则对政策的执行产生了巨大的形塑作用,导致国家政策在实践中产生了执行悖论:一统决策的集中程度越强,执行过程中的灵活性就越大。② 国家政策在制定过程中为了照顾农村复杂多样的现实,往往只规定基本内容、实施步骤、原则要求、条件保障等规范性内容。基层干部必须在承接国家政策文本的基础上,进行适度的政策衔接与转换才能落实下去。地方各级部门针对特定惠农政策制定的"实施细则",是对国家政策文本的进一步说明和细化,它使地方的话语空间得到拓展,其执行权力得到合法化。从国家文本到地方细则,再在实践中发展为各种各样的"土政策",基层政府在某种程度上转换了国家的政策话语。这种转换有正反两方面的含义:一是结合本地的实际情况因地制宜,使国家相对抽象和不易执行的政策能够贯彻落实;二是造成政

---

① 周雪光:《权威体制与有效治理:当代中国国家治理的制度逻辑》,《开放时代》2011年第10期。
② 周雪光:《基层政府间的"共谋"现象——一个政府行为的制度逻辑》,《开放时代》2009年第12期。

策的选择性或曲解性执行，违背了国家的政策初衷。就铁镇而言，更多表现为前者。

在资源分配中，由于缺乏国家的政策指导，工作的开展完全凭借基层干部的工作经验、操作技术与道德良心，在实践中一些做法并不十分规范，而是糅合了乡村社会的共同性规则。但对基层干部而言，在当时背景下，能把物款及时分配下去而不引发影响较大的事件，已属十分不易。铁镇的物资分发工作持续的时间非常长，从地震后一直到当年10月份，此后仍有大量物资陆续运送进来，分配任务极为繁重，工作异常复杂，基层工作人员承受压力大，而铁镇干部又比较少。为了将这些抵达时间先后不一、种类数量各异的物资及时分配下去，乡镇工作人员经常要加班到深夜。铁镇所有的干部都承担了相关工作，一些大学生村干部也兼做民政事务。他们不仅要负责接收和分发，还要应对各种突发的情况和问题。为了减轻负担，铁镇首先将接收的各类物资分发给下辖的各个村庄和社区，再由其分发给群众。这样，乡镇面对的是各村干部而不是诉求各异的村民，程序上相对简化，分发起来更为容易，工作难度也得以降低。

但到了村庄一级，在村干部向村民发放过程中，就不那么简单了。有的村庄还要将物资分到各村民小组，再由小组长分发给村民。通过压力的层层传递，最终将压力转移到乡村社会的非正式人员身上。总体而言，铁镇接收的物资数量看上去很多，但由于抵达的时间有先有后，种类也各不相同，分发起来十分繁杂。等到真正分配到乡镇一级，由乡镇平均分配到村，再由村庄分配到各村民小组，这样一级一级分下来，最终发到村民手里，数量就显得非常有限了。例如，临时生活救助政策中对于"一斤粮"的发放，铁镇分发给每个村民七两米三两面，这需要用秤称给群众。在称的时候，有的称多了一些，必然导致后面的就少了；分面粉时，中间会有很多折耗，风一吹会飘散很多，也必然导致分到最后不够了。

国家巨额资源的输入让许多灾区农民看到了机会。在实践中，他们千方百计地"发声"，向乡村干部表明自己的立场和诉求，防止自己在资源分配中被遗忘。对灾区群众而言，不同家庭的受灾程度差异极大：有的农民房屋倒塌，失去安身之所，但有的只是轻微损坏，对日常生活未构成根本性的影响。但他们都处于同一区域，具有时间和空间上的行动协同性。他们都亲身经历了地震的整个过程，并在救灾中获得一种集体认同意识，他们都认为自己是最急需救助的"灾民"。在铁镇调研中，许多村民争相向我们叙述在地震发生那一刻他们在做的事情。尽管不同的农民表述不一，但多数农民回忆说当时他们"在（山）梁上打菜籽"（5月是当地油菜收获的季节）。通过个体叙述和集体记忆，他们将自己的"灾民"身份定格为一种集体性的标签。"我们是灾民，需要国家帮助"成为他们理所当然的共同话语和利益诉求。"灾民"作为一种有价身份可以获得相应资源，它意味着凭借这种身份有权利获得国家输入的各种资源。同时，这种身份是临时性的，一旦错过救灾重建的"最佳有效期"，他们的诉求就不会再得到优先满足。震灾波及区的"所有的农民，皆有自认灾民身份的强烈愿望。每个人都担心，假设在最初没有纳入政府救助的视角，那么未来所有的'上恩'，都可能被漏掉。这样的不安全感再加上不可否认的'不患寡而患不均'的国民性痼疾，使得多数村民都会盯住那些原本不多的物资"①。农民在这种思维观念驱动下，争相影响资源的分配过程，进一步加大了资源的分发难度。

  尽管国家要求地方要按照受灾程度来分配各种资源，但在实践中，地方往往很难严格界定分配标准。铁镇所在的 D 县虽被划为重灾区，但当地受灾程度实际上相对较轻，除了几家倒房户外，其他农户受灾程度都相差不多。由于缺乏一个严格的判别标准，基层干部在资源配置中必须首先考虑当地群众的需求，尤其是老弱病残孤寡等弱势群体的生活状况，对其进行重点照顾。他们本身可能并未遭受多大损失，但基层干

---

  ① 野夫：《治小县若统大国——地震危机中基层政权运作的观察与忧思》，《天涯》2008 年第 4 期。

第二章 治理转型：救灾治理中的政策承接与分类

部却必须借这个机会改善他们的生活，这符合乡村社会的情理与关系理念，也能为其他村民所理解和接受。同时，基层干部必须兼顾一般，照顾其他普通村民的利益，使每个家庭都能够享受国家的政策优惠。尤其是对村庄中生活水平与受灾程度相差不多的农民，村干部必须统筹考虑，不但不能按政策"区分出差别"，反而要尽量"一碗水端平"，避免让村民感到自己受到冷落和排斥，招致"优亲厚友"的质疑。因此在实践中，决策者根据上级指示和本地的情况而对社会资源重新加以控制和分配，其中涉及用什么方式和标准来加以制定实施的问题时，其遵循的是普遍主义与特殊主义的巧妙糅合。①

尽管上级文件不断强调，要防止物资的平均分配，要在乡村社会区分出差异，以使资源能够有效地分配给最急需救助的人。但在分配实践中，由于铁镇受灾相对并不严重，除了对棉衣、棉被、帐篷、毯子、药品等紧缺物资优先考虑倒房户、岁数较大者的需求外，其他生活物资基本按照一种相对平均化的原则进行发放。其他一些生活必需品如大米、面粉、饼干、方便面、火腿肠、蔬菜、矿泉水等物品，根据村民自己的意愿可以自行选择，分配过程也较为灵活。村民可以根据需要选择自己紧缺的物品，例如像蔬菜等，不可能每户都发，只能根据需要挑选。有的农民不喜欢喝牛奶，他们就会选择其他替代品；那些可以自己做饭的农户，往往也不会选择方便面，而更愿意选择蔬菜，倒房户往往选择一箱方便面用来应急。帐篷是比较稀缺的军用物资，它们一般由乡镇实施直接管控，由各村根据需求情况向乡镇申请借用，使用后再归还，在分配中往往向倒房户倾斜；彩条绸布则根据需要丈量分发。当然，在经过地震后，一些村民的生活态度发生了细微变化，生命在他们眼中变得更加重要和珍贵，而将其他物品逐渐看淡，这也有利于在乡村社会形成一种普遍认可的分配观念。

在实际操作中，一些确定性的、具有一定量化标准的资源比较好

---

① 翟学伟：《"土政策"的功能分析——从普遍主义到特殊主义》，《社会学研究》1997年第3期。

分,如临时生活补助对灾区群众每人每天补助十元钱,连续补助三个月(后来国家又追加了三个月的生活补助)。这笔钱在分配上不存在任何难度。但对那些数量少、不能均分的物品,尤其是社会捐赠物资,在数量和运抵时间上都存在不确定性,往往是刚分完一波,又来了一波。对乡镇而言,又不能拒绝接收,只好把物资分派到各村,由各村自行发放。许多村干部因怕惹麻烦而不愿接收,乡镇只好强派下去。

为了解决资源分配中的利益均衡问题,各村对于那些比较难以分发的物品,便结合村民的意愿,在内部协商的基础上采用各种带有乡土特色的"土规则"来解决,抓阄便是常用的一种方式。这种方法看起来不符合国家政策,但由于简便易行,符合乡村社会"愿赌服输"的理念,无论是否抓到,都容易被村民所接受。加之当地棋牌文化非常盛行,打牌打麻将成为村民日常生活的一部分,"赌"的理念具有根深蒂固的社会基础。这样,村民如果抓不到只能怪自己运气不好,而不会怪罪村干部不公平,抓阄就成为有效"摆平"村庄难题的可替代方式。对于棉絮、被褥等无法均分的物品,村庄则根据村民的需要,要么等到下次该类物资运抵后一起发放①,要么根据物资数量和各村组户数,由几户农民共同领取一床棉絮,之后再由农民自行协商具体的分配方案。一般而言,农民会采取折现的方式,将无法均分的物资折成现金,领取物资的农户补钱给其他人;或者在分配时优先考虑农民对某些急需物资的特殊诉求,等到后续的物资运达后再向此前未照顾到的农户适当倾斜。当然,如果这几户农民的关系比较好,他们对这种分配过程可能就不会太在意。

这些分配规则融入了乡土社会的情感、关系、地缘等要素,并深嵌于灾害社会的具体场景与日常实践。它融入了乡村社会的分配传统与行为惯习,因而在农民那里是"最公平"的物资分配之道。由此,国家的政策规定看起来是刚性明确的,但在遇到乡土社会的具体现实时,往

---

① 为了保证灾区群众安心过冬,2008 年秋冬时节,国家各部门及社会向铁镇运输了大量过冬物品,其中棉絮、棉衣等占很大一部分。

往不得不考虑乡村的地方性规则而灵活执行。基层社会的诸多治理事项遵循"摆平"而非绝对"公平"的政治逻辑，只要不引发农民上访或群体性事件，其行为也往往得到默许。

三 基层分类治理中的政策统一性与类型化

（一）分类治理下资源分配的统一性

一个多元化的复杂社会要实现良性治理，必须按照一定标准对被治理对象进行正确的分类，才能进行分类施策，这既是大国"简约治理"的必要策略和基础，也是党和国家长期坚持的工作传统。在历史上，中国共产党贯彻阶级分析方法，根据不同时期社会的主要矛盾，按照一定标准对社会主要阶级进行划分，区分出革命的主要对象和依靠力量，争取和团结广大中间力量，并针对不同阶级制定不同的政策和策略，实际上也体现出分类治理的思想。

当前，分类治理已经成为提升国家治理能力的重要形式，也是基层政府在实践中广泛采用的治理策略。学术界关于这一问题的研究，大多在"国家与社会"分析框架下展开，他们更加关注和探讨政府与社会组织的关系问题。康晓光在考察国家对社会组织的控制时提出了"分类控制体系"，并将其作为国家与社会关系的"理想类型"。在这一体系中，政府根据社会组织的挑战能力和提供的公共物品，对不同组织采取不同的控制策略。[1] 在政府管理社会组织时，行政分隔与分类控制共同建构起政府在社会领域的基本结构，即"条块管理体制"。[2] 中国政府在社会组织体制管理方面正在从分类控制转向嵌入型监管，但实际上

---

[1] 康晓光、韩恒：《分类控制：当前中国大陆国家与社会关系研究》，《社会学研究》2005年第6期。
[2] 韩恒：《行政分隔与分类控制：试论当前中国社会领域的管理体制》，《中国行政管理》2008年第4期。

仍未超越"分类控制"的范畴。① 王向民探讨了当前地方政府对社会组织的分类管理模式，它显示出体制扩容与实践性政治知识的生长。② 在农民上访治理中，基层政权存在"有分类无治理"的困境，政权性质的模糊致使分类治理丧失了原则，而蜕化为纯粹的治理技术。③ 随着全球性治理危机的加剧，治理理论在不同国家得到了传播和发展，"治理"概念逐步替代"控制""管制""管理"等概念成为解释政府行为的重要工具，而"分类治理"则成为基层政权应对复杂社会的重要方式。

在实践中，国家可以利用强大的官僚机器对社会进行有效组织和动员，通过应急体制运作强化治理能力。在现代国家形成中，资源匮乏一直是困扰现代国家的痼疾，成功者往往是那些能够启动资源的国家。④ 在国家治理中，资源的有限性要求必须分清轻重缓急，根据不同群体的需求状况进行分类，并实施差异化的政策，以保证有限的资源能及时提供给那些最急需救助的人。魏丕信在对18世纪中国的荒政制度进行研究时也发现，救灾必须优先照顾最贫困的人，如果情况允许的话，这种救助可以扩展至受灾较轻的那部分人⑤。中国的国家治理也格外强调"分类施策"，并成为基层政府治理乡村的一种有效手段。分类治理是强化基层政府治权的基础，它在国家政策统一性的基础上，强调通过政府的科层运作而适应多元社会的复杂形态，并在实践中进行渐进性调适和转换，推动国家政策真正"落地"。为了推进这一治理方式在基层的有效实施，必须充分尊重农民的权利和意见，综合考察乡村实际状况，

---

① 刘鹏：《从分类控制走向嵌入型监管：地方政府社会组织管理政策创新》，《中国人民大学学报》2011年第5期。

② 王向民：《分类治理与体制扩容：当前中国的社会组织治理》，《华东师范大学学报》(哲学社会科学版) 2014年第5期。

③ 申端锋：《乡村治权与分类治理：农民上访研究的范式转换》，《开放时代》2010年第6期。

④ [美]王国斌：《转变的中国：历史变迁与欧洲经验的局限》，李伯重、连玲玲译，江苏人民出版社1998年版，第87页。

⑤ [法]魏丕信：《十八世纪中国的官僚制度与荒政》，徐建青译，江苏人民出版社2006年版，第97页。

制定出合理的政策安排与有效的分类体系，从而强化乡村治权，不断提升基层治理能力，达到有效治理的目标。

汶川地震后，灾区社会的复杂状况促使基层政府在政策实践中必须对被治理对象进行分类，在不同政策中贯彻分类支持的工作思路，即依据特定标准对受灾群众进行划分，并对不同对象进行分类施策。铁镇的分类依据主要包括：

一是户籍，户籍是基层治理分类的基本依据，主要分为城镇居民与农村居民。在乡镇，属于社区居民的（他们是城镇户口），考虑到他们的经济状况和生活成本，其补助标准要比农村居民稍高。尽管村民有不同意见，但这种分类是以国家政策为依据的，具有合法性。

二是受灾状况，根据房屋受损程度分为轻灾户和重灾户，前者房屋轻度损坏，只需维修加固而无需重建，后者则是房屋整体倒塌或严重受损导致无法入住，甚至遭受一定数量的人员和财产损失，需要彻底重建。由于重建户获得的补助更多，有些农户房屋虽未受到严重损坏，但却希望借此机会重建的，则会不断向村组干部表达诉求。村干部在条件允许的情况下，也会考虑村民的诉求，将维修加固户纳入重建范畴。

三是家庭人数，铁镇划分为1—3人户、4—5人户、6人及以上户，不同户别获得国家补助的资源存在差异。例如在临时生活救助中，重灾户的补助标准按家庭成员人数进行补助，即家庭中有几个人就补助几个人；轻灾户则根据家户成员数量进行变通补助，铁镇的具体操作方案是：3人及以下农户按一个人的标准发放，4—5人户按两人的标准发放，6人及以上户按3人的标准发放。铁镇干部的解释是，尽管补助标准要比重灾户低，但根据"利益均沾"的原则，仍需对他们进行适当照顾。

四是家庭经济状况，分为一般户、低保户、建卡绝对贫困户，后两类农户在资源分配中往往享受更多的政策优惠。铁镇在对生活类物资进行分配时，将国家政策文本中的"困难群众"界定为重灾区的"重灾户"与贫困户，以与其他一般农户区分开来。

这些分类标准被综合贯穿在救灾治理中，通过这种全方位、多样化的层次划分，救助对象就被相对清晰地区分开来，乡村社会的资源分配就有了更精确的现实依据。

在农房维修加固与重建等政策实践中，分类治理思想也贯穿其中。为了对房屋受损程度进行技术判别，四川省政府专门制定了《农村房屋地震破坏程度判别技术导则》，将"农房损坏"划分为轻度损坏、中等破坏、严重破坏三个档次。① 这三种情况所针对的对象是在地震中受损但不构成危房、经维修加固后能够安全居住的未倒塌房屋。如有的房屋墙体裂缝但不影响居住，只需用水泥修补即可；有的房屋个别瓦片被震碎，只需补齐即可，这本身不需要太多工程和花费。对这些农户的救助属于"房屋维修加固"的范畴，其补助数额要低于房屋重建户。该省制定的《"5·12"汶川地震损坏农房维修加固工作方案》针对农房损坏的三个档次，规定分别按照每户1000—2000元、2000—4000元、4000—5000元的标准给予补助。地方政府依据相关文件精神，制定了实施操作方案。D县政府在2008年12月24日颁布了《D县"5·12"汶川地震损坏农房维修加固实施方案》（D县府办发〔2008〕151号）。但与其他实施方案不同的是，该方案未将补助标准进一步清晰化和具体化，而是更加模糊化。该文件只是笼统地规定每个农户的农房维修加固补助标准为1000—5000元不等，而没有根据农房受损程度作出更详细的划分，体现出分类治理中政策的模糊性。这样，每一农户的具体补助数额，只能由基层干部在实践中根据实际情况进行拿捏和把握，这实际上赋予了其更多的政策空间和执行灵活性。

省政府制定的《农村房屋地震破坏程度判别技术导则》对农房损坏程度作出了详细的等级判别和技术规定，从政策层面而言更加公正合理，也符合政府分类治理的基本原则。但这一政策文件落实到县乡，县

---

① 汶川地震主要发生在川陕甘等省份，周围其他地区如重庆等一些区县也受到影响并被划为重灾区。四川受灾情况最严重，其救灾重建政策更具代表性，其他省市的救灾政策虽与四川省有差异，但许多方面借鉴了四川的一些做法和经验。

第二章 治理转型：救灾治理中的政策承接与分类

乡政府在实践中却为何未严格按照省里的技术规则去贯彻执行，反而将明确的问题模糊化，表现出一种与分类治理相悖的治理逻辑？如果我们据此认为基层政府在治理中失去了分类能力，甚至丧失原则，可能会作出有失公允的判断。基层分类的首要前提是可操作化，即将复杂的、不易执行的问题和事项转化为现实的实践行动，而不是将简单的问题复杂化。基层干部远非房屋建筑方面的技术专家，他们对政策文件中关于轻微损坏、中等破坏、严重破坏的认定标准往往也不尽相同，甚至差异很大，更多时候只能采取简易目测（或测量）的形式，容易产生偏差。这种偏差在农民眼里，就可能成为一种主观故意了。

因此，单从技术层面来看，省政府制定的《农村房屋地震破坏程度判别技术导则》毫无疑问更加公正合理，但它却忽略了当时灾区社会的具体情境和社会现实。在当时严峻的维稳形势下，如果严格按照政策规定的技术标准去执行，既增加了政府工作量，又容易招致农民的非议。由于政策规定房屋维修加固要确保在2008年底前全面完成，保证灾区农民安然过冬，时间非常紧迫，任务非常繁重。如果基层干部与农民就一些技术性的细节问题发生无休止的纠缠，那么很容易使国家的农房维修政策成为一项"费力不讨好"的工作，这项任务也根本无法在冬天到来前如期完成。因为如果不能恰当地对农房损坏程度划分等级，就无法给出合理的补偿，而划分等级这一关键性步骤在利益多元的乡村社会付诸实施却是困难重重，导致这一工作实际上根本无法开展。因此，将复杂的问题简单化，以能在实践中贯彻和落实为前提，就成为一种现实需要。

由于农民组织的分散化特点，他们一直具有"自我弱化"的心理倾向。在实践中，潜在地可能受到不公平对待的担忧，使他们在面对基层政权时，内心总是有所顾虑。尽管基层干部在处理乡村复杂问题时，总会尽量考虑农民的诉求并综合平衡村庄社会利益，但个别农民对基层干部的价值偏见，往往使村庄正常的矛盾处理也被情绪化的意见所干扰。村庄社会内部存在普遍的竞争，农民在与其他村民进行竞争时，他们也担心自己因各方面的劣势而导致在资源分配中处于不利地位。竞争会产生差别，而差别在农民眼里可能就意味着"不公平"。尽管这种不公平感有时是农民自我想象和构建的，但也会影响他们对待一些基层问题的态度和选择。因此，基层干部的资源分配行为是否真正公平合理，能否获得农民的支持和认可，很大程度上是农民心理上的一种主观感受，而不是简单地根据政策排出先后次序，否则会引发农民更强烈的"不公平感"。农民"不患寡而患不均"的传统思维，也使他们在资源分配上更容易接受那些融入传统惯习的、相对简单易行的平均化分配方案。

于是，实践中的"模糊化"实际上赋予了救灾政策更强的可操作性，相对平均化的分配策略是大多数人都能认可、问题和矛盾最少的一种分配方式。铁镇干部对此作出了令人理解的解释，他们认为，该镇所在的D县虽然被划为重灾区，但该镇比较幸运，受损程度比较小（另外几个乡镇受灾情况比较严重，按照干部的话说，是"我们沾了他们的光"）。当地除了少数农户房屋倒塌和受损严重外，其他农户受损程度相差不多，实际上都属于"轻度损坏"，根本无法做更细致的区分。

这样，各村相互参照其他村庄的做法，并经过村民内部的自主协商，共同制定一个大多数人认可的分配方案，这些方案无一例外都采取了相对平均化的资源分配方式。虽然一些农民会提出反对意见，但在自上而下的压力下，乡村社会的诸多事项必须要迅速作出决断，而不能因为个别农民的反对造成资源分发的拖延。对基层干部而言，最重要的事情是把这笔资金顺利、及时地分配下去，以帮助农民完成房屋维修加固任务，赶在冬天到来之前，让村民"居有定所"。这种表述不仅在各级政策文本中反复出现，也是基层干部苦口婆心劝说农民的依据。因此，在尊重农民意愿和获得多数农民支持的基础上，资源分配得以顺利进行。

在救灾治理中，县财政根据各乡镇上报的数据为基础来计算和分配农房维修资金。由于各乡镇提供的统计基数不同，各镇各村获得的县财政拨款数额也不同，而各村建立在户口与人头基础上的分配额度也各有差异。在铁镇多数村庄，对于房屋维修加固费用的分配，一般分为"按户平均"与"按人头平均"两类，两项费用相加即是每个农户分得

第二章　治理转型：救灾治理中的政策承接与分类

的资金总额。多数村庄每户平均分配的数额为1000元，这是在国家政策规定与上级拨付资金基础上的一个核定数额，剩下的钱则按照村庄人头进行分配，每人大约能分到500多元。例如，在铁镇团村，在每户平均分配1000元的基础上，每人还能分515元。如果一个户籍家庭中有3人，那么其补助数额的计算标准为：户平＋人平×人头数，即1000元＋515元/人×3人＝2545元。有的村庄则将每户平均分配的数额定得更高，如陵江村定为1500元，但每人分配的数额就少了，只有400元。也有个别村庄没有按户口进行分配，而全部是按人头来分配的，如何村和园村，每人能分配到927.8元和910元。由于国家政策规定农房维修加固费用的补偿标准为1000—5000元，那么如果这家户头上只有1个人，则按照国家政策规定的最低标准给予补助，给其分配1000元（有些村对"一人户"补助1200元）。

对基层干部而言，这一操作规则实施起来比较容易，也能为多数受灾群众接受。这样，一个农户所能分得的数额就取决于户口数和家庭人口数，而那些"合户"（即分家却未分户）的家庭及人口少的农户则显得有些"吃亏"。当然，对于农村的特殊情况，村里也会给予适当照顾，如有的农户房屋是二层，在地震中一层受损不严重，不需要拆除重建，只需将受损较为严重的二层拆除即可。① 由于这种情况不符合农房重建的补助政策，但花费又比一般的维修加固多，补助时一般对这类情况给予了特殊考虑，每户补助4500元。对于这类情况，有的村实行包干，不再按家庭人数进行分配；有的村则给予了更细致的划分，如按家户人口分为两类：2人及以下户4020元，3人及以上户5000元，而5000元已经是国家政策规定的最高补助标准。但无论如何分配，上级拨付的款额是确定的，这家分的多了，那家分的自然就少了。因此，资源分配中往往伴随着复杂的利益博弈过程，每户都会站在自己的角度对

---

① 此前农民自费修建的楼房并未受到国家对农村住宅面积规定的限制，许多农民修建的非常宽敞，往往是二层甚至三层小楼房。即使拆除受损较为严重的上层，一家人在居住方面仍然绰绰有余。

分配方案提出不同意见，并试图影响分配规则。但不同农民的表达方式、在村庄的地位及对分配方案的影响能力是不相同的，这就意味着，在严格遵循"少数服从多数"的规则下，"大多数人认为怎么分合理，我们就怎么分"。① 这种话语表达隐含着"责任共担"的乡村治理之道，也为村干部应对可能的风险留出了空间。一些农民虽然一开始表示反对，但他们最终只能服从村庄多数人的意见。

从这一分配规则看，各村在实践中，要综合考虑各种因素，如政策框定的范围（每户的补助金额要保持在1000—5000元之间）、各村接受的补助总额及本村维修加固的户数和人数，这样才能制定一个大家共同认可的标准。同时还要考虑治理实践中可能出现的其他复杂情况，并在救助过程中使他们的利益也得到一定保障。这种分配方案从技术上虽然并没有太大难度，但具体实施过程却非常繁杂。在当时，由于各项数据与处理事务非常多，铁镇各村会计都被调到镇上集中统一办公，导致村庄懂会计的工作人员极为缺乏。由于这项工作责任重大，同时数据太多又容易混淆出错，许多村庄不得不暂时由大学生村干部来担任会计。他们要具体统计、核算和落实各项数据，制作各类报表，不仅要处理统计各类接收发放的物资，还要应对上级部门频繁的数据上报任务，这实际是一个极其浩大的数字工程。在实践中他们要做到数据不能出错，如果一个数据弄错，那么后面的所有数据都是错的，工作就要重新做。如果出了问题，他们还要承担责任，受到领导批评。

因此，这些村庄的临时会计人员承受的压力也很大，有些村在资源分配中甚至将金额精确到了"角"。之所以如此"精细"，主要是因为各乡镇对这笔资金实行包干使用，不允许有超出部分；如果资金超出了包干的数额，则由各镇自行承担。这事实上规定了实践中必须以包干的资金为基础进行发放，并在实际操作时进行控制以防止超出。由于这些村庄基本没什么集体收入，有些村庄甚至背负多年欠债，村庄根本没有

---

① 2014年11月15日对铁镇团村村支书李某的访谈。

多余资金补足超出部分。各村庄的维修加固资金分配,必须以包干的资金为基础,将其全部发放完,而不能有余留,避免招致村民质疑。铁镇各村庄在分配中将户口、人头等可控变量纳入考量,借鉴传统的家户治理资源,抛开了国家政策中的繁杂技术判别和指导规则,更有利于各村达到"无余留,无亏欠,刚好发完"的理想效果。

通过铁镇的案例可以发现,国家差异化的分类治理政策在实践中被转换为统一的、更加平均化的政策实践,铁镇各村根据户口和人头进行相对平均化的分配。在救灾的复杂情境下,基层干部顺利实现了对国家政策的转换和创造性执行,尤其是简化了政策文件中的复杂程序和环节,没有进行技术判别和划分等级。这一做法看似违背了省文件确定的基本原则和精神,但却实现了政策目标:既体现出国家的政策关怀,又将资源相对顺利地分配下去,同时不引发影响社会稳定的事件。在上级频繁的检查和考核中,政府在"不出事"的前提下,往往更看重结果,至于具体的方式、过程则可以根据当地实际灵活多样。在调研中,基层干部也不认为这种行为是违背国家政策的。"国家制定政策的目的,也是为了把资源顺利地分配下去。我们的做法虽然与国家的规定有一些差异,但实际上实现了国家的目标。国家政策有时是刚性的,我们在实际操作时必须要灵活;在坚持政策基本原则和精神的前提下,要把政策贯彻落实下去。我十几年的工作经验也发现,没有哪一项政策是不经过转换就可以落实下去的,都必须经过转换,但要坚持政策的基本底线,这需要我们基层干部在实践中正确把握。"[①]

(二)以家户为基础的分类治理

"近代以来的国家政权建设其实质乃是要实现对国民的分类治理,这一分类不是西方意义上对个体的分类,而是对农户的分类。"[②] 在国家对乡村的整合研究中,多将农民个体作为分析对象,而忽略了"家

---

① 2014 年 11 月 15 日对铁镇党委副书记谢某的访谈。
② 申端锋:《乡村治权与分类治理:农民上访研究的范式转换》,《开放时代》2010 年第 6 期。

户"在乡村社会的意义。徐勇教授认为，家户制是对现代社会影响长远的本源型传统，构成现代社会发展的基础性制度。① 家户制隐含着中国传统社会连续性的钥匙，这一制度在现代家庭经营与社会治理中，仍然是最基本的单元。在农村，无论在生产还是生活中，农民更多时候不是作为个体而存在的，而是以"家户"为基础组织起来的，家户是国家面对的重要治理单元和对象。尽管我们在分析国家与农民关系时，经常将农民作为个体抽离出来进行研究，但农民存在的真实价值，仍然是以"家户"为前提和基础的。毛泽东同志在分析中国社会状况时曾指出："在农民群众方面，几千年来都是个体经济，一家一户就是一个生产单位。"② 传统农民具有一定的人身自由，能够独立地安排生产生活。但国家以千千万万农民家户为基础的政治治理，却是以强大的官僚制中央集权为前提的，它在向社会汲取维持其行政运作资源的同时，也通过强制获得社会资源。因此，"以强大的习俗为支撑的完整的家庭制度和以强大的国家行政为支撑的完整的户籍制度"③ 共同构成了中国家户制的内核，它是一个包含经济意义与政治建构双重含义的概念。在传统社会，户口一直是国家治理的重要依据，在编户齐民、赋税征缴、政策落实等方面发挥着重要作用。

当前，乡村社会的诸多治理问题与复杂事项，通常不是以个体或群体为单位而展开的，而是建立在传统的家户基础之上。当乡村干部在实践中遇到一些繁琐、复杂的事项时，总是不自觉地将其所熟悉的户口、人头等要素纳入到治理过程，将其作为分类治理的主要依据，进而将复杂的工作大大简化。这在基层社会被反复使用，成为乡村治理的重要策略。在实践中，户口的现实价值与基层政权运作之间存在密切的联系。张静认为，户口不仅由基层登记，而且在基层查对、更改并取得承认。

---

① 徐勇：《中国家户制传统与农村发展道路——以俄国、印度的村社传统为参照》，《中国社会科学》2013年第8期。
② 《毛泽东选集》第3卷，人民出版社1991年版，第931页。
③ 徐勇：《中国家户制传统与农村发展道路——以俄国、印度的村社传统为参照》，《中国社会科学》2013年第8期。

第二章　治理转型：救灾治理中的政策承接与分类

基层管制中的所有事项，必须以户口为承认的重要依据。[①] 在"三农"政策制定过程中，国家通常将农村土地、户籍、人口等数据资料纳入考量，作为决策制定和各项统计的重要参考。然而，无论是对国家还是对农民而言，这些基础性资料的实际情况和意义都掌握在基层政府手里。基层政府通过对这些数据的日常统计、持续上报和不断更新，成为国家决策的重要依据。

税费改革后，随着城镇化进程的加快和城乡户籍制度改革的松动，附着于户籍之上的价值和福利发生重大翻转。随着惠农政策的输入，家户的重要性逐步得到凸显，基层政府在救灾实践与政策执行中重新发掘出"家户"在现代社会的重要价值和社会功用，并重拾户口这一治理手段，来解决复杂的社会难题。在基层治理中，"家户"的国家要素与自然要素统一于中国的农业传统及其现代转型中，国家应统治和治理灾害的需要而对家户的借用与建构贯穿于中国农村社会治理的基本过程。[②] 在救灾治理的诸多事项中，"家户"作为一个重要的治理手段经常被提取出来使用，并辅之以对农民进行分类的治理方式。

关于农房重建问题，国务院在 2008 年 6 月 8 日发布的《汶川地震灾后恢复重建条例》（国务院第 526 号令）规定要对地震灾害情况进行调查评估，以作为恢复重建的依据，而具体的规划编制和组织实施，则由各省人民政府编制，报国务院审批。在地方实践中，每户补助标准一般为 2 万元，同时在分类分档补助时充分考虑不同受灾农户的经济状况和家庭人数。具体分为两类三档：农户按其类别，分为一般农户与困难农户，每类农户又按家庭人数分为 1—3 人家庭、4—5 人家庭、6 人及以上家庭。在分配农房重建资源时，对建卡贫困户与低保户给予适当照顾，在补助数额上要比一般家庭多出 4000 元。同时又按家庭人数进行划分，不同家庭人数所获得的补助数额前后相差 3000 元（如下表）。尽管如此，有些

[①] 张静：《基层政权：乡村制度诸问题》，上海人民出版社 2007 年版，第 87 页。
[②] 申恒胜：《家户与国家关系演进的历史逻辑——政治与灾害双重嵌入的视角》，《岭南师范学院学报》2018 年第 1 期。

地方在执行这一分配方案时,为了操作方便(主要是受灾程度较轻、难以严格区分的地区),并没有按照这一规定进行分类分档,而是统一按每户2万元的标准进行补助。但铁镇并没有这样做,而是严格按照省文件的要求,对不同农户进行分类分档,进行有区别地补助。

铁镇农房重建补助标准 (单位:万元)

农户类别	1—3人家庭	4—5人家庭	6人及上家庭
一般农户	1.6	1.9	2.2
困难农户	2.0	2.3	2.6

然而,当基层干部以户口为主要依据对农民进行分类时,却遇到农村极为复杂的户口分属情况。随着市场化进程的推进与社会流动的加快,农村社会变得日益多元化,人口与户籍分离的情况也越来越突出。同时,不同农民对户口的认知差异也极大。在税费时代,户口是国家征粮派款、两工核算的主要依据。它作为国家治理的一项重要工具,对农民而言户口本身并未附着太多的社会福利,相反更多的是对农民的资源汲取。越来越多的农民试图摆脱农村户籍的控制,并在实践中进行趋利避害的户口行为选择,导致农村的人户分离现象非常突出。当农房重建政策落实到乡村社会时,复杂的人户关系状况使得统一性的国家政策受到乡村的具体情境的影响和型构。

在铁镇,人户分离情况主要分为以下几种类型:

1. 分家不分户

这种现象在西部许多农村地区较为普遍。一般而言,分家更多的是农民的个体行为,而分户则要到民政部门登记,是一种国家治理行为。在传统家长制下,许多子女分家独立生活后,由于他们对户口的态度比较随意,没有到民政部门去登记分户,而是仍然登记在父母的户口下面,由作为"户主"的父母统一约束和管理。许多家长认为,只有这样才是一个完整的家庭,才像"一家人"。在税费时代,户口背后隐含着诸多经济利益，许多农业费用是按户进行摊派和征收的。一些农民为了逃避税费，即使分家但户口仍然合在一起。这一问题一开始被掩盖，但在基层治理环境发生转化、惠农资源持续输入的情况下逐步凸显出来。

2. 分户不分家

在计划生育政策变革尤其是在独生子女政策下，出于赡养照料父母、继承财产和维护家长权威的需要，子女虽然独立建户，但生活上仍然跟父母住在一起，没有分家。有些家庭有两个儿子或一儿一女，但女儿外嫁，或一个儿子做了上门女婿后，往往把更多的赡养责任转移到留在家里的那个儿子身上，一般也不分家。尽管他们平时住在一起，但由于他们的户口是分开的，在享受补助时往往要按两户的标准进行补助。这在许多人看来不公平，也引发了很多攀比行为和治理困扰。

3. 有户没人与有人没户

有些户主死亡却未销户，有的新人出生却未及时上户，农民的非婚、未婚生育，也导致一些农民没有及时上户，进而影响其在资源分配中利益的实现。

4. 半边户

指夫妻一方是城镇居民，一方是农村居民，包括农村存在的农嫁非、非嫁农等问题，以及有的妇女嫁出而户口却未迁走、有的妇女嫁入户口也随之迁入等问题，必然会分摊村庄的社会资源，往往引发村民争议。

这种复杂状况使基层干部依据户口来判别家庭结构情况往往会导致信息失真，基层治理中也经常出现许多因人户分离引发的争议和矛盾。农民在利益驱动下，对"户口"概念与价值的建构往往更多以自己利益的实现为准则。许多未分户、未上户的农民在地震后争相到镇民政部门分户和上户，这种趋利性行为不仅增加了基层政府的工作量，也造成了政府管理的混乱，导致重建工作无法正常开展。农村社会的户口分属、类别及家庭人数呈现出非常复杂的状况，尤其是农村户口深嵌于国家的政治整合、税费体制与农民的思维理念中，这些问题在灾后社会集中性地爆发出来。

  为此，铁镇政府在地震后的一段时间内停止了除新生儿上户外的其他一切户口变更工作。在救灾中，凡是涉及群众对户口分属和家庭人数有争议的，基层政府在操作时不得不实行硬性的"一刀切"，即一律以地震前的户口登记和档案记载为准。在地震前，如果分家却未分户，那么在救助时就按当时的户口情况来进行。这就出现看起来极不公平的现象：如果一个家庭有七八口人，却只有一个户口，那么在农房重建时就只能按照一户的标准进行补助；如果3个人有3个户口，他们就可以按3户的标准获取补助。这种补助方案招致很多农民的反对，因为它不符合乡村社会的公平观念。但实践中国家对于户口的认定却必须有一个统一和限定的标准，即以地震前的具体情况作为参照依据，否则就会导致更多的混乱和社会问题。这样，即使农民在地震后再分户，也不会得到国家更多的救助，从而打消了农民以分户为由获取资源的念头。这就在基层社会形成了统一化的政策执行标准，并将这种硬性规定贯穿于整个救灾重建过程。

  许多农民利用其"灾民"身份向基层干部施加压力，对国家政策作出有利于自身利益的解释，并按农村社会的情理观念来对农民的家户分属进行理解和话语扩展。在乡村社会，农民认准的是一个合理、公平的概念，他们认为自己的人户关系状况不合理，他们就有向政府提出分户并要求补偿的权利。但政府依循的更多是解决问题的实用主义观念，尤其防止将问题复杂化。关于棘手问题的处理，铁镇党委副书记有自己独到的看法：

    与群众打成一片，方式方法多得很，首先你自己要有真心的亲民感，及时回应群众反映的问题。例如我们走到哪一个地方，自己随身都带有一个民情日记。不管你能不能给他解决，但是有一点，你一定要认真地听。你不能把这头按下去，那头又翘起来。群众之间有一个相互攀比，你即便要解决，也必须与其他群体或类似问题

第二章 治理转型：救灾治理中的政策承接与分类

进行区分，他有没有特殊性？一碗水任何时候永远都不可能端平，端不平怎么办，那就要跟群众做解释，他的特殊性在哪里。我们现在有许多空壳村，党支部的作用没有发挥，办公室空起，怎么和群众打成一片？这就是民心和人气问题。在基层如何拉近和群众的感情？不仅仅是简单地满足他的要求，还要和他们拉拉家常，关心他们的生产生活。群众也经常找我反映问题，当你记录下来、落在纸上后，不管他能不能得到满意答复，你调查清楚了，要给他扯个回信，这个问题要向他解释。他看到我办公桌上那么多文件，知道我确实很忙，不是在敷衍他。所以能够解决问题时就解决，不能解决问题要把理由向他说清楚，而不能很粗暴、简单地打发别人。只要你说了，他们还是会理解你的。我们要求每周要抽出两天以上到下面走一走，听老百姓摆一摆，记录下来，这能发现很多问题。①

同时，国家对户口的认定标准和依据也使基层干部在实践中有更多的底气。尽管基层干部在工作中面对农民无休止的缠闹，但他们所做的只有不断向农民解释，并且在口气上不能有丝毫的松动。在灾后农房重建问题上，基层干部是严格遵循国家的政策规定的。这既是国家政策执行的基本要求，也是基层干部规避麻烦和风险的具体体现。农民依赖"弱者"身份的各种形式的哭诉，很容易在灾害场景下引发情感上的共鸣。政府一旦为某位农民破例，就会有更多的农民来要求补偿，这种负面效应会使政府陷入更加被动的境地。在这种情况下，基层干部可以对农民的处境表示道义上的同情并对其进行安抚和劝慰，但却不能违背国家政策的底线。用基层干部的话说，就是可以向农民表示同情，但政策不允许，千万不能为其破例，否则可能给基层治理带来更多的难题。

税费时代与农民长期交往所积累的经验也使基层干部明白，那些真

---

① 2014年7月18日对铁镇党委副书记谢某的访谈。

正给基层干部带来困扰的只是极少数农民,政府做的就是对他们做好解释、劝服和维稳工作,尽量防止这部分人影响其他村民。对于其他多数农民而言,他们基本处于观望状态。普通人的趋利心理,是在可以不付出更多成本的情况下,获得更多的外部效益和搭便车的机会。当少部分村民获得可观的利益时,他们才会开始行动,并复制这部分农民的行动方式,向基层干部索取政策资源。许多农民之所以表现出与日常生活迥然不同的行为方式,除了隐藏在行为背后的利益之外,更重要的是他们善于揣摩基层干部的心理,并通过实际行动试探基层干部的底线。这种方式他们在税费时代就曾反复使用,并不断改变基层干部的处事原则和行为方式。这一系列经验和技术被运用到惠农时代的资源分配中,无形中增添了更多的动力。

对基层干部而言,做极少数农民的工作,其所承受的压力总要比做众多村民的工作压力要小很多。虽然个别农民有时会搅缠,但只要向他们解释清楚,把思想搞通,让他们明白这些政策是国家制定的,是基层干部不能左右和改变的,他们一旦明白这点,就会放弃徒劳无功的努力。由于有国家的政策作为行动依据,基层干部更有"底气"坚持国家制定的刚性标准。农村的情况非常复杂,如果不制定一个刚性标准,基层工作就很难开展。这尽管会引发农民的不满,但权衡利弊,这种硬性规定仍然是一个较为有利的选择。至于由此产生的偏差和不满,可以在此后通过其他方式予以调解和弥补。

因此,尽管基层干部会遇到农民对于户口问题(尤其是分户)的无休止的纠缠和盘问,但他们明白,只要咬住国家的政策不松口,把政策的规定"卡死",就可以断了他们的念想,从而得以强制推行。在"三年重建两年完成"[①]的政策激励下,实际上没有时间也不允许因为

---

① 四川省的重建进度是,2009年全省完成农房重建任务100%。(参见《四川省"5·12"汶川地震灾后农房重建工作方案》)由于"农房重建工作方案"2008年6月20日才出台,如此计算的话,实际时间只有一年半。如此紧迫的时间,必然会屏蔽更多的社会问题。国务院制定的《汶川地震灾后恢复重建条例》并没有确定重建的具体时间进度,而由各省根据情况具体掌握。

少数村民的搅缠而影响重建任务的完成。这样可以推动惠农资源的顺利分配,使国家的惠农精神得到较好贯彻,同时也避免乡村社会农民利益的无序表达,提升了国家惠农政策的执行绩效。

在实践中,政策贯彻落实的巨大政治压力,促使基层干部对政策的态度更加具有实用性和能动性。基层干部之所以严格执行农房重建政策的分类依据,主要在于这一政策更加便于执行。"农村与城市的户籍划分都是登记在案的,很好区分;至于家庭人数,也很好统计。这些都是明摆着的事实,不需要太多其他的变通和设计。这样执行下来,老百姓也不会说什么,我们也省去很多麻烦。"① 正是这一标准内容清晰、简单明确,具有很强的参照性和说服力,不需要进行繁杂的技术判别和测量,执行起来也更加容易,因而被基层干部所遵循并严格执行。同时,这种对传统家户资源的借用也使基层干部的治理行为形成了一种路径依赖,导致其在治理实践中偏离既定的组织化与程式化规则。由此,国家规范化的制度安排与政策设计被置换为便于操作的形式,这使得基层政府的运作方式虽然在治理实践中不断创制和再生,却仍然受到乡土复杂情境的影响。

小　结

铁镇的政策实践表明,以家户为基础的分类治理在乡村社会遇到迥然不同的境况,基层政策实践与国家政策文本呈现出悖合交织的状态:国家的农房维修加固政策根据受灾状况作出分类治理的要求,但这一政策却没有转化为具体的实践行动,反而被置换为以户口和人头为基础的平均化分配策略;在农房重建中,基层干部却又严格以户口和家庭人数等为依据,作出了统一性的分类治理的具体行动,并在实践中严格坚持国家的分类标准,实现了政策与实践的相互衔接、高度耦合与有机统

---

① 2014 年 11 月 15 日对铁镇团村村支书李某的访谈。

一，推动了农房重建政策的较彻底执行，实现了国家的政策目标。

其内在的支配因素，在于基层干部对政策执行的灵活性和转换性把握，以及乡村社会情境下政策的可操作性问题。基层干部作为政策执行主体，必须考虑乡村社会现实及其政策的适用性，即政策要便于在乡村社会贯彻落实。政策制定与政策执行之间的差异，使决策者在综合权衡下制定出权威性的政策时，必须能够涵盖和囊括一定广度的行政区域，并以其所掌握的信息作为政策制定的出发点。当它被具体化为各项指标，由下层行政官员落实下去时，执行者是国家在地方各层级的代理人，它在乡村社会面对的政策受众是千差万别的农民。由于按照科层规则制定的政策无法全面覆盖乡村多样化的现实，国家的惠农政策更多的是从统领全局的宏观战略出发，确定政策的基本原则和精神，提出指导性的意见和建议，而具体的实施则由各级政府"根据当地实际情况"而定，这实际上赋予各级政府"因地制宜"的执行权力。

在政策传递过程中，随着行政链条的增多，信息失真的可能性也逐步增大。这形成了政策执行的悖论：一方面，政策要体现其有效性，必须在展现国家政治权威的基础上，尽可能做到具体、明确和统一，这意味着要尽可能地缩减政策执行变通的空间，使国家政策获得不折不扣的执行效果；另一方面，政策执行依赖的是科层化的组织体制，它面对的是乡土化的社会现实，以及各地差别迥异的政策执行条件，这就要求政策不能太具体和详细，要给政策执行者留下一定空间，以达到因地制宜的效果。这导致了"权威体制与有效治理"①之间的张力。政策制定的统一性推动国家更注重从宏观、全局的层面去设计，较少对政策执行标准进行细节性的规定，有时难免无法兼顾不同地域和群体的实际情况。

铁镇的救灾政策执行案例也为我们提供了考察该问题的另一面向，即救灾治理中所包含的"转型"意义：国家以汶川地震为治理转型的重要契机，通过持续的政策与资源输入，影响和形塑乡村社会的治理结

---

① 周雪光：《权威体制与有效治理：当代中国国家治理的制度逻辑》，《开放时代》2011年第10期。

第二章 治理转型：救灾治理中的政策承接与分类

构与基层政权运作形态，实现了由税费时代向惠农时代的相互衔接和重大转变。在这一过程中，救灾重建中的系列政策实际上都属于惠农政策的范畴，是国家在农业税取消后，对"三农"政策的一个导向性变化，这成为此后救灾治理的一个基本模式，甚至由灾区扩展到其他非灾区的社会治理中。

灾害社会为我们分析基层政策实践提供了应急状态下的时空场域，但灾害社会是一种过渡和临时状态，推动其向常态社会的转变是国家政策输入的主要目的和持续动力。相较于常态社会而言，灾害社会的政策执行与权力实践更具有在危机情态下的独特场景与运作形式，促使基层政权与国家治理都体现出非同寻常的政策执行与权力规制特征。尽管基层政权较好地贯彻落实了国家的各项政策，但救灾治理中的问题逐步凸显并引起国家高度重视：一是基层政权运作的规范化问题，二是基层政策执行力与治理能力提升问题。这促使国家通过推动基层治理体系和治理能力现代化来寻求改变，在实践中呼唤国家治理方面的转型与变革。

第三章

政策情境：惠农背景下的乡村资源分配秩序

　　汶川地震在推动基层治理转型的同时，也使基层干部获得了不同于常态社会的政治经验，重拾改善乡村治理的决心和信心。惠农政策与资源的持续输入，推动基层社会逐步构建起以惠农资源分配为主导的治理秩序。既有研究已经关注到资源下乡与项目进村背景下乡村社会的分配格局，这种秩序架构对乡村治理变革与惠农政策执行产生了深远影响。乡村治理逐步突破原有的"简约治理"模式，面临"去治理化"为表征的系统性变革。①

　　然而，从单线条的科层化结构去解释基层政权的运作机制，无法清晰展现国家政策、制度与基层社会之间的差异。作为国家在基层的政权代理者，乡镇在行使国家权力、履行治理职能的同时，也在治理实践中保持一定的行为自主性。已有研究过多关注基层权力运作的失范问题，却未深入基层治理实践的具体场景与事件过程，极易导致对乡镇干部群体认知的脸谱化和偏执化理解，而静态的制度—结构分析也无法提供对政权动态运作机制的客观解释。政策目标群体的行为对政策执行效果具有重要影响，必须对基层政策执行与农民行为机制进行系统性和关联性考察，摆脱单从执行主体角度的单线式研究局限。

---

① 李祖佩：《分利秩序：鸽镇的项目运作与乡村治理》，社会科学文献出版社2016年版，第278页。

第三章　政策情境：惠农背景下的乡村资源分配秩序

一　生活理性：惠农政策执行的乡村情境

（一）个体发展：惠农利益与农民行为变革

乡村精英作为连接国家与社会关系的纽带，一直在基层治理和国家政策体系中扮演着特殊重要的角色。基层政府处于政策过程的最底端，主要承接上级任务和负责政策执行。在农村现实多样性与实践复杂性条件下，将政策执行到位，构成了基层政府的主要政绩。在政策执行链条中，乡镇干部的权力和资源主要来源于上级的赋予，表现为一种科层化的制度权威。基层政府既要面对授权来源的上级政府，又要面对它所治理的广大农村和农民，在形式上扮演一种"双重代理人"角色。它既有服从和服务于上级的政治诉求，还要实现本辖区公众的社会利益，同时要满足自身的利益需求，增进自身利益。许多研究把"经济人"假设运用到政府分析过程，认为政府在经济活动中有追求部门利益的驱动，表现出较强的资源汲取特征。在中国政治体制中，各级政府按照科层化的制度设计与组织原则来确定上下级关系，但各级政府之间并非利益隶属的关系，而都有自己的独特利益。

在1949年后的乡村治理结构变革中，国家对基层政权体系的整合、改造使基层政权更有效地服务于国家的政治目标。尽管它可以根据现实环境有条件地调整政策行为，但总体而言，它作为国家政权体系的构成要件而扮演着基层政策执行者的关键角色。基层政权的治理事项与乡村社会紧密相连，但其运作过程遵循科层逻辑，必然要以国家目标为行动准则，代表国家管理地方事务。在税费改革及乡村治理体制转型下，基层政权对上依赖、对下"悬浮"的运作特征日益显著，科层化制度规则与乡土非制度规则之间的差异也在政策执行中凸显出来。政权运作中理性化的科层逻辑与乡土地方性知识的悖合交织，构成了惠农政策执行的社会基础。在"锦标赛"

体制①催生的"层层加码"下,基层政权逐步发展出策略主义的应对方式,各种技术、手段、方法与规则成为基层政权在治理实践中遵循的规范。

与政府运行体制不同,乡村社会的发展是平稳中和的,传统农民的和合理念使农民的生活辛劳却较为平静。在土地的稳态作用下,农民养成了吃苦耐劳、坚忍不拔的性格,这种性格被视为创造中国奇迹的重要因素。②与此相对应,中国传统乡村社会结构一直保持着较为稳定的状态,而上层社会却复杂多变。③近代以来,随着农村政治生态的日益恶化,传统的乡村治理结构被瓦解,农村社会在阶级话语和革命意识影响下,具有了更强的自主意识和反抗精神,成为近代中国革命的主要推动力。

改革后,农民从高度集中的"总体性社会"中脱嵌出来,成为越来越关注自身利益的原子化个体。在市场主导的经济理性支配下,传统的伦理本位、面子机制与差序格局受到挑战,人们的利益结构与行为方式日渐被工具性的利益追求所替代,经济理性成为主导农村社会关系的主要因素。在利益多元的治理格局下,传统乡村"权力的文化网络"逐步被"权力的利益网络"④或"资源的文化网络"⑤所替代,资源及其所附着的利益成为揭示农民行为动机的重要面向。

在市场影响下,农民无论是在乡务农还是进城务工,都深深嵌入以利益为导向的行动建构中,使得以社会交换为特征的市场准则延伸到农民生产生活的各个层面。在农民生活的社会性与公共性互动共生下,人们基于共同的利益网络而结成一定的社会关系,但农村社会也形成了不

---

① 周黎安:《中国地方官员的晋升锦标赛模式研究》,《经济研究》2007年第7期。
② 徐勇:《农民理性的扩张:"中国奇迹"的创造主体分析——对既有理论的挑战及新的分析进路的提出》,《中国社会科学》2010年第1期。
③ 徐勇:《城乡差别的中国政治》,社会科学文献出版社2019年版,第4页。
④ 郑永君、张大维:《社会转型中的乡村治理:从权力的文化网络到权力的利益网络》,《学习与实践》2015年第2期。
⑤ 苑丰、金太军:《从"权力的文化网络"到"资源的文化网络"——一个乡村振兴视角下的分析框架》,《河南大学学报》(社会科学版)2019年第2期。

第三章 政策情境：惠农背景下的乡村资源分配秩序

同的利益分层，这影响了基层政治关系的重构。在科层化体制、乡土性实践所塑造的复杂社会结构与人际网络中，农村各治理主体的行为深受市场体制的影响。在村庄公共生活中，各利益主体"设法援引规则证明自己利益行为与偏好选择的合法性与合理性，在村庄精英和普通村民之间围绕村庄利益形成了策略性的规则竞争格局"①。基层政权作为具有一定自主性的行为主体，在实践中立足于政策执行要求而着眼于行政任务的完成；农民在乡土社会的生存逻辑也驱使他们借用国家政策话语来实现和增进自身的利益。

市场化与乡土性的杂糅增加了治理的难度，也改变了农民之间的关系，如传统的互惠、合作与互助日益式微，农民在生产活动与日常生活中的行为被即时性的金钱交换所替代。这深刻形塑了基层社会的交往规则，也改变了传统熟人社会的人际关系。农业税取消后，除了土地仍在名义上属于集体外，农民与村集体、基层政府之间的联系远不如此前密切。正如前文所呈现的，即使国家在汶川地震和惠农背景下向农村输入了许多资源，改善了当地的人居环境和基础设施，但在多重生活压力下，许多农民只是关心自己的事情，却很少关心集体发展和建设，导致农村的公共精神和公共空间日益萎缩。在网络时代，许多人对网络空间的社会事件表现出前所未有的兴趣，但这更多是人们排释压力及自我表达的一种体现，而非真正意义上的制度化参与。他们更愿意将自己框定在所属的"朋友圈"内，导致传统的公共理念和情感交往愈加缺乏。在许多农民眼里，"集体"的概念或意识已经变得非常模糊，日常事务中基本上没有多少事项是与"集体"相关的了。他们更关注自己的"权利"，却忽视自己作为村社成员所应承担的责任和义务。

铁镇在救灾重建、惠农政策下乡与精准扶贫中，乡村干部利用各种机会向上争取了许多资金和项目，大大改善了当地的基础设施和交通条件。在此过程中，乡镇的意图是：由政府投钱修建，村民可以不用集

---

① 陈潭、刘祖华：《迭演博弈、策略行动与村庄公共决策——一个村庄"一事一议"的制度行动逻辑》，《中国农村观察》2009年第6期。

资，但希望沿村村民能够投工投劳，铺筑地基，辅助做一些基础性的建设工作。政府希望能够结合村民意愿并坚持自愿原则，由村庄内部自行协商处理占地问题。这样可以有效降低成本，并尽可能地组织、动员和凝聚村庄内部力量。在设计工程方案时，乡镇干部认为，修路于公于私都是两利的事，农民会尽可能地给予支持。

但在动员过程中，基层干部发现，随着传统动员方式的失效，目前涉及村庄公共利益的动员非常困难，许多村民作出选择时首先考虑的是能否获得即时性利益。村干部在发动农民投工投劳过程中，许多农民以外出做工、家里农活忙、身体不便等各种理由推脱，导致这些能为当地村民带来长远利益的集体行动无法达成，政府不得不去承担其中的各项工作，增加了项目运行的成本。这样，原本可以由村民投工投劳节省下来的资金，也不得不通过市场方式去购买，导致许多建设环节资金严重短缺。无奈之下，政府只好通过沿线各村进行集资解决。但村民更愿坐享道路建设带来的便利，却不愿付出成本。当听说政府要修路时，农民热切盼望，甚至一些农民希望能占用自己的土地而获得大笔补偿；但当听说修路要集资或投工时，又站出来表示反对，导致许多项目最后消寂无声。集体主义理念的严重消解，助长了农民"个体化"与利己主义的发展，这需要在制度上进行规范和保障。

这种利益交织的场景构成了基层政权运作的现实背景，政策执行在实践中遇到各种不确定因素的重重阻碍。悖论性的事实是，尽管乡镇的运作遵循科层化的组织原则，但它治理的乡村却建立在"熟人社会"的价值规范与伦理道德基础上。乡村社会仍然具有费老所讲的"乡土"特质，其治理基础是人们在熟人社会长期沉淀的行为方式。从目前来看，"走出乡土"[①] 除了彰显一种学术对话和意识自觉之外，仍然是一个无法实现的愿望。在农村，人情、关系、面子等依然是村民重要的交往规则。这些规则编织成为影响乡村政治实践的微观权力网，维系着乡

---

① 陈心想：《走出乡土：对话费孝通〈乡土中国〉》，生活·读书·新知三联书店 2017 年版。

第三章 政策情境：惠农背景下的乡村资源分配秩序

村社会秩序的生产和再生产，也影响着乡村社会的互动关系与行为模式。各种主体介入乡村的具体情境，试图影响乡镇的公共决策，使乡村决策和行为选择有利于增进自己的利益。

在惠农政策执行中，"宽严相济"和"张弛有度"是一个有经验的干部处理乡村事务的基本准则。惠农政策作为国家整合与发展农村的战略举措，体现为一种国家意志，基层干部必须遵守基本的政策规定，不能违背政策的底线。这是很多乡村干部在实践中都注意把握的基本原则。村民争取惠农资源的逐利行为能得到乡村干部的某些让步，但前提是他们的诉求表达和行为方式必须合理合法，而一些荒唐的、要挟式的、狮子大开口的"漫天要价"，基层干部则可以不予理睬，并理所当然地对当事人的极端行为进行适度管控。

铁镇有一部分村民是在扶贫中从外地搬迁过来的，这些村民原来居住在连片大山里，交通落后，信息闭塞，认知和视野都较为有限。一些村民安于贫困，不愿搬迁和改变，成为扶贫工作难啃的"硬骨头"。许多农民习惯了大山里的生活，不了解也不羡慕外面的世界，认为自己的生活自由自在，个别村民甚至指责干部干涉他们的生活，认为贫困也是他们的一项"权利"。县乡干部为了完成扶贫任务，不断到当地动员，苦口婆心地劝说，给他们算各种账，做各种分析，好话说尽。用扶贫干部的话说，"说到最后真的什么都不想说了。尽管我们此前接触过各种类型的农民，但是遇到这种抱守贫困不愿改变的人，我们真的没有其他办法。但上面的任务必须要完成，我们只能慢慢磨。"① 与搬迁相比，许多农民更关心低保，以及如何从政府那里获得各种资源；他们不愿搬迁，却希望政府能帮助解决生活困难。

当村民从大山中搬出后，由于知识观念没有及时更新，受到外部世界的影响和诱导，也产生了很多问题。在铁镇，一位村民反复去找村镇干部，反映自己的老婆跟着别人跑了的问题，认为自己原来虽然贫穷，

---

① 2017 年 4 月 13 日对铁镇扶贫干部李某的访谈。

但却安乐，一家人和和美美。搬出来后，虽然生活比原来好了，可是老婆却跑了，家庭也拆散了；如果没有搬出来，这个家庭还是原来的和美家庭。他认为这都是搬迁造成的，并不断地去找干部，要求政府帮助找回自己的老婆。这个事例在当地村民中传为笑谈，村民说："干部哪有义务帮你看住老婆嘛！自己的婆娘跑了，怪自己无能嘛！"扶贫搬迁使农民的视野更加开阔，外界环境也对人们的思想形成冲击，这使他们的生活或多或少受到影响，但这主要归结于个人的生活情境与家庭因素。因为"老婆跑了"与扶贫搬迁之间没有直接联系，即使在村民眼里，都视其为笑谈，乡村干部更视其为无理取闹。但面对这些问题，基层干部却不能完全置之不理，而是要耐心劝说和解释。

这样，在一个相对封闭的环境中，村庄社会构成了一个复杂的惠农政策执行场域。在市场体制所塑造的"利益社会"，随着集体化时期农民政治信念与价值理想从其经济和社会生活中逐步隐退，农民行为越来越受现实生活中利益结构及其网络的影响。农民在安全和利益双重考虑下，采取适度遵从与精神抗争的应对策略，并与基层政府围绕惠农资源展开"序贯互动"。[①] 尽管乡村社会不断被市场规则与法治理念所形塑，但由政府所推动的乡村社会利益分配过程，仍然在社会分层与流动相对较弱（相较于城市而言）的熟人、半熟人社会受制于各行为主体所生活其中的社会结构的影响。政府主导的资源配置格局影响了政府与农民之间的互动方式。农民恰当地进行利益表达，有效处理与基层政府的关系，也不仅仅是"对单纯的利益损益和权利意识的回应，而必然是经由这些无法躲避的权力与利益之网过滤的产物"[②]。农民的利益博弈行为不仅立基于自己对权利概念的理想化想象，更要根据自己的生活场景构建其日常话语体系与个体发展图景。

[①] 王惠娜、陈瑞莲、贺畅：《序贯互动：城镇化进程中的政府与农民行为研究》，《学术研究》2017年第8期。
[②] 吴毅：《"权力—利益的结构之网"与农民群体性利益的表达困境——对一起石场纠纷案例的分析》，《社会学研究》2007年第5期。

第三章　政策情境：惠农背景下的乡村资源分配秩序

（二）生活理性：农民资源争取的道义伦理

惠农资源不是无差别地在农民之间进行平均分配，而是根据特定标准分配给那些最急需救助的群体。不同惠农款项针对的对象呈现出极大的差异性，这样才能惠及真正需要者。惠农资源总量上看很多，但当分摊到农民手中时，数量就极为有限。这意味着每位需求者必须充分展现出积极的姿态，才能在资源竞争中占据优势。

詹姆斯·C. 斯科特在研究东南亚农民的政治生活与生存状况时发现，由于农民徘徊于生存线边缘，他们几乎没有算计的机会，支配其行为的是"生存伦理"，主要基于一种非理性的和道义的考量，典型的情况是，农民耕种者力图避免的是可能毁灭自己的歉收，并不想通过冒险而获得大成功、发横财。[①] 斯科特对农民"生存伦理"的分析，建立在"水深齐颈"的生存经济基础上，认为农民缺乏理性算计的社会基础和经济条件。在日常生活与经济实践中，面对国家拨付的巨额资源，农民"从基于家庭基本需求的生存理性转变为追求超越基本需求的经济利益"[②]，追求利益最大化的经济理性成为农民行为的主要取向。

生活理性蕴藏于日常生活需求的满足和实现中，内嵌于村庄社会结构与治理实践，它具体指向家庭、社会关系与生活意义的实现和再生产。农民的生活理性虽与道义小农、生存经济紧密关联，但寓于日常生活的理性往往是无意识流露和呈现的。它不仅包含"活着"（即生存）这一朴素而深远的社会意涵，而且体现为"活得体面"（即生活）这一不断跃升的本土化表达。在资源输入背景下，农民以自己追求的理想生活图景为基础，持续地进行话语构建，以被纳入到政府的救助体系，进

[①] ［美］詹姆斯·C. 斯科特：《农民的道义经济学：东南亚的反叛与生存》，程立显、刘建等译，译林出版社2001年版，第6页。

[②] 张兆曙：《生存伦理还是生存理性？——对一个农民行为论题的实地检验》，《东南学术》2004年第5期。

一步改善和提升家庭生活质量。因此，一旦惠农资源拨下来，无论农民是否符合申报条件及是否真正需要，都会抱着"分一杯羹"的心态，努力争取相应惠农资源，以在个体发展情境下作出契合生活理性的行动选择。

从整体来看，许多惠农政策在制定时只规定了基本要求、操作原则和各项内容，而对于政策执行的具体过程，除了那些可以直接与农民挂钩的政策外，其他政策仍需乡村干部的日常实践和技术运作才能贯彻落地，这就需要基层干部重新界定政策执行的规则。国家对惠农资源的分配有相对严格和明确的规范性框架，但乡村社会一直存在"公说公有理，婆说婆有理"的竞争形态，缺乏明确的边界框定和功能划分。这就意味着，对分配规则的灵活掌握和有效运用，是在乡村社会获得更大话语权和更多资源的关键。乡村干部可以凭借其权力、身份和地位处于政策阐释的优势地位，这种行为不以农民的意志为转移而具有相对自主性，但农民同样可以构建其话语体系而使政策的解释有利于增进自己的利益。

在精准扶贫背景下，尽管资源的分配具有相对明确的对象，即施惠于那些真正贫困者，但农民的许多收入是隐性的，其经济状况的衡量也较为模糊。由于扶贫对象"插花式"地分布于各个村庄，农民诉求的多样性与资源的有限性导致扶贫对象的精准确定是一项彰显精细化的工作。那些经济发展较好的村庄也有贫困户，但政府扶贫更倾向于经济发展较差的贫困村。"贫困村""贫困户"是一种与特定资源紧密联结的价值标签，体现出惠农资源输入背景下国家对稀缺资源的权威性、高效性分配。

在"2020年整体脱贫"的战略规划下，一些地方根据当地实际把脱贫时间定在2018年甚至更早，强化了基层政府的扶贫责任。在科层体制约束下，政府必须全力解决农民的贫困问题，脱贫攻坚成为基层政府的中心工作。资源的输入让农民看到了依据国家政策可以获益的有利空间和机会，"我贫困，政府要帮助我解决困难"成为许多农民理所当然的理由，因为"这是国家政策规定的"。这样，随着国家对农村发展与农

第三章 政策情境：惠农背景下的乡村资源分配秩序

民生活的资源支持，税费时代国家与农民之间的权利义务关系与认知结构发生了重大翻转：脱贫致富不再只是农民个体的事情，更是政府承担的政治责任。有农民错误地认为，我穷我不急，政府比我还着急。

农民领会国家的政策意图后，其积极争取资源的行为趋向就体现得更为明显。贺雪峰认为，中西部农村开放性的结构既为农户逃离结构性力量提供了机会，也使村庄由于社会结构均质化程度高而面临过度竞争。① 农民在日常实践中具有自我弱化的心理定位，他们倾向于认为自己是弱势群体，包括惠农资源在内的乡村利益，都要依靠努力争取才能获得，这强化了他们在惠农资源争取中的策略主动性。在制度化表达不畅的乡村社会，他们倾向于依赖"隐藏的文本"进行非正式的利益表达，这已成为解释农民行为的经典范式。许多农民把税费时代与基层干部的互动策略移植到惠农时代的资源争取中，表现出了异乎寻常的表达形式，搅缠、诉苦这些手段再次奏效。只不过，税费时代农民的"躲""逃""拖"转变为惠农时代的"追""缠""磨"。农民非常清楚，如果不尽早纳入国家的资源救助体系，一旦错过特定时间节点，就会失去被救助的机会。即使他们的诉求未在此次分配中得到满足，但至少向基层干部展现了自己的"贫困"形象和利益诉求，具有乡村"先来后到"的靠前性。基层干部为了摆平问题，也会向其作出承诺：这次没有享受相关惠农资源的农户，可以等待下次机会。这样，农民实际上获取了一张未来的"期票"，从而为自己在以后的资源分配中争取一个更有利、更靠前的位置。

对农民而言，这种资源争取行为是理性的，但对村庄整体而言，却容易导致资源分配的失衡。在实践中，农民的搅缠往往会取得一定效果，他们或多或少能得到一些回报，而这会挤占本应由他人享受的惠农指标。农民"以贫为荣"的争利逻辑使农村陷入一种自我构建的贫困境地，"将收入写低一点"成为彼此的共识，通过拉近关系、反复索要获得惠农资源，成为农民最常使用也最有效的行动方式。在强调政治回

---

① 贺雪峰：《农村社会结构变迁四十年：1978—2018》，《学习与探索》2018 年第 11 期。

应的服务型政府理念下，基层干部必须正视他们的诉求表达并作出反馈。农民的"赖""磨"让干部们不胜其烦，但却不能动怒动粗，否则就会"输理"，让农民在情理和道义上占了先。

在这种消耗性的博弈形态下，一些村干部最后往往选择妥协，通过政策变通来满足农民的诉求。这不仅加深了农民对乡村干部的偏见，也使农村社会内部出现一定分化。农民分化可分为横向分化和纵向分化，横向分化主要包括职业分殊、时空分离和关系疏远，纵向分化则指在经济、社会关系和权力等资源占有上的差异，及由此带来的社会地位上的区分。[①] 在村庄内部，社会成员的关系处于既彼此依存又相互竞争的状态。贫困群体在扶贫资源的享有与使用方面形成了对非贫困村民的排斥[②]，这种排斥引发了农民在社会交往中的隔离。在铁镇，就发生过类似现象：一户农民被评上低保，而家庭条件差不多的另一户却未被评上，此后两家互不说话。在竞争中失败的一方反复诉说、控告，加大了农村社会内部的维稳压力。但多数情况下，农民的利益表达与维权行动具有非政治化的特点，表现出实用主义的理性特征，即他们的行为都以获取一定的经济利益为目标。这就意味着，他们必须立足于乡村社会的道德观念与公共规则，懂得在特殊情况下要适可而止，而绝非不达目的誓不罢休。

农民这种简单直接却有效的方式往往使其获得实际的收益，在铁镇实践中也有这样的先例。铁镇农民石某在 1995 年 3 月和 8 月两次在镇原农村合作基金会借款 2.2 万元和 5 万元，一直拖欠至 2007 年未还。在当时农业税已取消的背景下，农村各种情况的拖欠在当地比较普遍，由于涉及的面比较广，政府处理起来也比较棘手。为了化解城乡金融"三乱"问题并处置农村"三金"机构资产（主要指农村合作基金会、乡镇企业投资公司、供销合作社社员股金服务部的金融违规行为），

[①] 杨华：《分化、竞争与压力的社会配置——对农村两类高危群体自杀行为的理解》，《人文杂志》2019 年第 4 期。

[②] 左停、杨雨鑫、钟玲：《精准扶贫：技术靶向、理论解析和现实挑战》，《贵州社会科学》2015 年第 8 期。

第三章 政策情境：惠农背景下的乡村资源分配秩序

2003年6月，D县成立了专门的三金资产经营管理有限责任公司，拟用10年时间解决城乡资金遗留问题，并由地方进行配合。

为此，公司多次向石某催要借款。石某找到干部反复诉说自己家庭困难，无法偿还，并请乡镇干部帮助解决。乡镇考虑到石某家庭情况，根本无力偿还本金和利息。为了尽快解决悬而未决的历史问题，镇政府于2007年11月以公文的形式向县"三金"公司发函，申请免除石某利息，本金按70%一次付清，请求将债务一次性了结。万般无奈之下，公司只好表示同意。这样，农民在向农业合作社借款经过十余年后，不仅利息未结清，本金也未完全偿还，且其间货币购买力几经贬值，"三金"公司讨回的金额早已不能与原来的借款相比。许多基层干部表示，对于那些拖欠不交、确实还不起账的农民，乡镇也没有办法，因为你不能拿他们怎么样，尤其是不能触动他们的生存底线。尽管政府可以借助法律程序解决，但法律程序在农村执行中极为费时耗力。等法律文书到达农民那里，农民往往早已得知消息逃之夭夭，到外面躲避去了。等风头过后，他们再回到村里，照常生活。一些事项拖之越久，中间历经人事变迁和机构改革，最后可能演变成一笔无法化解的死账。

在资源匮乏条件下，农民的资源竞争行为影响了惠农资源的配置格局，增加了基层工作的难度。铁镇水库移民搬迁村村支书王某说："扶贫指标是有限的，一个村只有那么十几个，可是符合条件申报的人有很多。村庄的扶持对象必须要控制在指标内，否则就没那么多钱。像我们村，每次都有几十上百个人去申请，给这个不给那个，大家就有意见。指标用完了，我们只能对其他农民解释，让他们等一等，以后有机会了再把他们报上去。例如今年实行扶贫'回头看'，我们就把一些原来没有纳入扶贫对象的人报了上去。"①

与一些地方努力为本村争取惠农指标不同，铁镇个别村庄的村干部不愿要过多惠农指标，因为这涉及复杂的评估、考核、认定与监督等程

---

① 2017年7月17日对铁镇宝珠村村支书王某的访谈。

序，不仅会增加额外工作量，还会带来许多治理难题。村干部在分配这些资源时，无论作出何种选择，都可能招致村民的质疑。因为除了普惠性的政策之外，多数惠农政策都内在地隐含着一种排斥机制，这就需要设定特定标准把不符合条件的人排除在外。铁镇许多村干部认为，只要把那些失去生活自理能力、无收入来源者纳入扶助对象即可，而对于那些能吃饱饭，身体健康有劳动能力、但由于一些特殊原因而暂时处于贫困状态的，单纯对其输送资源，并不能形成稳定脱贫的长效机制。

农民对惠农资源的竞争改变了农民的政治态度和传统认知。在现代化、市场化所催生的社会流动背景下，农民离土离村导致村庄治理功能弱化，尤其在集体经济匮乏的村庄，村民对村庄事务与公共治理缺乏足够参与，而对自身经济生活的关注又使他们对村庄公共生活丧失认同感和责任意识。但在支农惠农时代，这种现象发生了一定翻转，恰当地进行发声和表达成为农民普遍的行为规则。他们认为争取资源是理所当然的，因为"这些钱本来就是要发给农民的"，而"我"作为其中的一员，具有索取的"当然权利"。这改变了农民传统的政治冷漠观念，他们通过关注和参与村庄事务获得社会地位和影响力。村庄公共事务是各治理主体协商、合作与共治的结果，农民主体身份的呈现是权利与义务的统一和平衡。在调研中，基层干部反复提到农民的"公德心"问题，他们认为，农民合法合理地进行利益表达无可厚非，但农民在争取自己利益的同时，应该将村庄公共利益放在首位，避免过度争利产生损人不利己的后果。

二 规则呈现：乡村社会中的情法融合

（一）乡村情理：熟人社会的现实规约

中国乡村社会是一个情理社会。"情理"是人们根据特定的社会情境、地方性知识与需要而建构起来的正义观念。它是人们的一种价值追求，也是人们在熟人社会长期积淀的行为方式与生活态度。在中国社

第三章 政策情境：惠农背景下的乡村资源分配秩序

会，"大多数人的办事和处事原则既不会偏向理性，也不会偏向非理性，而是希望在两者之间做出平衡和调和。"① 通过"合情合理"来分清是非曲直，并规范行为、调解矛盾、化解纠纷、消弭歧见，是乡村矛盾处理的重要特点。传统农民在"无讼"意识的影响下，它成为农村社会的重要稳定器。情理与法律的融合是乡村社会秩序得以维系的重要机制。但随着现代民主理念的发展，这种情理观念往往与科层体制的理性建构及法治思维产生张力。

2017年，D县要修一条环城公路，经过铁镇时，要占用一些土地，包括坟地。当地政府制定了迁坟的补助标准，一个坟地的迁移费用为300元，并由基层政府负责推进该项工作。陈家的坟地距离公路有一定距离，不在迁移之列。但施工过程中，工程队在挖凿隧洞时，把从山体中挖出的弃土和碎石堆放到离陈家祖坟不远的一处暂置场所，准备过后再统一运走。结果，废土碎石越堆越多，堆砌过程中不断有碎石沙土滚落下来，又恰好遇上连绵大雨，弃土碎石被雨水冲刷而下，将陈家的祖坟掩埋。陈某知晓此事后非常生气，他找到乡镇干部，陈述此事，要求把坟地上的弃土碎石运走，将坟头清理出来。

但当时政府工作繁杂，乡镇干部对此事未引起足够重视，只是在一个私下场合提醒施工方领导，要其堆放弃土时注意一下。但施工方因赶进度，对此亦未作出任何举措，双方的协调未产生实质性效果。陈某的一个邻居知道后说，这是一个好机会，你不趁着这个机会去找乡镇，难道等着他来给你解决问题吗？陈某才明白自己的诉求要通过争取才能解决，何况自己现在已经占了情理。于是，他找到铁镇负责该项工作的党委副书记谢某，提出两个要求：一是弃土碎石掩埋了陈家祖坟，破坏了坟地风水，要赔偿5万元精神损失费；二是施工方领导要披麻戴孝，到坟前磕头认错。

陈某的诉求提出后，乡镇干部才真正重视起来。他们认为，政府在

---

① 翟学伟：《人情、面子与权力的再生产》，北京大学出版社2013年版，第198页。

处理这件事上负有责任，陈某提出补偿具有一定合理性，但5万元补偿显然太多，毕竟迁一座坟才300元（单人坟墓300元，双人坟墓500元）；至于要求施工方领导披麻戴孝到坟前磕头，这根本是不可能的事情，属于无理要求。但在乡村情理社会，"掩埋坟头"成为一个可建构的事件，从其重要性而言，可大可小，关键还在于当事双方对该事件的解读与博弈能力。基层干部在处理中必须考虑乡村非正式规范的影响。陈某亦知道自己希望达成的目标是前者，即满足其经济上的补偿要求；对于第二个诉求，陈某也知道是不可能被满足的，但作为讨价还价的筹码或"陪衬"，却必不可少。在乡村社会，农民在日常行为中都有一种"折中调和"的偏好，事情所能达致的结果往往取决于最初提出的条件，进而使最终的妥协结果符合农民的心理预期。陈某三番五次到镇政府找干部，有时在办公室大声吵闹，导致乡镇无法正常办公；陈的亲属把工地的进出通道都堵住了，导致工程车出不去进不来，工地上80多位工人的吃饭都成问题。

　　当时正值炎热夏季，工人们在高温炙烤下，情绪也很冲动。加之施工方本来承诺在挖通隧道时付给工人工资的80%，但实际只付给他们30%，工人也借此机会要求支付剩余的50%工资。当施工方领导到工地检查工程进展时，工地已经停工，工人缠住领导不放，局面一度非常混乱，甚至领导所乘汽车的轮胎都被工人偷偷扎破了。乡镇干部说，"天气一热，大家火气都大。在这种情况下，我们乡镇干部必须保持理智。对于不断缠闹的陈某，我们是可以动用法律手段的。当他影响乡镇正常办公时，我们可以按照程序把他拘留起来。但我们不能这么做，这容易使事情变得更糟，就因为他占了情理。"① 在双方不断沟通和协商下，乡镇最终答应赔偿陈某1万元，并在陈家祖坟旁砌了一堵墙，防止弃土碎石再次掩埋坟地，这件事总算得到了解决。乡镇干部通过陈某的一个朋友给他带话说，接受了补偿，就不要再闹了；如果再闹，就把他

---

① 2017年7月16日对铁镇党委副书记谢某的访谈。

第三章 政策情境：惠农背景下的乡村资源分配秩序

抓起来。但这实际上只是一种警告，现实中一般不会采用，以避免使乡镇干部陷于更大的被动当中。农民在这一过程中获得了好处，自然也会"知趣"，不会再给政府增添麻烦。

在村庄相对狭隘的生活空间内，农民处于特定的社会规范与利益网络中，"情"与"理"成为人们作出判断并付诸行动的重要准则，而法律的作用空间则受到限制。"情理"与"法理"往往很难有清晰的界限，更多时候混糅一体，以致以情理替代法理。既有研究也发现，强制的法律只能实现对村庄一时的主导，一旦退出村庄，情理便再度兴起，形塑出"情理长期在场、法律间歇主导"的乡村秩序体系。[①] 在"有理走遍天下"的乡村观念下，陈某占据"情理"高地，促使乡镇在处理其堵路、缠闹等扰乱乡村秩序行为时不得不有所慎重，主要以说服教育为主，而不采取强制手段。农村的许多非正式规则并不符合法律规范，但它在实践中却具有较强的约束力，不遵守规则者往往受到抵制和排斥。例如，有些乡村干部在执行政策时不考虑具体情况、过于死板会被人背后批评，成为"工作方式简单粗暴"的典型，往往影响到农民对他们的评价和认可。相反，那些不拘泥于具体条文规定、懂得灵活变通的干部，往往因帮助农民解决实际问题而受欢迎。

然而，在惠农政策执行中，对乡村非正式资源的借用看似扩展了正式权力的运行空间，却影响了法治理念在乡村社会的贯彻和实现。铁镇干部说："我们也知道这样做让农民尝到甜头，会在农村社会带来很坏的示范效应，以后这种事情发生的概率可能会更高，我们的工作也会更难做。但是，在农村社会，你是不能完全按照法律和政策的条文去执行的，必须考虑农村的实际情况。政策是刚性的，但农村社会有自己的运行规则，两者有时会有冲突。我们只能着眼于把事情摆平，至于以后会不会再发生、什么时候发生，我们现在都顾不上考虑这些。"[②]

[①] 黄政、黄家亮：《法律实践与乡村秩序体系的建构——基于韩村土地承包费纠纷的考察》，《华中农业大学学报》（社会科学版）2021年第3期。

[②] 2017年7月16日对铁镇党委副书记谢某的访谈。

这样，正式权力在治理实践中受到乡村非正式规则的掣肘，往往无法正常履行权力的职能，无法真正用于解决基层治理事务。其内在因素在于，税费时代以来基层政府在处理农民诉求时的无原则退让，使农民形成一种错误的思维模式，即认为乡村的资源分配规则不是确定的，而是可以通过自己的争取去改变的，久而久之就形成一种路径依赖与行为定式。农民反复试探基层政府的底线，又屡屡得逞，这对基层政府在此后处理类似问题造成了更多的麻烦。乡镇干部的叙述也表现出他们的无奈，这需要对农民利益表达和资源争取等行为进行保障和规范，推动农村社会的制度化建设。

为此，乡村熟人社会的特质决定了在惠农政策执行中，政策的规定性要在某种意义上让位于政策的通变性。法律在陌生人社会易于执行，但在熟人社会，它要受到人情、关系等社会资源的影响和支配。惠农政策制定的目标是保障和提升农民的基本生活水平，在实践中必须考虑农民的现实状况与特定需求，这就使政策在执行中具有了承接和转换的可能性。基层干部在政策转换中会努力实现政策的既定目标，避免政策执行发生扭曲。在"政策要落实"与"事情要解决"的双重导向下，基层干部借用乡村社会一些非正式的治理资源，来实现单靠正式权力无法实现的目标，实际上扩充了基层政权的运作方式，体现出政策执行的能动性和扩展性。

由于政权的公共性及权力分布的非均衡性特征，以基层权力为保障，通过规范化的政策实践推进惠农政策的执行，是有效达成基层治理目标的重要因素。政治权力作为一种能动性要素，具有整合社会、规范秩序、控制冲突与获得资源的能力。在现代国家构建中，随着国家对乡村的持续整合与互动，农民对政治权力的认知更加清晰和明确。这要求基层政策实践要真正考虑到农民的急难愁盼，在分类治理与精准施策上下功夫。

（二）情法融合：政策执行中的分类施策

在基层治理实践中，根据村庄社会不同群体的利益诉求，针对不同

第三章 政策情境：惠农背景下的乡村资源分配秩序

政策区分出具体的救助对象，是惠农政策得到精确、有效执行的前提。"复杂的现代国家结构需要简约的治理机制"[1]，分类治理是大国治理的必然要求，是克服"规模焦虑"带来的治理负荷的重要手段。为了应对人口规模性与幅员辽阔性带来的群体差异性、地域离散性、监控实效性、服务多样性等问题，需要构建以治理单元和治理对象为分类基础的简约治理机制。[2] 在资源有限的现实约束下，更需对被治理对象进行分类，以使最急需救助者能得到救助。前文已经呈现了灾害社会场景中的分类治理模式。在常态社会，这种治理模式也被基层干部所广泛借用。在"彼此熟知"的社会情境下，基层干部的头脑中实际上都有一个关于被治理对象基本情况的大致判断和主观印象，他们根据村民在日常生活中的行为表现或个人品性，形成了一套针对不同治理对象的分类治理策略。这种策略的形成是根据乡村熟人社会"不假思索"的层次类分，并在实践中根据他们对日常工作的影响而对其形成不同的定性或分类治理行为。这种分类非常简单，容易操作，体现出"简约治理"的特征。

大致而言，按照农村治理结构的特征及"是否易于治理"这一标准，基层干部一般将村民分为"容易治理"和"不易治理"两类，以对农民群体进行定性和评判，并予以针对性治理。前者在实践中表现为对基层干部工作的理解和支持，尽管有些村民的性格比较偏私，爱占小便宜，但多数时候能够接受基层干部的政策解释，在工作做通之后，这些人对政府工作比较配合。后者则表现为不讲理不配合，经常利用自己对政策的模糊理解误导干部，甚至有意激怒基层干部作出不当言行，利用他们的工作失误作为自己的筹码，有时表现得咄咄逼人，给基层工作带来很大困扰。基层干部对此类人比较头疼，往往花费大量时间精力去做工作。

在铁镇，"不易治理"群体又可分为几类：一类积极利用既有条件

---

[1] 任剑涛：《国家治理的简约主义》，《开放时代》2010年第7期。
[2] 韩志明：《规模焦虑与简约治理——大国治理历史与现实的理论考察》，《中山大学学报》（社会科学版）2021年第4期。

构建"亟须救助"的外在形象。他们具备一定的专业知识和法律技能，具有较高的策略技巧，善于运用国家政策与地方实践的偏差向基层政府提出救助要求。借助任何机会向政府要钱是这一群体的基本行动逻辑。铁镇有一位30多岁的女性，丈夫在外务工，自己在镇上经营一家花店。其子在两三岁时忽然发烧，当时正值花店经营旺季，耽误了治疗，导致其子小脑受损，无法正常行走，智力也低于常人。她希望政府给予帮助，或纳入政府低保。但当地干部认为，其家庭状况较好，且其子在治疗中已享受了农村医疗政策，可以根据合作医疗政策获得救助，她提出的低保诉求显然不符合政策。于是，她便在上级领导来调研时推着儿子拦路诉苦，这种让当地干部难堪的表达方式使其成为"不易治理者"。在惠农背景下，乡村社会任何个体性的问题都不再是孤立的个案，而都可以与宏观的国家治理相结合。随着国家治理空间的不断拓展，个体与国家之间的边界趋于融合，原来本应由个体承担或解决的事项，被有意识地转移到政府身上，导致社会压力在农民个体、地方政府与国家之间循环传递。

第二类人或多或少存在不为乡村社会所认可的个人品行问题，如好吃懒做、玩世不恭、偷窃碰瓷、酗酒打架等，是典型的乡村"混混"，经常不被其他村民所容纳。但这类人又不同于涉黑涉恶者，他们有些人无妻无子，认知有限，性格偏执，我行我素，常常无视村庄规则，但又不触碰法律底线，治理起来有一定难度。这种人虽然家庭困难，但却不同于那些老实憨厚的困难户——后者更易引发人们的同情，他们的困难确实有一些客观因素，但村干部却乐于帮他们解决家庭困难。用村干部的话说，就是"他们知道感恩"，村干部也愿意与之打交道。而"好吃懒做"的村民则主要是因为个人主观因素，即"好手好脚却不去工作赚钱"，导致个体贫困。在村民看来，这类人不仅经济上贫困，道德上也贫困，其言行往往与传统的道德伦理相冲突，其生活境遇虽值得同情却又令人感到可气，他们也往往被归于"不易治理"之列。

当然，在乡村干部的认知视野中，并不一定会完全按照这种带有

第三章 政策情境：惠农背景下的乡村资源分配秩序

较强主观性的判断及其行政实践来作出区分，因为它脱离了乡村"熟人社会"的关联与规则。在分类过程中，最为关键的是区分村民作出不同行为选择的原因，进而确定他们是否真正属于故意挑战政府权威与乡村伦理的不易治理者。对于那些确实困难、但政策没有照顾到的村民，干部需要做好安抚工作，并且在政策许可的条件下解决他们的困难。

有学者通过对税费时期农民拖欠农业税款的研究发现，真正决定基层治理实践逻辑的并非"困难户"过多的问题，而是"钉子户"及治理"钉子户"所产生的问题。[①] 这些阻碍农村政策实施的农民，因在争取惠农资源时采取的方式方法欠妥当而不被干部喜欢。但基层干部也坚持认为，多数农民是通情达理的，尤其是近几年来，随着政府的宣传教育和网络的知识普及，农民的文化水平和科学素质有了很大提升，而"刁民"这个概念，并不符合这个群体甚至部分人的特征。在农村，多数农民可以归于"易于治理"一列。这一部分人是通情理的，他们也会争取自己的利益，但通过做工作，能说服他们，他们能理解政府工作的难处。当然，农村也有极少数人难于治理，使基层干部耗费了大量的时间精力和治理资源，而这些精力资源本可以用于其他服务和事项上。对于这些人，基层干部必须分类施策，既兼顾政策法律和乡村情理，坚守国家政策的底线，同时又通过做工作、顾情理、讲道理说服他们，获得其对政府工作的支持。

情理与法律作为调节人际关系与整合乡村秩序的基本依据，在治理实践中发挥着不同作用，也因其内在张力对社会治理产生困扰。但总体而言，情理与法律的融通建立在对被治理对象进行恰当分类基础上，要明确哪些对象可以说情讲理，而哪些对象只能通过刚性的法律规则来进行限定。在惠农治理中，基层政府综合采取法律与情理相融合互通的策略体现得非常明显，尤其是在处理一些棘手问题上。

---

① 吕德文：《找回群众：重塑基层治理》，生活·读书·新知三联书店2015年版，第44页。

D县位于长江上游，属于典型的传统农业种植县，也是水源地保护区。随着城镇化进程的加快和人口的聚集，农业用水和生活用水使当地对水资源的需求极大，用水成为制约当地发展的最大难题，而水利设施建设就成为亟须解决的重点工程。为了缓解用水紧张，D县近几年修建了几个中小型水库，而玉滩水库就位于铁镇宝竹村，2017年开始修建，但2013年后政府就已经禁止农民新建和改建住房。在库区征地补偿和移民安置中，工作非常繁杂。政府为了完成任务，想尽了各种办法，政策运行中的情法融合得到了具体展现。

　　"说服"行动是情法融合的重要表现形式，基层干部在正式的制度约束和激励前提下，依据非正式制度、运用非正式资源、依托非正式关系开展说服来实现治理目标，体现为"正式制度下的非正式运作"模式。[①] 在水库移民安置时，政府都是按照农民原来的住房格局进行补偿的。为了做好移民工作，镇村干部三天两头到农民家里做工作、讲政策、拉感情，往往是这一拨人刚走，另一拨人又到了。许多农民出去躲，但总有在家的时候。这种轰炸式的宣传，让许多农民很不适应，但却起到了良好效果。"在宣传动员上，我们靠的也是农村的关系和人情，往往请与农民关系很好的村民去做说服工作，通过人托人，相互帮带，推动移民搬迁工作顺利开展。在这种事情上，必须讲究技巧和策略，你不能与水库移民发生直接冲突。只要他们签字同意，政府就会立刻进行搬迁工作，工作人员主动帮你搬家具和收拾屋里其他东西，紧接着挖掘机就进场，从签字到房屋推倒的时间非常短，让你连反悔的时间都没有。中间虽然会有很多问题，但水利建设是国家重大基础设施建设，属于国家战略，它不同于商业开发中的征地，国家会专门下达政策文件，闹是没有用的。"[②] 许多农民担心，如果自己不搬迁，大坝建起后，水一旦淹上来，导致居无定所，自己也会处于一个更不利的位置，他们通常会支持和配合工作。

[①] 鹿斌：《基层治理中的"说服"：一种非正式治理行动的研析》，《江海学刊》2020年第3期。
[②] 2017年7月16日对D县水务局谢主任、铁镇宝竹村党支部张书记的访谈。

第三章 政策情境：惠农背景下的乡村资源分配秩序

因此，依照国家政策法律开展工作，同时兼顾农民群体的特殊需求，成为基层干部解决棘手难题的主要方式。基层干部遇到了很多困难，如农民不愿搬迁、补偿标准太低等，村民也不断通过自己的方式争取更多补偿。在修玉滩水库时，政府通过反复地做工作，许多农民都同意签字了，这时一位有法律工作经验的返乡者告诉村民，目前的补偿安置费用是不合理的，只要农民去争取，就可以获得不少于当前标准十倍的补偿。这让许多农民产生了动摇，于是许多村民开始联合起来拒绝签字。

但在水库修建与征地搬迁过程中，基层政府在与农民的互动中基本上占尽优势，其过程体现了法理与情理的有机统一。一是水库属于国家布局的水利公共工程，属于国家战略规划，有明确统一的政策依据和补偿规定，颁布政策者的级别比较高，这在乡村社会具有较强的政策效力。尽管农民可以就补偿问题提出不同意见，却不能阻碍政策的推进实施。因此，对于那些具有明显"谋利型"特征的上访者，基层干部往往坚持国家制定的、具有强约束力的法律规范，避免上访者对法律的多样化、变通性解读和利用。

二是水利设施建设是利国利民的长远工程，对于推进农村基础设施建设、促进农村发展、改善农民生活具有重要意义。基层干部在做工作时，动之以情晓之以理，反复强调"修建水库是为了我们，我们应当支持配合"，有效降低了工作推进的难度。许多农民不愿搬迁，主要有三个方面的原因：权利受损、生活困难与补偿不公。[①] 移民无非是想多要一些补偿，这是可以通过协调解决的事情。在国家政策压力和政府具体推动下，工作做起来也相对比较容易。"对农民的一些特殊困难，在不引发其他攀比行为的前提下，我们也会尽力解决。我们在处理这类问题时，会特别注意，他的特殊性在哪里，符不符合政策规定，道理上能不能说得通，会不会引发新一轮攀比等负面行为。我们会跟他讲清楚，

---

① 贺雪峰：《国家与农民关系的三层分析——以农民上访为问题意识之来源》，《天津社会科学》2011年第4期。

哪些补偿属于政策规定的内容，哪些是我们特殊处理的内容。这样，他才会理解和感恩，而不认为自己理所应当。"①

移民安置时，政府按照基本用房标准，保证"每人有一份地，每人有一处住房"，基本是按人均耕地0.5亩以上、人均住房面积30平方米的标准来进行安置的。但农民认为，自己原来的田是水田，但政府置换的是较为贫瘠、不利于灌溉的旱地。这一问题受制于农村的固有条件，确实不能解决的，只能由政府做适当补偿。政府处理这类问题的准则是，无论农民到哪里，都不可能让其说出"我连饭都吃不上，没有一间住房，没有一寸土地"的话，因为这不符合事实。政府在处理移民安置问题时有政策依据，并兼顾乡村情理，处理问题时也更有底气。

基层政权的一个重要特点是公共性，即它主要去解决处理社会整体所关注的核心问题和重大事项，以与那些个体性和私人化的问题区分开来，这是基层分类治理与实现情法融合的政治基础。在乡村干部看来，基层社会的治理主要是对少数"钉子户"的治理，导致基层干部将精力过多用于处理少部分人的琐碎事项或不合理诉求上。但这种带有公益性的水利工程又不能因为极少数人的阻挠而无限拖延，政府只好采取了变通的办法，先保证项目的开展，再针对性解决其他衍生性问题。

笔者在铁镇的调研也发现，在惠农背景下，那些真正贫困的家庭即使没有受到政策的照顾，他们也很少去上访，一是他们没有精力和资金去上访，二是个人能力缺乏导致其表达和行动都受到限制。许多家庭条件不好的农民，他们的个人活动能力与交往能力普遍较差，往往老实忠厚，沉默寡言，以维持生活现状为目标，不轻易与别人去争夺资源。那些受过良好教育、更有能力摆脱乡村生活束缚的农民也很少去上访，因为他们可以凭借自己的能力谋取更好的生活，而不屑于拉下脸面向别人索要。乡村干部也认同这一观点，他们反复举的一个例证就是，那些学历层次较高者很少去上访，因为他们不需要通过上访这种方式获取资

---

① 2017年7月16日对D县水务局谢主任、铁镇宝竹村党支部张书记的访谈。

源。相反，给基层治理带来困扰的是介于中间者，他们有一定的经济基础、文化和计谋，往往善于利用政策获取利益。为此，许多乡村干部提出的解决策略是，要加强对农民的教育，提高他们的知识文化水平，让他们自食其力，有事可做，而不是在家里闲着。"只要有事做，哪怕是在家里打麻将也可以，总比去上访强吧。"

惠农政策作为衔接基层政治关系的重要纽带，它在调整和改善政府与农民关系的同时，也推动基层政府创制出更加灵活多样的治理形式。基层干部是惠农政策的主要执行者，而"钉子户"则兼具惠农政策受益者与被治理对象双重角色，但他们经常借用国家的政策话语表达自己的政策偏好与利益诉求，表现出阻碍政策执行的现实行动。在实践中，为了推动惠农政策有效落地并避免政策执行扭曲，基层政府在对被治理对象进行分类并弥合情理与法律张力的基础上，还要建立系统的乡村稳态秩序。

三　信访治理：以惠农为导向的乡村稳态秩序

惠农政策和资源的输入使乡村社会关系在经历农业税取消后短暂的沉寂期后，进入一个新的调整和重构阶段。农民借助特殊的政策身份（如灾民、贫困户、低保户等）及策略技术与基层干部展开系列互动；各个村庄、乡镇也利用惠农政策下乡的契机，进行资源争取以推动农村发展。这种重构是在乡村治理体制发生深刻转型、基层治理体系和治理能力现代化以及基层权力运行日益制度化规范化的背景下发生的。在多重因素交织和叠加下，乡村的社会稳定与秩序维系成为惠农治理的重要内容。

（一）信访中的非正式治理

中国公共政策执行的"高位推动"特点[①]要求基层政权治理能力必

[①] 贺东航、孔繁斌：《公共政策执行的中国经验》，《中国社会科学》2011年第5期。

须与其所承担的政治责任相匹配，以破除政策执行的"碎片化"和各种权宜性治理策略。基层政府处于自上而下的行政压力和由下而上的社会需求所建构的网络"接点"，需要正视非正式治理在基层治理存在的合理性，不断调适非正式治理与正式治理的张力关系。① 在税费时代，由于农业税征收、计划生育及其他乡村治理事项，基层政权更多扮演了政策执行与资源汲取的角色，农民与乡村干部之间的联系较为密切，互动也非常频繁，农民一般也比较敬畏乡村干部。

孙立平等人的研究发现，即使在税费时代，为了完成上级规定的征缴任务，乡村干部不得不将诸如人情、面子、常理等日常生活规则和民间观念引入正式权力运行过程。② 在精准扶贫中，国家运用技术治理逻辑、借助科层压力机制进入农村社会时，与农村传统的受乡土规则影响的总体性支配逻辑不适应而引发冲突，导致基层治理中正式治理、半正式治理和非正式治理并存。③ 这表明，在复杂的农村社会，政策的推行并不能完全依赖于科层化的行政规则，而要建立基层政权与乡村社会的沟通、协商与共治形态，才能有效推动政策的落地。

惠农政策体系的建立，推动乡村干群关系发生重大变化：尽管农民有向基层政府争取资源的行为激励，但他们已经不像以往那样依赖和敬畏干部，有时甚至借助科层体制对干部的约束，有意为难乡村干部，导致基层一些工作无法正常开展。农村的许多事项，本来与基层政府没有直接关联，但政府的维稳任务一下来，他们就必须面对和处理相关事情。基层干部调解矛盾、解决纠纷时，尽管努力秉持公平公正的原则，但许多农民对干部并不完全信任，如果处理结果不能让农民满意，他们会认为政府偏袒。在现行信访体制下，他们甚至连同基层干部一起告。

---

① 王敬尧、郑鹏：《基层政府非正式治理技术的类型学分析》，《南京大学学报》（哲学·人文科学·社会科学）2021年第1期。

② 孙立平、郭于华：《"软硬兼施"：正式权力非正式运作的过程分析》，载《清华社会学评论》第1辑，鹭江出版社2000年版。

③ 吴高辉：《国家治理转变中的精准扶贫——中国农村扶贫资源分配的解释框架》，《公共管理学报》2018年第4期。

第三章　政策情境：惠农背景下的乡村资源分配秩序

这样，基层干部就从一个乡村纠纷的调解者和仲裁者角色，被动转变为利益相关者。尽管基层政府并未直接介入乡村的利益分配，但农民一旦走出村庄踏上上访一途，基层政府的信访与维稳责任就促使其必须介入到信访治理过程。

随着网络技术的发展与农民权利意识的增长，行政手段在基层治理中运用得越来越少。基层干部也发现，行政强制在处理与农民切身利益相关的事项时，很难取得预期效果。乡村熟人社会的特质与农民的情理观念，使基层干部在处理类似事务时一般好言相劝，开展思想工作，有时甚至低三下四，陪他们谈心散步，帮他们做农活，以建立与上访农民的感情，将柔性治理融入信访处理过程。有一次铁镇干部把一个上访户接回来，还帮他把家里收拾得干干净净，帮他把田里的稻子收了，他才决定放弃上访。正因如此，一些上访户需要干部帮助解决问题时，经常放话说，"我要去上访了"，实际是借此向政府进行"试探性施压"，以达到获取赔偿的目的。在当前维稳体制下，社会稳定具有非常宽泛和特殊的内涵，而上访作为上级衡量下级工作绩效的重要指标，是基层问责体制的主要内容。基层干部会很紧张，赶紧派人询问他有何诉求，政府会帮助尽快解决。这种办法很有效，很多村民认为，如果自己去找干部，经常不知如何去找或找不到；即使找到了，也经常因"政策问题"无法得到圆满处理。但如果自己说要去上访，这种状况就会发生根本性翻转，干部会主动找到他们，倾听他们的意见，询问他们的诉求，让农民感觉"这总比自己去找干部强"。

基层干部认为，有些农民的上访诉求并不合理，甚至属于无理取闹，但在上访"一票否决"下，政府又不能不管。铁镇一位干部说："信访部门应该区分哪些上访是正当合理的诉求，哪些是无理取闹；对于无理取闹的，直接打回去，不要登记在案。现在的情况是，只要你来上访，上面就给你登记，我们就要接受目标考核。信访本来是个好事情，是让老百姓有话说，有表达的机会，但目前的体制，却给政府带来了极大压力。现在是信息时代，农民每天接受的信息量很大，对国家政策也有自己的理解。他们会抓住政府的软肋，政府怕什么，他们偏要做什么，所以我们经常要跟上访农民'斗智斗勇'。"① 在现代化背景下，基层政府面对的治理对象，不再是传统社会文化水平不高、掌握信息资源有限、"手无寸铁"的农民。他们拥有获取信息的特殊渠道，拥有一定的信息分析和处理能力，能利用既有政策作为实现和增进自己利益的工具。这需要基层政权在治理理念、治理手段和治理方式等方面进行主动转变。

在访谈中，铁镇干部也反复强调，在基层治理尤其是处理棘手问题上，他们最怕的就是考核中的"不满意"。这既包括上级部门的"不满意"，也包括来自农民的"不满意"。对于前者，基层干部可以对考核的事项、内容、路线等进行选择和安排，从而把最好的一面呈现出来。对于后者，如果乡镇无法满足农民的利益诉求，极易导致农民的批评指责。他们的一句"不满意"，可能使乡镇所有的工作白做。

在铁镇龙村，李阿婆与乡村干部因为评低保问题产生争执。对于这类事项，为了保证公平公正，乡镇通常不会直接干预低保的评定，而是充分发挥村民自治的作用，由村民代表通过民主程序评议决定。这可以使乡镇干部置身于乡村社会的资源分配之外，从而使决策结果更有说服力。② 按照当地低保评定的标准，她必须获得村民代表2/3的投票通过。李阿婆在投票中仅以一票之差，被排除在低保之外。她心里感觉很不平衡，反复向村干部讨要说法，认为政策是死的，人是活的，自己虽然只差一票，但自己真的非常困难，家庭状况并不比其他农民好。根据自己的实际情况，她要求在执行政策时通融一下。村干部反复向其做政策解释和思想工作：有些问题可以通融，但涉及低保名额这类问题上，是无法通融的，因为谁都不会让步；低保名额是村民代表共同决定的结果，

---

① 2017年7月15日对铁镇党委副书记谢某的访谈。

② 笔者发现，"一事一议"所发挥的村民自治作用，更多在一些特殊场合和特定事项上有效，尤其是在处理政府不方便介入也不愿意介入的事项上。在有关资源配置的其他治理领域，仍由基层政府掌控。

必须要认可；低保名额是有限的，不可能把别人的名额拿过来给你，只有等待下一次机会。

尽管在基层工作中，乡村干部都知道"动之以情，晓之以理"的重要性，但这种"情理"观念并不是对每个人都产生作用，许多农民会以自己认定的"理"作为行为参照标准。在李阿婆看来，干部有干部的"情理"，我有我的"情理"，双方互不相让。当她在村干部那里得不到满意的答复后，她就到镇上找乡镇干部。但乡镇干部的解释与村干部是一样的，李阿婆仍未得到满意结果。于是她开始絮叨、缠闹，有时间就到乡镇办公室，没时间就打电话，一直不止不休，让基层干部非常头疼。事情发展至此，思想工作无法做通，李阿婆作为一个普通农民，就与基层干部"闹僵"了，但双方仍然维持一种微妙的平衡状态：李阿婆得不到自己想要的结果，乡镇也不能拿她怎么样，尽管李阿婆会吼他们。当乡镇干部看到她来到办公楼后，大家躲开的躲开，躲不开的就赶紧"忙起来"，避免与她直接碰撞。在这一过程中，尽管李阿婆缠闹，但她仍然处于主动地位，可以"理直气壮"地向乡村干部提出自己的要求。基层干部由于无法满足她的要求，则处于被动地位，同时因担心矛盾激化，他们一般不会采取强制措施，而是以"冷处理"的方式逐步消磨农民的意志。时间一久，农民发现自己的诉求确实无法达成，就会逐渐冷静下来，问题由此得到掩盖和积累。如果李阿婆不甘心，提出"你如果不给我解决问题，我就去上访"时，基层干部就不能逃避而必须认真对待了。

在访谈中，基层干部反复向笔者陈述他们所承受的巨大工作压力与精神负荷，以及他们在心理上的困惑。"上面千条线，下面一根针"，国家所有的政策落实到基层，都要靠基层干部去贯彻、执行。乡镇是最基层的一级政权，它直接面对群众，要解决现实问题，同时它又受到国家的制度规范，必须遵循一套严格规范的程序。科层体制寄予基层干部高度的期盼，却未赋予解决处理乡村社会问题的足够权力和资源，导致他们常因政策性问题而无法直接处理问题。

> 他（指乡镇干部）不同于村干部，村干部更多是农民，或和农民很熟，他可以和农民吼起，但乡镇干部不行。有一次一个老太婆来找我反映低保问题（230 元每人每月），说了大半上午，我不断给她解释，但她不听，一直闹，我工作都做不成。因为许多农民都是按照自己的一套逻辑去理解问题的，他们认为自己的理解才是最合理的。有些农民来了直接对你吼，你却不能对他吼。他骂你一万句，你一句也不能骂他。你骂了他一句，他给你录下来，给你曝光了，你就要承担责任。有些农民会说，我是农民，没有文化，是个粗人；你们是干部，文化素质高，怎么能骂人呢？以前都说老百姓是弱势群体，现在反过来我们成了弱势群体。①

这些问题深刻反映出基层治理转型背景下乡村社会关系与行动方式的转变，展现出乡村主体对基层治理过程的形塑作用和重大影响。研究发现，在上级政府、基层政府、上访者三大行动主体构成的信访治理链条中，存在着治理实效偏离政策预期的"逆向激励"效应。上级政府基于"公共性"的秩序追求对基层政府的"避责"思维具有一定程度的"逆向激励"，基层政府的"软肋"成为上访者得以借用的"机会"。② 乡镇干部面对分属复杂、需求多样的农民，工作千头万绪，任务繁琐沉重，什么样的事情、什么样的人都可能遇到。然而，政府科层管理的规范又要求他们必须有效回应农民的差异化诉求，耐心做农民的思想工作，而不能有任何不满和抱怨。铁镇党委副书记谢某已在基层工作十余年，对此体会非常深刻。此前他专门负责水库移民工作，工作难做，维稳任务重，他经常加班到深夜，忙得焦头烂额，得不到休息，导致身心疲惫。后来，他被调到铁镇任职，希望能分管一些常规性工作。

---

① 2017 年 7 月 13 日对铁镇党委副书记谢某的访谈。
② 赵佩、黄振华：《农民偏执型上访的生成及其内在逻辑——基于湖南省 G 村的田野考察》，《湖南农业大学学报》（社会科学版）2021 年第 5 期。

但党政领导考虑到他做移民工作有丰富的经验,又安排他负责征地拆迁、危房改造等具体事务。"领导的安排必须要服从",他为此常常自嘲。他希望能调到县里工作,认为县一层级面对的群体和事务相对简单。①

惠农政策实施的基本目标是通过支持农村农业发展,尽可能满足农民的差异化需求,提供力所能及的公共服务,增进农民认同。惠农政策执行涉及相关利益群体的认同重构,形塑出政策执行主体和目标群体之间既依赖共存、又约束博弈的关系。基层干部作为惠农政策落地的主要承担者,其执行能力往往关系到政策的执行绩效及稳态社会秩序的建构。在"将矛盾纠纷化解在基层"的治理理念下,完善社会矛盾多元调处化解机制、构建"一岗双责"的基层稳控秩序,是惠农治理的必然要求。

(二)"一岗双责"下的基层稳控秩序

惠农治理内在地隐含着社会稳定的政治需求,维护社会稳定是与惠农政策执行相嵌而生的重要内容。农村问题的复杂性及农民在现代化进程中的伴生问题及其适应性困境,以及基层治理体制的不完善等多重因素相互叠加,使得基层社会有机融通、良性互动的政治关系亟待建立健全。农民借助政府的"软肋"与体制性漏洞,发展出了多样化的竞争机制与行动逻辑。在基层维稳的"一岗双责"和属地管理制下,上访作为国家为社会安排的一种特殊的诉愿机制,在发挥表达和沟通功能的同时,也给基层政府造成了维稳困境。信访属地管理制中上级政府的激励逻辑、村级两委的应付逻辑造成基层政府的避责逻辑,共同导致了上

---

① 这种想法在当地干部中较为普遍。铁镇在对照检查时,就严厉批评了基层干部的这种情绪,认为基层工作复杂,任务繁重,群众诉求多,有些领导干部遇到艰巨繁重的工作任务,表现出畏难情绪,拈轻怕重,工作拖拉,缺乏雷厉风行、敢作敢为、大胆泼辣的工作作风。在处理老上访户的信访问题时,领导干部都不愿接手,在领导包案制度上一拖再拖,最后不得不强行指定责任人。

访谋利空间的生成、持续和扩散。① 基层干部不得不被动嵌入到乡村社会的维稳体制与过程中,并与农村社会的多元化现实、非程序化乡土规则等相互嵌结,构建出惠农治理中特有的"维稳"逻辑。

铁镇的矛盾纠纷主要集中在土地征用、房屋拆迁、农房建设、征地社保、资源分配、干部作风等与农民利益直接关联的重点领域,容易引发农民的非正常上访。为了化解农村信访难题,铁镇落实严格的责任制度,将维稳任务下沉到村庄,规定各村党支部书记是第一责任人,对因工作不力、措施不到位引发的信访案件,按照"一岗双责"和属地管理原则,给予相关责任人严肃处理。

"一岗双责"是指基层领导干部对自己分管的工作与信访维稳工作承担双重责任,展现出基层维稳的主体责任样态。按照"属地管理、分级负责、谁主管、谁负责"的原则,镇党委、政府对辖区内的安全信访稳定工作实行"一岗双责":党政一把手是安全信访稳定工作的第一责任人,对安全信访稳定工作负主要责任;分管领导对安全信访稳定工作承担组织、协调、监督、检查和化解、处理矛盾,牵头处置群体性事件的责任;其他领导对分管工作与安全信访稳定工作实行"一岗双责",承担分管责任。

多主体交互是信访治理的核心要求,推动信访事项相关参与主体在实践中形成不同的部门关系与治理结构。② 在考核严格的维稳责任制下,村庄(社区)、乡镇(街道)、县等各层级各部门都将维稳问题纳入重点工作。日常的信息搜集、协调、监控、接访、处置等事项,成为乡村干部时刻管理和防范的问题。对于突出的信访问题和矛盾纠纷,尤其是那些"上访钉子户",铁镇采取主要领导包案的方式,对矛盾进行化解防控。同时,对重点人、重点事实行专人包抓解决,对重点稳控对

---

① 郑永君:《属地责任制下的谋利型上访:生成机制与治理逻辑》,《公共管理学报》2019年第2期。

② 严佳、张海波:《信访治理的结构形态:以部门关系为中心的考察》,《南京社会科学》2019年第12期。

象进行监控和安抚。尤其是在特殊时期（如重大会议、活动举办前），基层干部不得不暂时放下其他工作，全力做好稳控工作，同时应对乡村社会的各种突发性问题。各村（社区）书记、主任、综治专干、镇属单位负责人及镇党委政府全体工作人员都必须各司其职、各负其责。铁镇领导班子按照"一岗双责"落实责任，并成立镇党委书记为组长、镇长与政法委书记为副组长、各办公室主任及综治办工作人员为成员的安全信访维稳工作领导小组，负责处置安全信访突发事件。

为了在第一时间掌握信访者的动态，铁镇建立了信息联络员制度，对信访者的行为动向进行实时监控。对于排查出的信访苗头，在及时上报的同时，基层政府必须采取有效措施，特殊时期采取日报制度，重大集访实行事前报告，重大信访实行随时汇报。各村、社也成立维稳小组，村干部通过下访，负责排查摸清情况，建立台账，做到日常数据统计每月上报。主要领导带班，值班领导、工作人员全部到岗到位，实行24小时值班和开机制度，每天下午四点前向上级相关部门报告情况。对铁镇上访牵头人张某与吴某，采取"多盯一"的方法，由两名副镇长包案，另分别指定三名具体负责人。其他排查出的上访苗头仍采取一盯一的方法，保证小事不出村，大事不出镇，将矛盾化解在基层。通过这种"时时有人盯，事事有人管"的维稳方式，确保基层社会的稳定。这样，每个领域、每个环节、每个岗位上，都有相关责任人具体负责，基层社会构建起了纵向联动、横向协调的严密稳控网络。

在重大会议或活动期间，D县还通过建立对上访人员的集中劝返工作机制，来完成维稳任务。D县各县级职能部门、各镇街每年要向县财政预交3万—5万元上访人员劝返准备金。如果发生进京、进省上访行为，责任单位除据实负担劝返费用外，还要按规定扣除劝返保证金：进京上访，按8000元/人次扣除费用；进省城重复集访、非正常集访按3000元/批次扣除费用；到省城非正常个访1000元/次扣除费用。发生上访行为后，相关责任部门和干部如果未在规定时间赶到指定地点做解释工作，也要扣除相应经费，并承担政治责任。劝返保证金由专门账户进行管理，专项列支，实行年度统一结算，超支不足部分由责任单位负责补足，未用完部分返还用于信访人员工作经费或奖励费用。

基层政府建立上下联动、横向配合的维稳工作机制，一个总体目标就是把矛盾化解在基层，通过信访重构基层社会的治理机制。这既是国家对社会稳定和上访工作的基本要求，也是基层政府解决农村社会矛盾的主要着力点。因此，乡村干部不能被动等待群众来反映问题，而要主动回到农村社会内部去解决潜藏的矛盾和冲突。铁镇创新了乡村矛盾解决方式，即要求基层干部定期"下访"，分管领导与干部要带案下访、约访等形式问需于民，重点走访特困户、低保户、受灾户、信访户及其他困难群众，在政策允许的范围内，尽可能解决他们的困难，按照"一岗双责"的要求妥善解决信访稳定问题和矛盾纠纷。

为了推动"下访"不流于形式，铁镇要求党政正职领导每年下访12户，每月不少于1户，副职每年6户以上，主任、站所长3户以上，其他机关干部每人每年1户以上。通过这种量化的任务分配标准，基层政府在解决一些潜在的上访问题的同时，把社会隐藏的矛盾和问题纳入严格管控、全面覆盖的组织网络，建立了一个"横向到边、纵向到底"的维稳责任体系。基层干部通过普遍走访与重点走访相结合，采取开院坝会、座谈会、走访农户等形式，努力树立一种符合群众路线的工作作风。干部在下访时，还要填写"领导干部接待群众登记簿"，登录"干部下访群众登记系统"，把群众提出的问题分类存档，由党委、办公会统一研究，落实专人跟踪解决。尤其是对超过一年未解决的信访积案，要求交办责任部门，落实包案领导和明确办结期限。在科层监督体制下，"一级交办督办一级"，使下级承担着自上而下传递的重大维稳压力。如果确实因政策问题无法解决的，要向群众解释清楚，确实因政策不允许的，要"等措施"。在坚持"事要解决"的前提下，个别情况在不违反政策法律、不引发新的攀比和连锁反应的前提下，可以给予解决。这种治理方式虽有助于发现和处理基层社会的苗头性问题，但也容易导致非组织角色行为凌驾于组织角色行为之上的组织运作的逆科层化

第三章　政策情境：惠农背景下的乡村资源分配秩序

现象，反映出基层政府寻求治理绩效的不同逻辑。①

当然，信访问题最重要的是做通思想工作，许多信访案件就是因为农民对问题不清楚、不了解而引发的。如 2011 年铁镇进行中低产田改造，2012 年进行国土综合整治，修建了人行便道、公路、排水沟、灌水沟、堰塘等公共基础设施，这必然涉及土地占用问题。然而，这些皆属于农村基础性的建设项目，是有利于村庄发展和农民富裕的福利工程，在项目实施前，村里组织村民代表与党员召开会议，强调在项目实施过程中占用农民的土地没有补偿款，由村组协调解决占地问题。上级部门和政府对这类占地均没有拨付土地占用补偿款，占用的土地也暂时不做调整，等到第二轮土地承包到期后再统一进行调整。但在实践中，由于村干部没有把宣传工作做好，许多农民不知晓这一政策，致使一些村民产生了怀疑，误认为是乡村干部侵占了征地款项，这也给基层信访工作带来了很多麻烦。为此，铁镇召开多次会议，要求村里组织党员干部与村民代表给农民做好解释工作，消除误解。

同时，为了强化信访治理的行为规范，并在应对乡村信访问题时对干部进行有效保护，铁镇还专门对基层社会出现的各类信访事件的处置问题进行培训，组织干部学习信访法律法规、政策知识等，以在处理信访问题时做到有理、有利、有据、有节。在宣传动员和释疑答惑方面，铁镇还组织工青妇等群团组织加入其中，发挥党员代表、人大代表、政协委员及法律工作者、志愿者、当地有威望人士的作用，通过熟人做工作，指导村社根据国家政策法规与地方民情制定符合村庄公共利益的村规民约，运用法律、道德、伦理、惯习等不同方式调解社会矛盾，化解群众纠纷。在公开接访群众中，依法实行诉讼与信访分离，对反映涉及民事、行政、刑事等诉讼权利救济事项的信访群众，引导其到政法机关反映问题，以减轻信访压力。

---

① 尹利民：《逆科层化：软约束条件下基层政府的信访治理与组织运作》，《学习与实践》2014 年第 5 期。

小　结

在实践场域，基层政权面对的是不同主体相互交织和互为构建而成的社会网络。在惠农背景下，资源以及基于资源的利益博弈，构成审视农村基层治理体制机制的重要变量。[①] 惠农政策执行既要遵循基层治理现代化的政治理念和价值规范，又要立足于农村基层治理的复杂现实，根据农村治理群体提出分类治理的策略。在农民的个体发展与生活理性塑造下，基层治理方式体现出情理与法律的融合、正式规则与非正式规则的相互交织和并置。其中，科层压力的传导、"一岗双责"与属地管理体制的构建推动了乡镇稳控网络的建立。

在实践中，因市场生长带来的农村内部获利机会的增加、政府主导下的村庄建设与项目集聚、乡村产业振兴中的农业发展与资源配置，构成了惠农背景下乡村资源的主要形态。在以政策输入为主导的资源密集型村庄，围绕着惠农政策执行与惠农资源配置，各方主体的利益博弈展现出不同于一般农业地区的治理景观，[②] 成为揭示基层治理体制机制变革与基层治理现代化的重要维度。不同资源形态下，差异化的治理群体与分类机制塑造出不同的治理形态，基层政府的资源配置机制与村庄各利益主体的资源竞争逻辑形成较大反差，这构成了惠农政策执行的制度环境。

在治理实践中，虽有许多村民通过乡村非正式规则迫使基层干部作出让步，并获得了一定惠农资源，但在乡村稳控体制下他们却成为基层分类治理的重点对象。"乡村社会的信用并不是对契约的重视，而是发生于对一种行为的规矩熟悉到不假思索的可靠性。"[③] 农民因居住空间

[①] 李祖佩、梁琦：《资源形态、精英类型与农村基层治理现代化》，《南京农业大学学报》（社会科学版）2020年第2期。

[②] 贺雪峰：《论利益密集型农村地区的治理——以河南周口市郊农村调研为讨论基础》，《政治学研究》2011年第6期。

[③] 费孝通：《乡土中国》，人民出版社2008年版，第7页。

的毗邻而相互熟悉，因"熟悉"而彼此信任或产生冲突。农民的资源竞争与行动选择除了主体利益受损和权利意识程度等因素外，还受制于主体生活其中的制度、社会和人际关系网络。① 在场景化的维权体验中，农民对既有规则的忽视和多维化解读，加剧了村庄内部竞争和惠农资源配置难度。正是由于农民的强姿态，他们才具有了无视乃至打破乡村规则的"权力"。农村社会的情理、规则使个别农民很难在乡村内部获得情感支持和人际信任，他们往往处于资源分配的边缘地带。

农村非正式权力在重塑基层治理空间与制度规则的同时，也为基层政府实现合作治理、创新治理机制提供了可能。基层政府在实践中面对乡村社会所编织的利益网络与秩序，有两种不同的处置方式：一是通过惠农政策的执行实现权力的强化和拓展，借此整合与重组乡村社会秩序，满足国家惠农政策落地与认同重构的需要；二是以现有的基层政权结构与运作方式为基础，碎片化地对惠农政策执行中的利益纠葛与矛盾进行"指点打点"式的处理，在事件处置过程中不断调试政策执行方式，以满足乡村社会对利益实现和规则调整的需求。这使惠农政策执行主体与分配对象之间既是一个融通共存、博弈互涵的整体，又在日常实践中呈现为一种分割和耗散常态。这也推动农民在乡村的经济社会活动中不断强化彼此间的社会联系，增进利益差别的可协调性与互动性，建构符合乡村整体利益的分配体系。

---

① 吴毅：《"权力—利益的结构之网"与农民群体性利益的表达困境——对一起石场纠纷案例的分析》，《社会学研究》2007年第5期。

第四章

精准嵌入：扶贫政策执行中的差异化治理

精准扶贫政策是国家惠农政策的重要内容，也是更系统化、更具战略性的惠农政策。作为全面建成小康社会的关键步骤，它对于强化政府扶贫开发治理能力、提升惠农政策执行制度化水平及构建基层权力运行规范化体系具有重要作用。在实践中，精准扶贫目标的实现既需要各项惠农政策的整合、组织与协同运作，也需要以政策类型的差异化为基础，协调标准化政策要求与多样性扶贫实践之间的关系。

一 扶贫政策的精准嵌入

（一）规范化的精准识贫

消除贫困、改善民生，实现共同富裕，是以习近平同志为核心的党中央提出的重大战略任务和历史使命。精准扶贫系统整合政府、市场力量与乡村内部资源，着眼于推进国家与乡村的有机衔接与共治共建，将社会治理中农民所关注的生产、就业、搬迁、生态、教育、医疗、社保、住房等事项战略性整合在一起，体现为扶贫"对象—资源—主体"精准和扶贫"目标—过程—结果"精准。[①] 精准扶贫既是一个关于扶贫开发的经济命题，更是一个关于政权建设的治理命题和政治命题。从国

---

① 庄天慧、杨帆、曾维忠：《精准扶贫内涵及其与精准脱贫的辩证关系探析》，《内蒙古社会科学》（汉文版）2016年第3期。

第四章　精准嵌入：扶贫政策执行中的差异化治理

家层面看，惠农政策体系的构建与精准扶贫战略的实施，依赖于详细的战略规划与政策设计，这样才能在保持国家政策统一性的基础上，针对地方的具体情况进行差异化运作，根据不同地区的实际进行分类施策。为了推动扶贫目标的实现，国家从政策供给、组织保障与资源提供等方面为贫困地区和贫困农民进行支持。

国家的政策文本需要经过基层政府的具体实施才能产生实际效应。在实践中，精准扶贫的政策文本不能过于简单化和形式化，必须具有真实客观的内容。基层政府处于精准扶贫一线，承担着惠农政策执行与脱贫攻坚的主体责任。为了对接国家政策，各级政府也需要按照科层化规范对工作要求和目标任务进行层层分解和细化，制定切实可行的操作办法，进而转化为基层扶贫干部的具体行动。为了防止政策传递过程中因层级距离而产生的政策执行偏差，需要在依循科层体制自上而下的政策细化落实过程中，强化政策执行的监督与治理。

自2011年，铁镇就开始对贫困户进行建卡立档，但当时国家未制定具体的扶贫规划，在帮扶方面也缺少实际措施，基层政府的扶贫任务并不重。此次建卡立档主要针对有子女读书的家庭，政府将其列为贫困户，其子女在学校可以享受政策减免学杂费和住宿费，另外政府还为他们提供3000元以上助学金，主要针对高中和大学两个阶段。这些措施具有较强的针对性，对那些没有子女读书的家庭而言，就缺乏实际帮助，许多农民也不关心。

随着精准扶贫战略的提出，贫困治理问题越来越受党中央高度重视，国家拨付的资源也越来越多，农民才开始意识到建卡贫困户的重要性，于是都来争取贫困户名额。2015年，铁镇按照国家新的政策要求，重新对贫困户进行建卡立档。但由于国家对贫困的认定标准尚未完全明确，所以此次建卡立档是以此前贫困村和贫困户申请精准扶贫帮扶资格时填写的材料为基础的，并不能反映农村的真实情况，许多农民对此持不同意见。如有的家庭买房买车，或在外有务工收入，或读高中、大学的子女早已毕业工作了，他们还被列为贫困户，信息没有及时更新，这显然不符合事实。

　　随着精准扶贫的政策规定越来越清晰，政策上对"贫困"的认定标准也更加具体和规范。精准扶贫战略将既有的惠农政策整合成系统的政策体系，成为涉及不同领域的系统工程，在村庄治理实践中涵盖了基础设施、产业发展、医疗卫生、金融就业、教育文化、生态环境等不同内容。按照"六个精准"的政策要求，2016年铁镇对贫困户进行了重新识别。此次贫困识别具有较强的针对性，其认定标准和操作方案也更加符合农村实际。但该政策出台后，一些村不愿搞，因为这项工作压力大、任务重，容易得罪人。不过，基层干部也承认，对农民而言，精准扶贫政策是切合农村实际的好政策，可以有效化解农村发展瓶颈。

　　不同村庄的贫困程度不一，扶贫任务也有轻有重。铁镇胜丰村共有680多户农民，2015年有25户被划为贫困户，后来有两户被比对出去，最后只有23户。2017年后该村在精准扶贫方面搞"回头看"，还剩26户未脱贫，这些村庄的扶贫任务就相对较轻。在经济发展条件比较好的村庄，扶贫工作更多与村庄社会的基础建设及整体发展结合起来，以便在"精准扶贫"背景下，获得更多的政策资源与发展空间。当地政府制定的目标是，必须在2018年底之前脱贫摘帽。基层干部认为，单从脱贫的硬性指标来看，这个目标是可以实现的。但因贫困标准是一个不断提高的过程，其间还有部分农民存在返贫问题，因此扶贫应该是一个长期的过程。即使完成了国家规定的脱贫任务，基层社会的扶贫工作仍应长期坚持。

　　贫困人口的精准识别是脱贫攻坚的"第一颗扣子"，也是"扶真贫、真扶贫"的根本要义所在。[①] 为了更精准地确定扶贫对象，D县在实践中遵循"四进七不进"原则，以实现不愁吃、不愁穿（"两不愁"）以及义务教育有保障、安全住房有保障、基本医疗有保障（"三保障"）为总体目标和具体内容。这一做法经过细化推广后，其经验也

---

① 王中原：《精准识贫的顶层设计与调适性执行——贫困识别的中国经验》，《中国农业大学学报》（社会科学版）2020年第6期。

被其他地区所参照和借鉴。

具体而言,"四进"是指以下四种情况必须纳入扶贫对象,即:(1)从经济条件看,农民家庭年人均纯收入低于国家扶贫标准的农户,要纳入扶贫对象。国家贫困标准在不同年份会有所浮动,总体而言是不断提高的,基层政府会根据动态的标准进行贫困识别。(2)从子女义务教育状况看,家庭中有子女因资金缺乏无法正常完成九年义务教育的农户,要纳入扶贫对象。这是国家普及基础教育和实现教育现代化的前提。(3)从住房条件看,自己没有住房且没有能力修建住房的农户,或自己虽然有一套住房但属于没有经过维修改造、存在安全隐患的危房,这种农户要纳入扶贫户,以实现"住有所居"的基本生活和居住目标。(4)从医疗条件看,家庭成员患有重大疾病或其他长期慢性病,扣除各类救助后,自付费用依然很高,导致家庭处于国家扶贫标准以下的农户,应当纳入扶贫对象。这些标准基本涵盖了农村社会的实际状况与农民关心的焦点问题,具有较强的可操作性。通过精准确定扶贫对象,可以有效保障国家的扶贫资源分配给最需要的农民,体现出"贵在精准"这一施策内涵。

在治理实践中,赋权与规制是两个并行不悖的政策框架,国家对乡村社会进行赋权的过程,同时也是一种规制与排斥。[①] 扶贫治理中的"分类施策"本身也内含一定的排斥机制,以将不符合条件的农户剔除出去。在扶贫中,铁镇推行"七不进"原则,以下七种情况不纳入扶贫对象:家庭年人均纯收入高于当地平均水平的;2014 年以来购房或修建新房,或高标准装修现房的(不含因灾重建、高山生态扶贫搬迁和国家统征拆迁房屋);家庭拥有或使用汽(轿)车、船舶、工程机械及大型农具的;家庭办有或投资企业,长期雇用他人从事生产经营的;家庭成员中有财政供养人员的(含村干部);举家外出一年及以上的家庭;其他明显不符合扶贫对象标准的情形。这样,在收入难以测算的农

---

① 王玲:《国家赋权与话语表达:灾害嵌入下农民身份的重构与治理转型》,《甘肃理论学刊》2020 年第 6 期。

村社会，基层政府对贫困户的认定就有了一个相对明确的排斥性标准，确保了贫困识别的"动态精准"。

但是，乡村社会的情况非常复杂，为了防止遗漏或盲目排除，需要结合国家政策设计进行调适性执行。铁镇规定了精准识贫中的几种例外情况：购买普通摩托车、三轮车、农用车、微型货车、面包车等微型客车，主要用于营运谋生的；建卡贫困户身份证被借用于经商办企业、但其不是企业实际控制人或投资人；脱贫方案中明确以经商办企业来实现脱贫的建卡贫困户；所办企业规模微小（注册资金≤3万，企业员工少于5人）的建卡贫困户均不在排除之列。购买场镇小产权人员、异地扶贫分散安置购房人员，即使是在城市购买的，只要不是小区房，也都不在排除之列。

村干部群体包括村支部书记、村委会主任、综合服务专干、综合治理专干等村"四职"干部，他们被排除在扶贫对象之外。但也有例外情况，即由财政供养的临时工及不兼任职务的村委委员、组长等不在排除之列；确实因大病大灾等因素导致家庭特别困难的村四职干部也不在排除之列。铁镇胜丰村村支书，妻子常年卧病在床，但却得不到帮助，因为最初的扶贫政策是把村干部排除在外的。他向镇上提出辞去村支书职务，外出务工赚钱帮妻子治病。乡镇考虑到他的家庭确实困难，其他村民对此都看在眼里，于是就将其妻子纳入扶贫对象。乡镇的解释是，他这种情况是符合扶贫政策的，应该纳入扶贫对象，这并不违背政策。在乡镇看来，如果村干部有困难却因政策问题得不到帮助，他们就无法集中精力把村里的工作做好。当然，由于村干部的特殊身份，在确定其享受某项惠农资源时，为了避免争议，一般比较慎重，在资格条件与审核程序上比较严格。这样，基层政府对扶贫对象就有了清晰的划定和区分，并预留了一个具有相对弹性的政策执行空间，体现出政策内容与贫困实际的一致性。

在扶贫对象的确定上，铁镇是按照"八步二公示一公告"的规范化程序整户纳入的。（1）村民申请。村干部负责召开村民大会，向村民宣讲扶贫政策和条件，组织动员符合条件的农户向户籍所在地的村委会提出申请，填写统一的"贫困户申请书"。（2）民主推荐。村民小组组织召开民主评议会，根据申请的情况产生返贫对象和新增扶贫对象的初步人选，并进行第一榜公示。（3）入户调查。由村干部、驻村工作队、村民代表等组成入户调查小组，按照识别标识，采取进村入户的形式，通过"四看"（看收入、看吃穿、看保障、看稳定发展态势）、邻里访问等方式，对民主推荐且公示无异议的农户家庭进行调查核实，采集贫困户的人口素质、成员结构、收支情况、居住环境、生产资源、生活条件等基本信息，以便对贫困户进行综合评估。贫困户、脱贫户、返贫户只采集发生变化的信息，以降低工作量。（4）农户确认。贫困户对采集的信息进行签字确认，以核实信息的真实情况，避免在民主评议环节出现信息方面的争议。脱贫户不需要签字，因为有些贫困户不想脱贫而拒绝签字。（5）村级民主评议。村两委组织村组干部、党员代表、村民代表、农民义务监督员等召开民主评议会，结合各部门数据进行比对，按照"两不愁三保障"和"四进七不进"标准，排除不符合条件的申报户，识别确认初步对象人选并进行民主评议，对评议结果进行第二榜公示。公示无异议后，确认报告由驻村联系领导、村两委负责人审核签字后报镇政府。（6）镇审核确定。乡镇对各村上报的识别对象核实无异议，由主要领导、分管领导签字后对外进行张榜公告。（7）信息录入更新。张榜公告无异议后，由镇组织相关人员对采集的贫困户信息进行系统录入。（8）由省审计局完成数据对比清理。

通过这种程序性规范可以看到，扶贫对象的确定及关键的识别环节都是在村庄社会内部完成的，乡镇只负责审核认定和信息录入等事项，在没有争议的情况下，一般会以村庄报送的名单为准。由此，村庄社会的内部规范和程序往往在扶贫对象的确定上发挥决定作用。

（二）精准原则下的差异化治理

贫困户的确定是农民最为关心的事项，也是精准扶贫的首要环节，这关系着惠农资源的分配。只有精准界定扶贫对象，资源配置才不会出现偏差，这一过程也为国家和基层干部格外重视。对于如何精准确定扶贫对象，铁镇干部根据自己的工作经验，认为这不是难事："大家生活在一个熟人社会，彼此对相互之间的经济状况知根知底，谁穷谁不穷，进村一问就知道。我们在确定扶贫对象上是做到了'精准'的。"①

尽管贫困线的标准是确定的，但实践中农民的收入并不容易确定，它不是一个简单的数学运算。在农业社会，农民为了生存而精打细算，但这种算计是对既有存量财富的算计，而缺乏对收入的精确算计。农民的收入分为务工收入、生产经营收入（如种植、养殖和其他经营收入）和转移性收入（各种补贴、子女赡养收入等）等组成。由于收入渠道和经营方式的多元化，除了农民的务工收入具有较为精确的核定外，其他收入很难有一个明确的界定标准。当地许多村庄的市场体系并不发达，在地处偏远的村庄，农民的农业生产和养殖等实物收入很难转化为货币，多数农产品不是用于销售而是满足日常生活所需。由于农民种植、养殖等收入很难货币化，有的农民甚至自己都不知道一年收入了多少。

在确认扶贫对象时，那些种粮农户的年收入大多是通过估算得出的，其中夹杂着较为复杂且具争议性的换算关系，容易产生偏差并引发农民的不同意见。农业生产受自然灾害、季节和市场因素的影响较大，产量和价格都处于持续变动之中，很难以货币化的标准进行核算，在实践中容易造成贫困户界定标准的模糊化。在贫困户的认定上，往往依赖于贫困户与其他农民区别开来的独特标识，如失去劳动能力、无人供养、身体残疾、无收入来源、年龄偏大、有义务教育阶段子女等。贫困线只是一个必要性的量化和参照标准，在实践中这些独特的标识才具有更清晰的辨识度。

那些在外务工者则直接被从扶贫对象中剔除了出去。"现在打工每月3000块钱很正常，如果一个家庭中有一个人在外打工，一年都得三

---

① 2017年7月14日对胜丰村党支部书记龙某的访谈。

第四章 精准嵌入：扶贫政策执行中的差异化治理

四万块。这些人显然不能算是贫困户。"① 这一政策主要鼓励农民不断增强脱贫的内生动力，尤其是那些具有技术和劳动能力的农民，可以通过自力更生解决脱贫问题，实现"一人就业，全家脱贫"的目标。但这也客观上造成"扶懒不扶勤"问题，强化农民的依赖和懒惰心理，对那些因懒惰不去改善现状、单纯依靠政府帮扶的人而言更是如此。在铁镇，许多扶贫干部不断给对口帮扶户进行产业规划，帮助贫困户在既有经济条件和劳动能力基础上搞经济作物种植或进行少量养殖。但个别农民却不热心，宁愿整天无所事事，等着干部送钱送物，也不愿去种地或养殖。尽管扶贫干部不断对其做思想工作，有时进行严厉批评，但个别农民仍然我行我素。有一个扶贫干部在过节期间将油、米等物品送到贫困户家中，对方却将油拿到超市换酒，这让扶贫干部非常愤怒。他们认为，多数农民是通情达理、懂得感恩的，扶贫干部与其建立了深厚感情；但对好吃懒做的农民，不应纳入扶贫对象，因为他们是很难扶得起来的；与其将有限资源给予这些人，不如用于其他更需要的农民身上。

政策规范与实践操作之间的差异，也容易在认定中出现偏差。尽管国家政策与地方实践确定了较为明确的贫困认定标准，但实践的多样性仍可能产生政策难以涵盖的实际情况。按照当前农村社会的分化情况，可以将农民以家庭为单位分为五种类型：富裕阶层、中间阶层、相对贫困阶层、临界贫困阶层和绝对贫困阶层。在精准识别中，难度最大的是识别出相对贫困群体、临界贫困群体和绝对贫困群体。② 关于贫困户的确定，农民有不同的认知："我们写申请时，都知道有钱可以拿，所以大家都在写。年收入什么的，都是自己随意写的。因为农民不像城里人那样有固定的收入，农民的收入不好测算。你一年赚多少钱，除了你自己知道，别人都不知道。这个不可能每个人都去核查，所以大家写多少就是多少，一般往低了写。除了村里那几个公认的贫困户，大家情况都

---

① 2017年7月16日对铁镇党委副书记谢某的访谈。
② 赵晓峰：《分类治理与福利下乡：国家与农民关系视域中的精准扶贫政策实践研究》，《陕西师范大学学报》（哲学社会科学版）2020年第6期。

差不多。"① 在实践中，有些村干部的操作并不到位，未能科学合理地对家庭情况进行认定，导致出现一些凭借人情、关系等资源被纳入贫困户的现象。

在农村，不仅收入不好测算，支出更不好测算，且容易引发争议，这也是国家贫困线以年人均纯收入为标准的原因。这种"看收入不看支出"的贫困认定标准与农民的认知存在极大差别，无法科学衡量农民的贫困程度。许多农民认为，识别一个农户是否贫困，不应仅看收入，还要看其支出，要看该农户的家庭收支情况，以及该家庭在村庄中的生活水平。有些农户的年收入尽管在贫困线以上，但由于重大疾病、子女上学或其他原因导致家庭可支配资源急剧减少，甚至负债累累，则需要考虑将其纳入动态调整范畴。尤其是那些精准扶贫边缘户，他们因各种因素暂时性陷入贫困，亟须帮扶渡过难关。如盲目地将其排除在外，则无法客观真实地反映农村贫困程度。铁镇在实践中也排除了"支出"这一重要数据，村干部认为，"这一标准统计的是纯收入，而不计算支出，也就是说，你一年花费了多少，例如遇上生病，会花费大笔钱，但这种花费不被考虑。按照这个标准，可以这么说，只要每个家庭能吃上饭，就算是脱了贫；现在一天光吃饭，都不止 10 元。只不过有些家庭因为残疾、生病、子女上学等原因，他们面临的困难更大，需要格外关注，我们就把他们列入建卡贫困户"。②

同时，乡村不规则的社会结构与信息的不对称也影响着扶贫干部的行为选择。农户由于信息不对称、社会流动、自利性考虑等原因，导致其主体地位和监督功能丧失。③ 不同主体因为利益分歧与信息不对称，容易造成贫困户识别的偏离。个人收入是一个比较隐秘的话题，农民通常不会将自己的真实财力透露给他人。由于很难对政策文本和贫困事实

---

① 2016 年 11 月 8 日对铁镇龙村村民 LFG 的访谈。
② 2017 年 7 月 14 日对胜丰村党支部书记龙某的访谈。
③ 李雪萍、刘腾龙：《精准扶贫背景下精准识别的实践困境——以鄂西地区 C 村为例》，《湖北民族学院学报》（哲学社会科学版）2018 年第 5 期。

第四章 精准嵌入：扶贫政策执行中的差异化治理

进行精确把握，许多农民在利益驱动和藏富思想影响下会虚报家庭收入，通过"报低"博得干部的同情，增加了贫困识别的难度。由于家庭收入来源多样化及统计数据标准化程度低等原因，当村干部入户调查时，单凭看、问、听很容易使其判断被其所接受的信息所影响，从村民描述和"诉说"中得到的信息往往夹杂诸多个人利益考量，并不能真实反映家庭经济状况。村民往往将那些希望被看到的信息传递给村干部，而将其他一些不符合条件的信息刻意隐藏起来。在对农民家庭情况进行评判时，村干部往往以农民所写的和所说的为标准，导致无法真实去核算其家庭情况，而只能与村民和其他工作人员交流意见，来大致估算和判断农民的经济状况和贫困程度，导致精准识别出现偏离。

因此，本着"应扶尽扶"的原则，贫困的认定更多采取的是一个"相对"的标准。抑或说，如果严格按照政策要求，有些农民并不符合贫困户标准，但他在村庄社会处于"相对贫困"状况，而乡镇恰好有扶贫资源，他也可能被纳入扶贫对象。这种情况往往在经济条件相对较好的村庄存在。在乡村的利益互换逻辑下，有些农民在某些事项上提出的利益诉求未被满足，基层干部为摆平问题而对其作出一定承诺，在后续资源下拨后，也会优先考虑这些农户的要求，以弥补其在其他方面的损失。

在农村，熟人社会的差序分层是以"亲疏有别"这种血缘地缘关系为基础的，这是农民形成社会区隔的重要机制。在一个村庄，绝大多数村民的经济状况相差不大，谁都不比谁穷多少、富多少，这种经济上的相对平等更容易使农民在日常生活中互不相让，由此形成不同的利益结构与亲疏分层。许多研究也注意到农村公共资源分配中的"私人关系化"问题，导致村庄公共资源的事务竞争常常发展成为人事竞争。[①]熟人社会的人际交往规则也使村干部更倾向于把贫困名额分配给自己熟悉和关系较好的农民，尽管他们可能不是自己的亲戚或朋友，但却是其

---

① 王艳、沈毅：《资源下乡、私人关系与村庄秩序——以 T 村绿化工程承包权竞争为例》，《西北农林科技大学学报》（社会科学版）2021 年第 4 期。

"差序格局"中距离他们较近的人。那些虽然贫困但与村干部关系一般的农民,很难被村干部了解,往往在资源分配中处于劣势。这就意味着,在国家政策文本的规范下,乡村社会的资源分配仍然受到关系人情与差序网络的影响。尤其是在"民主评议"环节,"简单多数"的评议规则并不能完全反映事实,投票者的行为容易受到各种外在因素的影响。其中,熟人社会的关系网络与人情纽带往往发挥重要作用。那些人缘较好、与其他村民熟悉的农民往往占据优势,而那些不善表达和交往者则处于劣势。当然,对于真正符合条件的困难者,政府在扶贫中必须将其纳入扶贫对象。

作为一种政策性的贫困测度,精准扶贫中的精准识别本质上是一种福利认证,识别过程与识别效果反映了基层治理能力。[1] 精准识贫是精准扶贫的前提,决定了扶贫资源的分配和布局。精准原则的实现,要以农村多样化的现实为基础,根据农户的具体情况开展差异化治理。这就需要基层政府改变以往治理方式的单一化和粗放化,针对农村的多样化现实和农民的多元化需求,开展多元主体共同参与的精细化治理,提升社会治理的精细化水平,需要针对具体的贫困形态制定更具体的扶贫方案,做好制度供给、资金供给和其他多类型资源供给的配置与均衡工作。[2]

二 嵌入生活的精细化帮扶

(一)扶贫对日常生活的嵌入

不同于传统的粗放式扶贫,当前的扶贫模式更强调精准性和精细化。它是对扶贫对象、措施到户、项目安排、资金使用、因村派人、脱贫成效等各方面的系统性统合,其目的是将有限的资源用于帮扶那些真

---

[1] 张世勇:《国家认证、基层治理与精准识别机制——基于贵州W县精准识别实践的考察》,《求索》2018年第1期。

[2] 邢成举:《城乡融合进程中的相对贫困及其差异化治理机制研究》,《贵州社会科学》2020年第10期。

第四章 精准嵌入：扶贫政策执行中的差异化治理

正贫困者，使所有符合条件者都能享受到政策的惠顾。同时，国家针对贫困产生的根源进行开发式帮扶，提升贫困户的自我脱贫和发展能力，避免陷入"脱贫—返贫—再脱贫—再返贫"的循环。基层干部也清楚意识到农民思想观念上的贫困问题，但观念的改变是一个长期的过程，实践中的"智志双扶"措施有时难以起到持续性效果。为了尽快帮助贫困户脱贫，基层干部在心理上容易产生一种"完成任务"的行为激励，在实践中更重视扶贫的显性指标，而没有扎实做通农民的思想工作。实践中的"数字脱贫"也使技术治理面临道德争议。为了对应国家的年度脱贫人口指标，D县制定了具体的脱贫规划，具体到每个村今年是哪几户脱贫，明年是哪几户脱贫，以与"精准脱贫"相对应。但现实的复杂程度，往往无法通过严格的程式化规范去限定或强制，也不能动态反映出实践中存在的"返贫"问题。

因此，扶贫不仅是一种经济行为，更是国家对乡村社会的嵌入、动员与整合，是对传统思想、道德伦理和精神风貌的再造。铁镇为了激励农民树立良好的道德风貌，建立"智志双扶"的常态化机制，同时也与乡村振兴中的乡风文明建设理念相契合，对日常生活中的农民行为采取了不同形式的激励机制。例如，那些家庭卫生搞得好的贫困户可以获得毛巾、洗衣粉、牙膏牙刷等奖励，那些夫妻和睦、孝敬父母的家庭可以获得"五好家庭"的美誉。这些物质或精神上的奖励成本很小，但对农民确实能起到一定的激励作用。在农民看来，保持家庭卫生、养成健康的生活习惯、搞好家庭邻里关系、孝敬父母、尊老敬老等事项，以前纯属家庭私人空间内的事情。现在政府愿意拿出一些奖品作为奖励，加上政府开展科普法制宣传、技术技能培训、村庄环境卫生整治、扶贫助困等各种活动，可以推动乡村构建向上向善向美的生活风尚。可以看到，村民比以前更加勤快，房前屋后乱堆乱放、禽舍脏乱、沟渠堵塞、乱搭乱建、农厕脏臭等现象得到根本性改变，村容村貌也变得更加干净整洁。

这种精细化的政府治理模式嵌入农民的日常生活，需要解决精细化与常态化的内在张力。"生活"是社会人的日常活动,既包括各种权宜性生产的利益、权力和权利诉求及生活策略和技术,又指涉相对例行化的民情和习惯法,它与以国家名义制定并支撑国家各层级和部门代理人行使其职能的正式制度形成明显区别。① 生活是每日都在发生的社会过程,且乡村具有自身的运作规律,基层政府也有自身的功能边界与权力范围。将农民生活中的琐碎事项纳入政府治理范畴,可以对农民生活形成一种外在约束,短期内为农民生活注入一种新鲜活力。这些事项本属农民力所能及的分内之事,农民在政府的激励下需要将这种生活行为塑造为一种常态化机制,避免外在的监督和激励机制撤出后恢复原来的生活状态。外在的嵌入性机制需要与本土结构实现耦合协同,进而缓解压力型体制与治理有效性之间的张力,实现贫困治理的"在地化",推动"本地人"的建设。②

在扶贫实践中,政府的资源和精力可以用于村庄基础设施建设与整体产业发展等更宏观的事项上。精细化治理并不要求政府事事包揽,而是将治理权限与责任具体化明确化,做好战略目标的分解、细化和落实工作。尽管技术治理在精准扶贫中发挥重要作用,但过于碎片化的技术治理方式也容易使扶贫干部在对农民进行政策宣传和技术推广时面临各种困难。帮扶者需要经常跟帮扶对象交谈思想、做工作、帮助他们解决困难,有时要帮他们处理许多杂事,以建立一种情感联系机制。在铁镇,对那些年纪较大、有疾病的贫困户,帮扶干部每次过来都要帮他们打扫卫生、收拾屋子,天气变化要提醒他们增减衣物。有些老人没有刷牙的习惯,帮扶干部要提醒他们刷牙,督促其养成良好的生活习惯。

然而,农民有时认为,扶贫干部过来是为了完成任务,而非帮助解决实际难题,因此他们有时不会主动参与,甚至对干部的一些行为

---

① 肖瑛:《从"国家与社会"到"制度与生活":中国社会变迁研究的视角转换》,《中国社会科学》2014年第9期。
② 张磊、伏绍宏:《结构性嵌入:下派干部扶贫的制度演进与实践逻辑》,《社会科学研究》2020年第4期。

（如拍照、采访等）带有一定排斥心理。基层政府的工作应该细致入微，但这并不代表政府可以替代他们。对于农民只要生活自理就能够解决的问题，可以引导农民自己去处理，使政府从繁琐的具体事项中抽离出来。否则，在相互之间的信任机制未完全建立的条件下，双方的频繁接触可能引发诸多矛盾，必须循序参与，立足农民现实需求真正解决其急难愁盼问题。

在对贫困户的帮扶举措上，以发放实物补贴为主要内容的救济方式，强化了农民的依赖心理。在"救急不救穷"的乡村伦理下，救济的具体量化标准往往影响村民的价值观念与道德评议。熟人社会的关系网络、不规则的乡土社会及农民"不患寡而患不均"思想，导致精准识别中以追求工具理性为目标的国家逻辑与追求价值理性为目标的乡土逻辑产生张力。① 铁镇干部对不配合的帮扶对象非常头疼，因为对有劳动能力的农民而言，外出做工一天至少能赚100多元。但有的农民宁愿守在屋里，也不出去。个别农民抱着"政府帮办一切"的心理，认为现在全国都在搞扶贫，我贫困跟我自己没有关系，跟你们政府干部有关系；如果我脱不了贫，你们干部就交不了差，我就有理由向政府要东西。有的农民因为"等靠要"而变得更加贫穷，因贫穷而更有理由向政府要粮要钱，在其他村民那里产生了负面效应。

基层政府试图引入惩戒机制，对那些不思脱贫、天天打麻将的农民，取消其低保、贫困户等惠农指标。铁镇宝竹村书记深有感触地说："无论你送多少钱，他们都不够用；等钱用完了，他们还会伸手向政府要钱。贫困不是理由，政府哪有义务给你送钱嘛！我们在实践中也努力改变送钱送物的扶贫方式，通过引入扶贫项目，让农民参与进来，把农民脱贫的积极性调动起来。"② 这种带有"诉苦"色彩的情感表达是基层干部呈现其价值诉求的常用手段，也是透视其在日常生活和工作中所

---

① 李博、左停：《谁是贫困户？精准扶贫中精准识别的国家逻辑与乡土困境》，《西北农林科技大学学报》（社会科学版）2017年第4期。
② 2017年7月16日对宝竹村村支书张某的访谈。

遭遇困境和难处的"观景台"。[①]

为了增强贫困户的脱贫能力,对于那些技术缺乏、劳动能力较差的农民,政府引入"借鸡生蛋"的方式,即政府出钱购买母鸡仔,由农民饲养,所生的蛋以略低于市场价的价格回收,以此建立一个良性循环机制。但农民把鸡仔弄回去喂大后,就杀掉吃肉了。等村干部过段时间去看,鸡早就没有了,弄得村干部哭笑不得。有些农民没有遵循与政府订立的合约,而将鸡蛋以更高的价格拿到市场上卖。当政府派人来回收鸡蛋时,村民推说鸡没有生蛋。尽管这种人只占少数,但农民的思维惯性和依赖心理,往往使基层干部善意的帮助无法取得预期效果。一些贫困户对国家帮扶政策的期望值过高,希望能借助政策获得更多实惠而不愿摘掉贫困帽子,"等靠要"思想比较严重。基层干部面临脱贫攻坚的政治压力,经常与农民的经济理性产生矛盾。干部批评说:"你们天天戴着贫困帽子,不思脱贫,不感觉丢人吗?"贫困户说:"戴着贫困帽子虽然丢人,但也很温暖。"

农村是一个相对封闭的生活空间,"面子"是支配农民行为的一种重要机制。脸面作为一种资源扩散方式,可以使人获得正面评价及对其重要性的承认,进而建立与他人的特殊关系,并将社会生活的意义寄托于此。[②] 面子支配下的攀比行为影响了精准扶贫政策的推行。在国家政策设计中,住房保障是一项重要内容和指标。但是,农民因修建住房而返贫问题,在铁镇却非常严重。有些农民的住房不需要重新修建,只需简单维修加固即可;有些家庭家中只有两个老人,根本没有必要修建楼房。但在面子机制驱动下,许多农民没有量力而行,反而贪大求洋盲目攀比,动不动就盖两三层楼房。这尽管得到村民的羡慕赞美,但这意味着把家庭的所有积蓄全部用在建房上,有的还背负沉重债务。一些家庭

[①] 方菲、吴志华:《脱贫攻坚背景下驻村干部的"诉苦"研究》,《湖北民族大学学报》(哲学社会科学版)2020年第4期。

[②] 翟学伟:《人情、面子与权力的再生产——情理社会中的社会交换方式》,《社会学研究》2004年第5期。

第四章 精准嵌入：扶贫政策执行中的差异化治理

把新房建起来后无力装修和添置家电家具，只好边打工边装修。有些农村位置非常偏僻，基础设施落后，即使修建了新房，而子女都已进城落户，他们平时也不会回来居住。这种住房根本无法出售和增值，导致一些农村出现"两位老人住三层楼房"的奇怪现象。"看到村里其他人都修了新房，我们不修，就感觉低人一等。邻居前几年刚建了三层楼房，经常到我家里说他修房时如何如何，让我感觉很不舒服。虽然我的几个儿女都在城里，可过年过节总有回来的时候。我和老伴商量过了，我们也打算把旧房子修一下。"①

对于这种情况，基层干部又不能以"新修住房"为由将其置之不顾，因为农民会以各种方式证明自己原来的住房属于"危房"，为其建房行为提供正当理由。尽管政府对人均住房面积进行了限制和规定，但农民通常会在一层的基础上再加盖一层，以及修建其他用于储存粮食、喂养家畜等的偏房，如此则建房成本就大大提高了。这种"住房攀比"影响了家庭的其他发展性支出（如子女教育），固化了农村的社会分层结构，造成了贫困的代际传递。

精准扶贫是国家资源的权威性分配与村民利益获取的双向互动过程，其中掺杂着复杂的利益博弈、资源竞争等治理内容。实践中扶贫工作的层层加码，容易导致扶贫责任主体错位、责任内容过泛、责任担当过度的状态。② 在资源和名额有限的情况下，当那些家庭经济状况相差不多的农户表现出强烈的需求意向时，基层干部没有权力选择把救助款给其中一户而置其他农户的诉求于不顾。如何在不违背政策的前提下，合理有效配置资源，同时又观照政策导向中的"让群众满意"标准，需要综合考虑农民的意愿并协调矛盾、平衡关系。在扶贫资源不断输入、扶贫工作愈加精细化和复杂化的背景下，农村社会的贫困治理需要以政府为主导，激发村庄社会的内生动力，使农民真正成为脱贫致富的

---

① 2016年2月4日对铁镇北村村民王某的访谈。
② 谢治菊、许文朔：《扶贫责任异化：职责同构下的层层加码与消解》，《山东社会科学》2020年第1期。

主体，避免扶贫投资边际效应递减、扶贫治理体系架空悬浮、扶贫效果难以可持续等问题，① 推动国家的扶贫资源真正转化为"开发式扶贫"的政策执行力，使乡村社会从内生动力的培育方面解决稳定脱贫问题。

（二）村庄内源性扶贫及其规范化

精准扶贫是透视国家治理秩序与基层政权运作的重要窗口。在其中，科层化的政府权力与村庄社会的自治权力遵循各自的运行法则，共同形塑出基层治理秩序。贫困社区与贫困人口处于物质、人力、社会资本贫困叠加、负向影响的困境之中，缺乏自我发展能力。农村贫困治理需要从线性、植入式的外源扶贫模式向内生能力培育为重点、多元参与治理的内源性扶贫转型。② 在村庄空间内，国家、政府、驻村干部等作为外部力量，在嵌入乡村社会过程中，需要有效对接和回应村庄内部的自治权力及村民需求，培育政府权力与乡村内生力量的同构共生关系。

乡村干部作为精准扶贫政策执行的重要主体，处于政府行政系统与村民自治系统之间，既需要在科层体制下不折不扣执行政策，又要在公共利益导向下维护社会稳定并推动农村发展。这种路径依赖所造成的规则上的交叠性，为基层干部提供了可选择的行动空间，需要通过构建规范的政策机制来规避基层施策中的不当行为。在扶贫工作刚开展时，存在操作不规范和违规违纪现象。铁镇曾有村干部把自己的亲戚列为扶贫对象，还给办了低保，后来被举报查出，受到纪委严肃处理，镇上还以此为典型集中开会学习。在访谈中，乡镇干部说，当前，资源分配中的"优亲厚友"现象已基本不存在了，这次精准识别也明确规定，享受国家财政供应的人不能列为贫困户。一位乡镇干部说："国家下拨的惠农资源对农民脱贫致富、农村发展经济来说，作用是非常大的。但对我们乡镇干部而言，却是不小的压力和考验。如果这些资源分配不好，引起

---

① 方劲：《中国农村扶贫工作"内卷化"困境及其治理》，《社会建设》2014年第2期。
② 覃志敏：《连片特困地区农村贫困治理转型：内源性扶贫——以滇西北波多罗村为例》，《中国农业大学学报》（社会科学版）2015年第6期。

了农民上访,我们要承担责任。许多农民认为基层干部会截留一部分资源,这种情况往年有,那时监督体制不完善。但现在,很少有乡镇干部这样做。这几年乡镇干部的福利待遇都提高了,但考核监督也更严格,没有人会为了几个钱去冒险。"①

目前,政府对贫困户实行信息化管理,日益完善的技术治理与信息共享推动了权力运作的规范化与现代化。2016 年,D 县建立了专业的扶贫信息管理系统,将贫困人口在生产生活改善、参与增收项目、外出务工创业、获得政府帮扶等方面的信息录入系统,建立详细的台账,并根据情况进行适时更新,实行动态管理。参与扶贫工作的各部门如卫生计生、人力社保、民政、扶贫等的信息可以互相交换和共享。在扶贫信息管理系统中输入贫困户的信息,就可以查询到该户的系列信息,如家里有没有吃财政饭的、买小车的、做生意的、盖楼房的、有豪华装修的,等等。为了防止村干部办事不公和优亲厚友,铁镇在实践中对村党支部、村委会干部及其配偶、父母、子女、兄弟姐妹享受本村低保、危旧房改造、贫困补助及慰问、救灾救济、各项农业补贴(如良种补贴、种粮直补和农资综合补贴)、农业机械购置补贴、退耕还林、土地复垦、党组织服务群众专项经费、临时救助等十项惠农政策的执行情况在全村进行公开公示,接受村民的质询、监督和管理。根据政策的变化情况,村委会定期对公开内容进行动态调整,这使惠农政策的运行更加透明化和公开化。

在村庄扶贫场域,尽管驻村工作机制在现代社会治理中的作用日益重要,但它在国家嵌入的扶贫体制中仍然需要进一步融入当地社会。在驻村工作机制下,驻村干部作为行政嵌入型力量与乡村自治型的村两委形成"双轨并行"的治理格局,共同形塑乡村协同治理的组织培育、争资跑项、文化建设、调解纠纷等实践样态。② 驻村干部制度作为一种

---

① 2017 年 7 月 16 日对铁镇党委副书记谢某的访谈。
② 李丹阳、张等文:《驻村干部和村两委的协同治理》,《华南农业大学学报》(社会科学版) 2021 年第 6 期。

重要的国家治理机制，是强化基层政权建设、维持农村社会秩序、推动农村社会发展的重要手段。作为一种嵌入式扶贫模式，它具有临时性扶贫、任期化扶贫和合作式扶贫等特征，驻村干部在其中扮演了监督者、协调者、引导者和协助者四重角色。①

由于外来的扶贫干部与村庄社会具有一定距离，他们很难具有村干部所拥有的关系网络、政治权威与地方性知识，导致精准扶贫实践高度依赖于村组干部。村干部借助村庄各种社会资源，才能真正推动扶贫政策落地。当面对村民质疑时，外来干部很难具有实践性权力，其权力更多是科层体制赋予的，而非村庄社会内生的。对于村庄棘手事项与"钉子户"难题，村干部只有依靠内生权威才能"说服"质疑者，而无法单纯依赖外部力量或技术治理手段。因为，那些关于贫困户的统计数据和报表，更多是适应上级考核和日常监督需要而产生的，它既没有成为基层治理的主要政策依据，也很难被村庄社会所认可。这需要明确驻村干部的角色定位，要立足于引导而非主导，着眼于参与而非替代，通过激活村庄内生发展动力而非依靠外生增长推动农村脱贫致富。

农民脱贫后的政策衔接和过渡有助于构建稳定脱贫的长效机制。对于如何脱贫、何时脱贫等问题上，由于省市有明确的时间要求，基层干部完成扶贫任务的政策理性往往与贫困户的经济理性产生矛盾。为了推动扶贫工作的完成与考核，基层干部不得不反复做贫困户的思想工作，地方也制定了脱贫摘帽后的支持政策。D县对验收脱贫的贫困人口和贫困村，继续实施帮扶政策，进一步巩固减贫脱贫成果，确保"稳定脱贫"②。对于贫困区县，在社会保障、收入分配、农村基础设施等方面，规定保持补助比例、补助力度总体不变；对专门用于贫困区县的扶贫资金，在3年过渡期内保持不变，但不再与贫困"帽子"挂钩。同时，要求各地注意脱贫之后的政策衔接，各级党委政府和扶贫部门要按照

---

① 孔德斌：《嵌入式扶贫的悖论及反思》，《理论与改革》2018年第2期。
② "稳定脱贫"是与"动态脱贫"相对的，后者是指贫困户虽在一段时间内达到脱贫标准，但因各种因素的影响，仍然存在极大的返贫可能性。

第四章　精准嵌入：扶贫政策执行中的差异化治理

"工作不停、队伍不散、力度不减"的要求，着眼于城乡统筹发展，以解决相对贫困问题为重点，构建扶贫开发工作的长效机制。通过这种方式，基层干部在满足农民诉求的同时需要得到农民的支持和配合，确保按时完成扶贫任务。

在扶贫政策执行中，基层政府在"情境理性"下表现出明显的"相机执行"特征及"决策删减—执行协商"政策运作模式，① 但为了克服政策执行"最后一公里"困境，政策底线是基层干部行为的主要依据。基层干部在私下反复向笔者透露，面对农民的诉求，基层干部要严格以国家法律政策为准绳，确保在扶贫政策执行中坚守政策底线和红线，既保障贫困户的利益能够顺利实现，也确保维护自己的权益。如果自己违反政策去做事，那么"好心"容易办成"坏事"。

铁镇干部讲述了发生在当地的一个案例：一位村支书为了带动村民脱贫致富，在村庄发展葡萄种植产业，这在当地成为一个特色产业。但由于资金缺乏，该村支书以个人名义向银行申请贷款，并以自己的财产作为抵押。但是，在产业发展中，由于技术、管理、销售等链条出了问题，资金无法有效回笼，致使无法如期偿还银行欠款。于是，他被银行告上法庭，但由于无能力偿还，其房屋、存款等资产均被查封。村民因资金投入无法收回，对他也产生不满，甚至发生村民上访。在其他干部看来，他是有能力有魄力的人，带动村民致富的愿望很强。对于出现这种结果，乡村干部都表示可惜。当地干部认为，如果他能够稳妥地熬到退休，他作为工作了几十年的村干部，每月的退休补贴就可以保障其退休生活衣食无忧。

为此，乡村干部作为"资源分配者"的角色，必须有效把握和充分考量乡村社会的内部情态和农民需求，将党纪国法和政策红线作为自己的行为底线，以在遭受质疑时能够进行令人信服的解释或提出有效的证据。这既是惠农政策运行规范化的要求，也是乡村干部自我保护的现实需要。

---

① 徐建牛、施高键：《相机执行：一个基于情境理性的基层政府政策执行分析框架》，《公共行政评论》2021 年第 6 期。

三 村庄整体扶贫中的项目运作

(一)"关系"运用:扶贫项目争取的能动过程

精准脱贫战略实施表明基层权力积极在场。农村脱贫场景具有时序差异性的多重面向,权力行使主体在扶贫资源总量约束、村庄关怀意识驱动下容易萌生"代理村庄发展项目申报"面向。① 在支农惠农背景下,国家资源大多以"项目"形式输入到农村。项目制是国家对乡村社会进行资源配置、社会治理与政治整合的重要方式。作为一种新型的国家治理方式,它可以按照国家的整体意志,自上而下以专项资金的形式来有效配置资源,并日益成为一项稳定的制度安排。在基层社会,"项目制"已成为研究基层政府行为的重要视角。既有研究集中探讨项目制的运作过程,展现项目设定、分配与执行之间的差异,认为项目制突破了以单位制为代表的原有科层体制的束缚,形成了中央与地方政府之间的分级治理机制,但也引起了基层集体债务、部门利益化等治理风险。② 在项目制实施过程中,基层精英群体表现出较强的自主性与自利性,他们凝结成日益稳定的资源分配结构主导项目实施过程。③

扶贫项目能给村庄社会带来可支配的发展资源,可以在短期内改善村庄发展环境,并增强村庄社会长远发展的造血能力,从硬件设施建设上改变贫困村的落后面貌。政府在政策扶持和资金输入方面给予贫困村很大支持力度,许多政策资金主要针对贫困户,但其他非贫困户也因基础设施和人居环境的改善而受益。在乡村社会,普惠性的项目通常由政府按照政策规定进行统筹安排,非普惠性的项目因资源稀缺性则需要各村各户努力争取。如果自己不去争取,这些资源则被其他地方争取去。

---

① 李晓梅、白浩然:《双重政府权力运作:农村脱贫场景的治理逻辑——基于国家级贫困县村庄减贫实践的调研》,《公共管理学报》2019 年第 4 期。
② 渠敬东:《项目制:一种新的国家治理体制》,《中国社会科学》2012 年第 5 期。
③ 李祖佩:《项目制基层实践困境及其解释——国家自主性的视角》,《政治学研究》2015 年第 5 期。

项目运作可以使基层干部获得更多支配性的权力,他们往往不遗余力去争取各类扶贫项目。尤其是对那些附加条件少、无需资金配套的项目,基层干部展现出特殊的"争资跑项"热情。

不同时期的国家政策具有一定时效性,与其他时期要花大力气、高成本去争取资源相比,在"政策时效"内的资金争取更容易得到批准。尽管项目制试图用规范化和程序化的手段克服项目分配中的公平性问题,但乡村社会的许多治理规则是灵活变通而非确定无疑的,很多情况下需要"事在人为"。资源支持型治理体制也为基层政府与乡村社会提供了诉求表达与利益争取的机会,能在资源分配中获得最大利益者往往不是被动地等待分配,而要主动去争取。基层政府需要通过超越科层化的制度设置来获取项目资源,尤其对那些财政能力薄弱、基础设施建设落后的地区而言,国家资源的输入使其看到了在短期内解决所有历史遗留问题的机会。

于是,税费改革后基层政府向上"跑钱""要钱"的项目治理逻辑在惠农背景下得以持续。在村庄社会,村干部基于压力与利益而向县乡政府及职能部门争取资源或政策优惠,村民则向掌握资源分配权的村干部争取资源。这两种互动逻辑互为交织、相互强化,成为乡村社会项目制运作的主要形式。

在项目治理中,酝酿项目体现主动行动,可以克服基层政府被动授权仅限执行的难题;新项目使用增量资金,可以克服地方政府有限财政和绩效激励的难题。[①] 项目的获取重在组织、谋划、设计和包装,进而积极、能动地执行政策,克服基层"被动式治理"的激励难题。D县成立了专门负责项目申报的机构,治理主体内部形成组织周密的分工体系,主要领导亲自抓项目,动员各单位各部门全员参与,以项目工作意识统领各方面工作。县、乡、村各层级也利用自己的资源优势积极对接国家扶贫政策,做好对外交往和社会关系营造,灵活运用打包、抓包、

---

① 管兵:《项目理政:县域治理激励机制的视角》,《社会科学研究》2021年第2期。

拆包等项目工作方法，推动更多的业务工作项目化。

铁镇的项目制运作也展现出项目争取与项目经营的逻辑。在铁镇，贫困村每年可以获得100万扶贫专项资金，并在其他扶贫项目的争取中占据优先地位，这对集体经济比较薄弱的村庄而言，是个极大的驱动。在政策文本中，一般根据村庄的经济发展状况和农民人均纯收入等来识别贫困村，但在实践中，在经济水平区别不大的情况下，能否成为贫困村，主要取决于县乡政府的综合评定。D县贫困村的识别标准是统筹考虑村内基础设施、基本公共服务、产业发展、集体经济收入等因素综合而定的，但因缺乏具体可量化的标准，资源分配的结果需要经过村庄的努力争取、比选和评估。

在项目资源的分配上，社会网络中的关系、"圈子"等隐性资本发挥了不可忽视的作用。那些比较有能力的村干部通过找关系、跑路子等方式争取资源，相对于那些"无关系"或"弱关系"的村庄而言，他们显然更占优势。研究发现，社会关系网络具有资本属性，社会资本的交换主要通过社会关系完成，凭借"关系"的非常规运作，为争取项目资源、应对政策执行偏差提供了可能路径。[①] 在项目争取阶段，村庄获得的项目多少主要取决于村支书的私人关系和资源。[②] 为了使申请的项目能获得尽快批复和实施，村干部会利用熟人网络，主动与上级部门和职能负责人建立联系、增进感情、获得信任，以在上级统筹规划项目时被优先考虑。在符合"政策允许"与"关系较好"双重条件下，村干部作为项目争取的行动者，能够选择恰当的行动策略，以获取相关政策信息，熟悉项目申报的操作程序、注意事项及风险规避等问题，进而将体制内的项目转化为村庄的发展资源。

在实质性内容无法完全展现村庄差异的情况下，各种形式化的实践

[①] 孙良顺：《水库移民社区后期扶持项目争取中的"关系"策略应用》，《南通大学学报》（社会科学版）2018年第6期。

[②] 孙新华：《"项目进村"的私人化运作与村庄建设困境——基于湘中英村的经验》，《现代城市研究》2016年第10期。

运作往往影响资源的分配格局。为此，铁镇许多村庄请文化水平较高的大学生村干部撰写演讲稿，请形象佳、口才好、应变强、学历高的干部做演讲宣传，在汇报时制作精美的PPT。这对一些文化水平不高的村干部来讲，无疑是一个技术难题。有些大学生做的PPT非常漂亮，图文并茂，有理有据，有丰富的数据材料做支撑，很有说服力，他们在比选中就比较容易打动评委。但有些村没有大学生，村干部自身文化水平不高，表达能力较差，导致有问题说不到点子上，跟大学生声情并茂的演讲一对比，差距就非常明显，他们在比选中就很吃亏。

对于这种情况，一些村干部表示不满，认为贫困村的比选在某种程度上变成演讲性质，主要看谁说得好，谁表演得好，谁能说动评委，这往往影响评委打分时的主观倾向，而非根据村庄实际情况。有的村庄实际上很困难，但如果在比选中未获认可，也可能错失相关项目和资源。由于村民福利的提升与村庄能争取到的项目直接挂钩，项目的获得又与村干部的个人能力和社会关系有关，因此在乡村评价体系中，能否"跑项目"成为衡量乡村干部工作能力的核心标准。在"项目进村"背景下，村干部扮演"经营型经纪"的角色，其治理实践遵循圈层治理的逻辑，通过援引项目资源和公共资源实现利益分配，进而稳固村庄权力结构，消解了村级自治能力。① 在同等发展条件下，如果村庄在扶贫项目比选中失败，村民也会抱怨村干部无能。

为了村庄发展，村干部会努力利用私人关系和社会网络去争取，但其"跑项"行为建立在与县乡干部正常交往的前提下，而不会主动得罪县乡干部。一位村干部讲述了其对待资源争取的态度，反映出村干部的行为理性："这些钱大家都在盯着：上面在盯着，老百姓也在盯着。对村干部来讲，这些钱有时是个烫手山芋，因为你无论怎么做，都不能让村民完全满意。但我们还是会努力争取，因为你要对老百姓有个交

---

① 彭晓旭：《经营型经纪：项目下乡与村干部角色再造——以浙江D村为例》，《天津行政学院学报》2021年第3期。

代。我们努力了，争取不下来老百姓也不会骂我们。"① 有些村干部非常希望让县乡政府去统筹安排，这样每个村庄都可以获得一定的资源，而且更不容易因竞争而产生社会矛盾。不过，由于扶贫资源非常有限，政府"利益均沾""稳定为先"的理念很容易使资源配置过于分散，难以发挥规模效益和提升村庄自我发展能力。因此，在项目与资金的安排上，政府仍处于主导地位，并根据产出效益的理性分析在资源配置上有所侧重。

项目的实施和落地是多元主体磋商、博弈和互动的过程。普通农民作为项目的承受者，在项目安排和实施中往往缺乏有效的参与渠道。在村庄层面，由于村民会议很难召开，许多村庄往往以村民代表代替村民来作出决策安排，以避免村民参与可能带来的信息失衡与管理混乱。在一些重要事项的决定上，村干部为了降低决策制定和执行的阻力，有时会采取一些特殊方式对持不同意见的村民施加压力。治理实践中，"举手表决"而非无记名投票成为村庄公共事务决策的主要方式。这种"一眼可见的民主"实际是把自己的意见公开展现给他人，有利于基层干部对决策过程的掌控，进而达成一致意见。在熟人社会，村民相互之间可能会有矛盾和摩擦，但更多时候是相互依赖和帮扶。大家"低头不见抬头见"，谁都有可能在特殊时候有求于他人。如果别人都举手，你不举手都感觉不好意思，以后的关系也不好相处，更不好找别人办事，自己在当地社会也容易被孤立。因此，只要不是与自身利益直接关联的事项，许多村民会跟随多数作出从众性的意见表达，而不公开呈现自己的异见。这种对决策过程的控制更容易获得"一致通过"的结果。在经过塑造和建构的决策情境下，村民碍于乡村熟人社会的人情、面子等交往机制，也不会主动得罪村干部，往往能使村干部获得期待的决策结果。

（二）"典型"打造：扶贫项目的经营策略

项目制是依附并嵌入科层制体系的一套政府管理机制，在发挥项目

---

① 2017年7月14日对铁镇胜丰村书记龙某的访谈。

治理优势的同时又受制于科层制度体系,① 其申报、审核、监管、考核、验收与评估等程序都遵循一套复杂的专业化程序。因此,项目制不仅是国家为适应现代社会而采取的治理策略,更是一种治理技术,借以提高公共事务运作的标准化、专业化和效率化。② 在项目资源分配中,政府基于政治理性的综合考量,一般会考虑不同地方的经济发展状况与群众需求,统筹调配资源,尽量平衡不同村庄之间的利益关系。但基于经济发展的现实需求,也会在资源配置中适度考虑投入与产出的匹配,以获得最大的经济和社会效益。因而,政府倾向于把资源投入到能最快最有效地产生效益的地区,而这些地区大多是经济条件较好的地区。

在资源紧缺和能力有限的条件下,通过树立"典型"打造样板和亮点,是基层政府开展项目经营的最优行动策略,也是基层干部在长期实践中逐步积累起来的考核应对机制。"上面来考察时,都是去参观项目,然后座谈、听汇报,完事后就都走了。所以,一个典型的扶贫村,必须重点打造几个样板式的项目,以备外界参观考察,否则别人来了你没有拿得出手的东西,是不行的。"③ 在基层社会,它体现出特定资源配置下的治理关系:首先,它是"政治权威为了加强对基层社会的动员、控制和整合而采取的一种政治治理策略和技术"④,体现为国家、政府与乡村之间科层管理、分级治理与实践运作的多样互动关系;二是体现出基层政府的应对策略,为了应对考核与检查,通过集中资源打造的典型项目与工程,通过打造"亮点",追求"花样",培育"特色",以突显项目效果。在产业布局过程中,政府更倾向于选择能够迅速产生效益的项目,通过资源的集中优化配置,着力塑造几个具有典型性的、可以产生较大社会效益的项目,作为考核的重点,这更容易得到上级的肯定。

这些项目与工程有些是领导好大喜功而建立的形象工程和面子工

---

① 叶敏、李宽:《资源下乡、项目制与村庄间分化》,《甘肃行政学院学报》2014 年第 2 期。
② 关晓铭:《项目制:国家治理现代化的技术选择——技术政治学的视角》,《甘肃行政学院学报》2020 年第 5 期。
③ 2017 年 7 月 16 日对铁镇党委副书记谢某的访谈。
④ 冯仕政:《"典型":一个政治社会学的研究》,《学海》2003 年第 3 期。

程，但更多是建立在"成本—收益"基础上的理性考量。许多基层干部也反复强调这一观点：资源的优化配置绝不能采取"摊大饼"的方式，那是没有效率的；否则毫无目标地把几百万砸下去，"可能泡都不冒一个"。尤其是对那些发展性的非普惠资源而言，这些资源的配置和项目的落地，有时并不完全遵循"雪中送炭"的"需要"逻辑（需要就给你），而是遵循"锦上添花"的"马太"逻辑（你强才给你）。在基层治理中，那些见效快、容易出政绩的工作就重点去做，把经济发展指标放在第一位，容易忽视投资环境的改善、治理能力的提升、基础设施建设等见效慢的工程。"有时为了应付检查做看点，工作根据考核目标开展，检查验收的工作就做得仔细；没有检查督促，工作就做得相对差一些。当上级下来检查时，就把领导带到亮点上去看，不让他们看到不足的地方，有意无意遮盖了许多问题。"①

这种资源配置方式导致各镇村在项目布局上非常不平衡，一些项目落地时首先考虑经济发展较好、交通便利的村庄或社区。在移民搬迁安置方面，铁镇集中资源重点打造北村这个"看点"，将其作为迎检的"主阵地"，在迎接上级各项检查的过程中，统统都往北村引。虽然每次都轻松过关并得到上级领导的赞扬，但也掩盖了工作中的许多不足。铁镇许多村庄基本没有集体收入，而项目的日常维护和持续生效需要稳定的资金投入作为支撑，否则就会因损耗而无法运转。在铁镇三合村，全村共有人口2391人，交通条件非常落后，只有一条4.5公里的通村公路，沿途共有438户居民，许多群众出行不得不靠摩托车或步行两三公里，才能到达公路上。D县在布局高标准农田建设、国土综合整治等项目时，由于该村交通建设落后，施工车辆无法进入，最终就没有选择三合村。落后的交通导致当地的特色产业（如葡萄、猕猴桃）承担了高昂的运输成本，运输途中的磕碰损伤也使果农受损严重。

---

① 2014年《铁镇党政领导班子对照检查材料》。

第四章　精准嵌入：扶贫政策执行中的差异化治理

项目安排的集中既是提升政府政绩的需要，也是建立在经济发展主义上的理性选择。在汶川地震后的救灾重建与扶贫实践中，D县不同乡镇获得的资源状况是不均衡的，有些乡镇干部活动能力更强，他们获得了更多的资源。铁镇农民就不断批评该县的资源都分配到邻近的白镇了，他们可以利用充足的资金打造自己的旅游景点与园林古镇①。白镇政府希望发掘历史文化与传统资源，在当地形成完善的历史文化旅游格局。但旅游景点建起后，因地处偏僻，景点分散，宣传不够，看点不多，配套设施与服务也没跟上，导致游客稀少，没有产出与投入相对应的经济效益。由于软环境建设没有跟上，导致一个以历史文化为底蕴的景点在细节方面展现出历史知识与文化理念的匮乏。尽管项目未取得预期的经济效益，但在既有的考核体制下，它可以给参观考察者一个良好的外在印象和主观感知，影响其对下级工作能力和工作成效的判断，因而这种树立典型、打造样板的项目经营模式仍受基层政府所推崇。

在实践中，这种投入与产出不匹配的项目在乡村社会经常见到。在铁镇，许多村庄实施饮用自来水建设工程，修建了许多自来水管道。但由于农民居住分散，建设成本很高。自来水管道建设起来后，利用率不高，许多管道常年废弃不用。加上农民用水之间的矛盾，日常使用中的人为毁损现象也非常严重。还有农民在半路偷水、截水，政府又不好监督管理，加上人为浪费，水真正到农民那里，价格就非常高。农民日常生活用水很多，根本负担不起，许多农民用水仍以地下水为主。这样，被政府作为重点工程打造的自来水管网建设并未真正发挥作用。

在资本下乡背景下，许多村庄引入的扶贫项目（如铁镇许多村庄引进的金槐种植生产项目）具有较大的风险。农民个体无法应对市场

---

① 在汶川地震后的重建中，重灾区的基层政府以"景点打造、古镇修复"等名义申请了数额较大的重建资金。这些项目缺乏精确的测算，基层干部在申请资金时较为随意，动辄几百万上千万。当地县委县政府也希望通过灾后重建推动当地经济社会发展，尤其是生态环境美化、标志性景点和古镇的打造等方面，给予了大量资金支持。

风险,他们经常在市场竞争中处于劣势地位,被商人压价,所得不多,严重挫伤积极性。为此,农民往往与企业相联合,建立"企业+基地+合作社+农户"的生产与销售相衔接的完整链条。尽管资金和产业的输入为当地农民提供了致富机会,但资本以盈利为主,如果农民的长期付出没有得到相应回报,其风险未得到分摊,农民很容易对项目产生怀疑。在当前资本下乡的诸多案例中,许多资本因资金周转困境而不得不最终撤离村庄,有些甚至成为"圈地"和套利的工具。

正是这种风险性,使农民对参与经营项目常持观望态度,这使许多项目所涵盖的对象非常有限且较为分散,农民没有动员参与进来。铁镇的标志性项目是黑山羊与万亩葡萄园(万亩葡萄园为与其他乡镇合办),近几年当地还举办了几届葡萄旅游文化节,以扩大社会影响力和产品销路。但是在旅游文化节的筹备过程中,政府的主导色彩太浓,没有把广大种植户和葡萄专业合作社的主动性调动起来,参与者都是机关干部和企业,从筹备、布置到销售等环节,完全由政府一手接管。政府几乎做了所有的工作,但由于缺少农民的参与,造成自娱自乐,出力不讨好,做了大量工作却没有达到农民的期盼和想要的宣传效果。

铁镇有些村庄按上级政府的规划种植核桃和猕猴桃,试图搞成万亩产业项目,让村民自己使用挖掘机对已有土地进行平整。但农民对项目效益心存疑虑,不愿花钱。他们认为,政府花钱来平整土地可以,但要自己花钱平整土地,没有人会去做。在项目运营期间,一些农村产业项目未取得预期效果,基层组织在拿到相应补助款后,后期缺乏科学规划和过程管理,导致项目维护和发展不佳,影响项目的产出和质量。由于之前有过许多失败的案例,农民对政府的农村产业项目期望并不大。许多农民反映,"地里种点庄稼,不管怎样一年总能收几百斤粮食,至少保证吃穿不愁;要是种了树苗,连吃的也没有了。我们这里年年种果树,树苗换了一茬又一茬,但就是不见果子"。[①] 农民关注的是现实的

---

① 2017年7月20日对铁镇龙村周姓村民的访谈。

经济利益，如果项目能赚钱，他们就具有较强的积极性，并用心去学习；但是如果不赚钱，基层干部无论如何动员，光靠嘴说，农民是不会理会的。他们宁愿在规避风险的心理下保持观望，等看到有利可图才加入进来。"许多项目一开始的时候很难做，因为村民不理解、不支持，但是当我们把项目做成规模后，他们又争相加入进来。所以说政府规划项目不能失手，要做就必须做成，一旦失败一次就很难翻身，因为农民再也不相信你了。所以对产业发展，干部要胆大心细，科学谋划。"①

为了帮助农民脱贫，政府规划了一些投入较低、适合家庭经营的项目，如为了支持农民养猪、养鸡、养羊、养兔等，在建造圈舍、购买幼崽等方面，政府都给予资金支持。黑山羊养殖是铁镇的特色产业，这一羊种是D县经过近百年的自然封闭选育形成的。黑山羊毛色纯黑，体型粗大，胆固醇含量低，肉质鲜美，膻味极少，深受消费者喜爱。黑山羊具有生长期短、繁殖能力强（产羔率在250%以上）、羔羊成活率高、抗病能力强等特点，在养殖方面具有特殊优势。D县黑山羊养殖也得到国内权威山羊育种专家的认可，被列入《国家畜禽遗传资源名录》，成为国家级畜禽遗传资源保护良种，并成功申请注册了"D县黑山羊"地理商标。

然而，尽管黑山羊项目每年投入资金很大，但效益并不是很好。许多农民的主要目的并不在于养殖，而是获取政府补助，导致黑山羊养殖项目并未获得持续效益。但它已经发展多年，成为当地的特色产业，尽管并不盈利，但每年政府有补贴，也不好取消，就只能维持。因为对当地来讲，发展一个新兴产业并不容易。在发展模式上，当地政府采取"借一存一还一"的方式，即养殖户缴纳100元/只作为保证金，政府便借出1只黑山羊母羔羊，待母羔羊产仔后至少存栏一只，将母羔羊还给政府，政府退还100元/只保证金，并以高出市场价2元的价格补贴母羔羊增长的重量。农户新建羊圈达到100平方米以上并符合技术标准

---

① 2017年7月16日对宝竹村党支部张书记的访谈。

的，乡镇干部帮助其向工商局申请微型企业。农户可按 2 平方 1 只羊比例向铁镇黑山羊产业发展办公室申请借羊。圈舍修建符合标准的，可按 80 元/平方米申请补助。

然而，扶贫资源供给的产业导向与贫弱农户内在的能力匮乏状况相互矛盾，使他们在资源获取、产业参与和市场获利等方面面临障碍，最终因无法有效提高家庭消费、再生产和积累水平而面临脱贫门槛。[①] 由于家户产业的不稳定性，当地养殖业面临成本较高、竞争激烈、市场风险较大等难题，加上贫弱农民的市场参与能力低，缺乏养殖需要的经营管理技术，一些农民不愿养黑山羊。许多村民对基层干部说："我跟你们说我不会养，你们让我养我就养，不过养不养得活我不管，羊死了你们负责。"个别农民怕辛苦和麻烦，担心万一养不好，导致山羊生病或死亡，可能连保证金都无法拿回。

在扶贫实践中，项目制的技术运作不仅能协调多元主体的一致性行动，而且提高国家治理的科学化和精细化水平，提高公共事务运作的标准化、专业性和效率化，避免财政资源配置的随意行为。[②] 在乡村社会，项目制作为一种国家治理手段，其运作展现出政府与社会之权力配置及其互动状态。但项目配置及其实践却无法与农村现实、农民需求进行有效对接，产生了与项目设计初衷相违背的后果。实践中，项目的配置与经营，受制于科层监督与资源整合等因素影响，必须契合上级政府的资源配置目标，体现出经济发展中的理性主义导向；同时，项目一般由各级申请主体提供一定数量的资金配套，这需要基层政府前期垫付一定资金，也增加了政府行为的风险。为了规避内在风险，扶贫项目运作和经营的主体仍然以县乡政府为主，悬浮于乡村社会之上，而未真正到达村庄社会底部。

---

① 梁栩丞、刘娟、胡秋韵：《产业发展导向的扶贫与贫弱农户的脱贫门槛：基于农政分析框架的反思》，《中国农村观察》2020 年第 6 期。
② 关晓铭：《项目制：国家治理现代化的技术选择——技术政治学的视角》，《甘肃行政学院学报》2020 年第 5 期。

第四章　精准嵌入：扶贫政策执行中的差异化治理

小　　结

精准扶贫是国家惠农政策执行的重要体现，也是国家对乡村社会进行政策与资源嵌入的过程。政策文本的精准性要求实现扶贫治理的差异性与精细化，推动扶贫政策与贫困治理之间的嵌合、互动。通过驻村工作队的组织嵌入、扶贫资源对贫困户内生需求的嵌入，以及行政动员与社会动员的互嵌，实现精准扶贫目标的靶向准确和国家扶贫意志的贯彻。[1] 以反贫困为导向的整合开发式扶贫，实现了对贫困户的精准全覆盖及内生脱贫动力的发掘。

精准扶贫内含着差异化治理的现实需求，即将扶贫资源精准对接贫困户的差异化需求，瞄准因病、因学、因残及产业发展不足等贫困类型进行分类治理，重点关注流动性贫困、转型性贫困及特殊群体性贫困等不同贫困形态，构建解决相对贫困的长效机制。尽管这种规范化程序在乡村社会遇到农民对贫困话语构建的现实，面临贫困户的参与机制和发展动力不足的状况，但扶贫干部在目标考核与压力体制下，通过人财物的资源输入与产业对接，努力打通精准扶贫的"最后一公里"，实现了全面脱贫的目标要求。

项目制作为贫困治理的重要形式，其运作以政府为桥梁，通过程式化、指标化和工具化的线性标准分解任务、量化指标来考核政府，既有效界定了政府责任、规制了政府行为，又通过专业化、标准化的技术操作整合了社会，适应了现代社会标准化和精细化治理的需求。在实践中，"项目进村"导致了集中化管理与私人化运作、短期建设与长效治理之间的张力，造成了农村公共物品供给的难题。项目的争取、管理与落地，都需要基层社会建立有效的组织体系来配合项目的实施，要建立基层组织协同、公众参与的项目治理机制，有效组织动员农民参与扶贫

---

[1] 袁明宝、余练：《精准扶贫嵌入与全面脱贫的基层治理逻辑》，《开放时代》2021年第3期。

治理过程，使外来力量与资源有效融入乡村内部的知识网络与治理结构，形成与当地产业发展与经济结构相适应的增长方式，避免国家项目资源与乡村实践之间的脱节。

第五章

半正式行政：村干部的政策角色与治理过程

村庄权力是基层权力结构的重要组成部分。对村庄权力结构尤其是村干部政策角色的研究是理解村庄治理问题的关键，也是理解惠农政策实施机制的核心内容。村庄权力是村庄中在某方面占据优势资源者在促成村庄政治和社会生活的一致行动中支配他人的能力①，其主体是村庄干部、其他村庄精英与普通村民等。它有效利用自治实践中的非正式或半正式形式，弥补了科层制行政的不足。村干部对乡村资源具有较强的整合能力，其主导的治理模式深刻影响了乡村的治理机制与治理绩效。在多元主体互动下，因利益调整导致的村庄权力主体的策略性行动，推动了权力结构从均衡向非均衡的转变，引发了村庄权力结构的再造。

一 半正式行政下的村干部角色

（一）村治模式下村干部的边际地位

在学术界的类型化研究中，政治精英、经济精英、社会精英成为基层权力精英这一群体的基本划分。② 在村庄权力的内核和边际结构中，

---

① 仝志辉、贺雪峰：《村庄权力结构的三层分析——兼论选举后村级权力的合法性》，《中国社会科学》2002年第1期。
② 王汉生：《改革以来中国农村的工业化与农村精英构成的变化》，香港：《中国社会科学季刊》1994年第3期。

村庄精英居于承上启下的中介地位，构成村庄权力互动的交叉点和集合部。① 一般认为，村干部处于"政治系统和社会系统的边际地位"②，属于非科层化的村庄权力精英，不享受科层队伍的资源供给，科层体制的行政激励和约束对他们一般不起实际作用。同时，村干部又是农民，却又不同于普通村民，而是承担着村庄社会的治理职责，是"治民之民"。他们虽然不是真正的"官"，但乡镇围绕中心工作而对村庄的"任务性行政介入"，使村级治理呈现出日益凸显的行政化趋向，③ 村级组织成为"乡政"机构的延伸，致使这一群体承接了一定行政职能，更强化了村干部的"政策执行者"角色。这一角色适应农村复杂的社会情境而产生，同时又因他们在政治、经济、社会等方面的资源优势，在基层治理实践中拥有实际的或潜在的影响，以及支配他人的地位或权力，成为村庄治理结构的主要角色。

在国家政策执行的场域，以乡村干部为代表的政治精英具有明确清晰的权力空间与结构，相对于村庄经济精英和社会精英而言，能够获得相对制度化的赋权，因而对惠农政策执行发挥着实质性的影响。有研究认为，涉农政策最后的落实是通过熟谙村庄内生秩序的村干部来实现的，而不是与农村关系日益"悬浮"的乡镇。④ 在铁镇，由于当地经济发展较为落后，许多经济精英和社会精英身份的提升与转换是在村庄之外实现的，他们通过外出务工、经商、读书等方式改变了社会地位。他们在农村已经没有土地，与村庄的社会关联也逐渐减弱，实际上已经脱离了村庄治理。他们的经济与社会地位的获得不依赖于村庄，因而他们对村庄事务缺乏长久的关注，对惠农政策问题也没有足够的介入空间。但这也并不排除一部分受过较好教育、视野宽广、阅历丰富的返乡农民

---

① 叶本乾：《村庄精英：村庄权力结构的中介地位》，《中国农村观察》2005年第1期。
② 叶本乾：《村庄精英：村庄权力结构的中介地位》，《中国农村观察》2005年第1期。
③ 李祖佩、钟涨宝：《论村级治理行政化——以乡镇政府中心工作推进为切入点的分析》，《农业经济问题》2020年第10期。
④ 秦振兴：《双重嵌入：农村政策执行的失真性实践机制研究》，硕士学位论文，吉林大学，2017年。

在基层治理中扮演"出谋划策"的角色,进而获得一定社会声誉和威望,为其转化为村庄政治精英提供了可能。

相对于"乡政"形态下科层体制对乡镇干部的规制与约束,村庄社会的"自治"结构使村组干部具有较多的自主空间和行动选择权。自从2012年中央关于改进工作作风、密切联系群众的"八项规定"出台后,乡镇干部的行为作风受到国家政治与科层制的严格规制,平时被认为正常娱乐的棋牌麻将都被禁止,这推动了基层政治生态的净化。这些规定逐步拓展并适用到对村四职干部的规范上,但村民小组干部受到的约束仍然较为有限。严格来讲,村民小组组长并不算真正的"村干部",他们更多是农民。在铁镇,尽管国家有严格规范的政策要求,但有些村组干部还是会去茶馆、麻将馆闲坐,或者在自己家里打麻将,当然以娱乐为主。这在当地很多农民看来司空见惯,通常也不会被认为违规。乡镇干部对此只能私下提醒和劝说,让其注意一下影响,而不会用科层制的标准对其进行问责和处理。由于他们在政治上的发展空间极为有限,很难在科层体制内获得晋升的机会,如果工作做得好,得到认可和支持,就继续做下去;做得不好,就"解甲归田",老老实实当个农民,这也使他们在日常生活中少了很多顾虑。

为此,在乡镇干部严格按照科层化的标准和程序处理基层治理事务时,村组干部可以更多地在正式的制度规范与乡土社会规则之间进行平衡、选择和取舍。在不违背宏观政策框架下,村干部基于乡土具体情境的变通做法往往被默许和支持。村组干部虽然享受一定的"务工补贴"(区别于科层体制内乡镇干部的"工资",这种"补贴"是对他们工作付出的一种补偿),但他们仍然处于科层体制之外,并鲜有晋升机会。单从他们拿到的补贴来看,他们的收入甚至不如同村外出务工者或其他经商人员。但从身份来看,村组干部拥有乡镇与村庄社会赋予的真实"名分"。

但是,在以发展为导向的经济理性、以政绩为基础的压力体制下,村组干部无论与乡镇还是与基层群众之间都呈现出一定的利益差别。乡镇希望村组干部成为基层政权的延伸，真正承担起村庄社会的治理事务，完成上级分派的任务，具有推动"村庄行政化"的内在需求；村民则希望村干部真正履行"监护人"的职责，将以选票为基础的合法性授权落到实处，拥有获得更大自治空间的愿望。在此权衡之下，村组干部不像集体化时期那样，被严格统合进国家权力的"集装器"中，完全按照上级党政部门的要求行事，而是在不触碰法律底线的前提下，以特定的自主性行动处理村庄公共事务，以更好维护和增进村庄整体利益。

黄宗智曾用"集权的简约治理"来描述传统中国治理与行政的特征，认为中国以准官员和纠纷解决为主的半正式行政是造成中国社会治理困境的主要原因。① 在"官治"与"自治"所形塑的"双轨制"治理结构下，受制于经济基础、技术条件与组织成本等因素，国家在乡村治理中过于依赖不拿薪俸的非正式"官员"，他们在以国家名义执行公务过程中，通过索贿的方式来获取利益。这在导致政权内卷与乡村衰败的同时，也催生了国家政权建设的现代化需求，以将这些非正式官员纳入制度体系。然而，传统国家一直无法向乡村社会提供有效的公共服务，秩序的维持与服务供给主要依赖于乡村内部精英。这些在熟人社会"日渐沉淀的行为图式"② 逐步内化为农民的行为模式，形塑了农民的行为规范和道德准则。

农业税取消后，村庄与国家关系的暂时疏离使得信息不对称与村民的原子化状态更加明显，乡村干部可以有效利用这种区隔而在对惠农政策的解读中抽象出更符合基层政权利益的话语法则，并用"口径一致"回应农民的质疑。乡村干部利用自己的配置性权力而建立起来的权威，熟练地操作各种地方性规则，如对村庄的利益动员和组织化，与上级形

---

① 黄宗智：《集权的简约治理——中国以准官员和纠纷解决为主的半正式基层行政》，《开放时代》2008 年第 2 期。
② 狄金华：《被困的治理——河镇的复合治理与农户策略（1980—2009）》，生活·读书·新知三联书店 2015 年版，第 109 页。

成"共谋",建立并拓展自己的人际关系网络,从而在公共资源配置中获得优势地位,使村民只能被动地接受经过变通的政策。各种利益主体的逐利行为在乡村社会共同形塑出一个"分利秩序"①,这种秩序不是自然生成的,各利益主体在其中发挥了巨大作用。

可见,村干部作为联系国家政权与村庄社会的纽带,在惠农政策的上传下达方面处于特殊重要的位置。他们不仅熟悉当地社会的具体情况,而且深谙熟人社会的人情规则与村社规范,可以获得"授权"与"选举"两种形式的合法性,强化自身在村庄社会的治理权力,并使政策的解释和执行有利于增进自身利益。这在基层治理中提出了村组干部行为的规范化问题。在传统社会,村级治理的正规化和官僚化仅存于形式上,缺乏实质内容,附带繁琐的文书却没有真正的工作。② 在现代社会,国家的"嵌入式治理"为基层政权全面承担和履行公共服务职责奠定了基础,也为村庄权力规制提供了政策资源。在国家治理现代化的背景下,我们需要思考,村庄权力在惠农政策执行中呈现出一种怎样的实践样态?作为国家治理的重要基础,如何将其纳入治理现代化的制度框架中?

(二) 村干部的半正式政策角色

在村民自治制度安排下,由于农村社会问题的复杂性及不同群体对问题认知的差异性,村干部仍有可能因对政策缺乏精确把握和界定而导致政策执行偏离,并利用掌握的资源分配权谋取更多利益,呈现出较强的"利益经营者"色彩。既有研究也发现,村干部通过政策规则的利益化、政策价值的权力化、政策认同的村庄化,重构了国家政策的文本

---

① 李祖佩:《分利秩序——鸽镇的项目运作与乡村治理 (2007—2013)》,社会科学文献出版社 2016 年版。
② 黄宗智:《集权的简约治理——中国以准官员和纠纷解决为主的半正式基层行政》,《开放时代》2008 年第 2 期。

逻辑，导致国家政策在乡村社会的执行扭曲。①

在治理实践中，村干部对不同类型惠农政策的态度具有差异性。那些国家有严格规定、直接打卡的惠农款项，如粮食直补、退耕还林补贴、独生子女补贴、60岁以上高龄补贴等常规补贴，村民清楚地知晓政策内容与相应数额，国家与农民之间也建立了直接对应关系，有效规避了村组干部这一中间环节，避免了惠农资源分配中可能发生的截留、抵扣、挪用、侵占等行为。铁镇2013年对农民"一卡通"进行更换银行工作，统一由邮政储蓄换为农商银行的卡号，以更快捷地发放惠农款。但由于部分村民在外务工等原因，没有提供有效身份证明和相关材料，导致无法在银行开户。为了尽快把惠农资金分配完毕，部分未办卡农户的惠农款不得不临时由村干部、村民小组组长或亲戚代领，这笔款项后来都通过不同形式发送到村民手中，未出现违规问题。这类补贴具有清晰标准、明确数额与操作规程，国家监督管理严格，村干部一般不会有所违逆。为了监督惠农款的发放情况，县纪委还专门对一些惠农资金的发放情况进行常规抽查，对农民进行电话专访，有效规范了乡村干部的惠农资源配置行为。

村庄的治理绩效与其治理资源紧密联系。在资源匮乏型村庄，无法依靠政策资源化解村庄债务及治理难题，只能通过村庄内部自主解决。在铁镇，有些村庄在发放惠农款时，对税费时代的欠款户进行了抵扣。这种行为主要是与熟人社会规则支配下村干部的"垫支"行为相关联的。垫支行为在税费时代广泛存在，一些村干部为了完成上级交付的税费任务，在部分农民未缴纳税费的情况下，采取自己暂时垫付的形式将上级任务应付过去，然后再向农民分别征收。然而，个别拖欠税费的农户并不领情，不但拒交，反而以此为借口向村干部提出不合理要求。这类情况在铁镇虽然不多，但足以让村干部气愤难平。村干部因担心其欠账不还，一般不会选择与这些村民交恶。这些欠款拖延数年不决，眼看

---

① 刘祖华：《村头官僚、政策变通与乡村政策的实践逻辑——村干部政策角色的一个解释框架》，《甘肃行政学院学报》2008年第2期。

第五章 半正式行政：村干部的政策角色与治理过程

回收无望，村干部在惠农资源输入下看到了折中和变通的空间，于是通过抵扣方式"截留"部分欠账村民的惠农资源，以解决长期遗留的历史欠账，可以说是一个不得已的选择。

在政策规制下，这是严重违背惠农政策精神的，村组干部也承担着考核、监督和问责风险。尽管农民不断向乡镇、县里反映问题，但深谙农民行为的乡镇干部知道，如果不趁此机会把农民拖欠的税费收上来，那么这笔钱不知要拖到何时，甚至永远都收不上来，村庄面临的沉重债务负担也无从化解。在回应村民反映的问题时，乡村干部往往在政策规范与乡村现实之间左右摇摆。在基层干部那里，事情总是要解决的，不能无限期拖延，而对欠账赖账的农民，又不能采取过于强硬、有可能激化矛盾的工作方式，只好抓住农民"欠钱理亏"的心理，先行把欠账解决掉。许多农民在权衡之下，觉得不划算，又因自己欠钱理亏，也就算了。

汶川地震后，国家多次下发严禁抵扣、截留救灾款项的通知，乡镇政府也意识到村庄抵扣行为的严重性。但在灾后严峻的维稳形势下，这些文件只在政府内部传达，农民一般不会知晓。铁镇曾专门召集所辖村的村书记、村主任等村干部开会，要求在处理这种事情上，要灵活多变，既要解决问题，又要考虑到村民的承受力与容许度。尤其是对那些生活确实有困难的农户，要特别照顾，可以从其他惠农款项中拨出一些资金，而不能影响其正常生活，更不能导致上访。关于抵扣问题，乡镇也反复向各村传达上级文件精神：如果在这上面出了问题，那么责任由各村承担，对各村的遗留债务和问题，乡镇也无法帮助化解，只能保持一种模糊态度，"只要不出问题就行，出了问题你们自己负责"。这实际上为村庄在处理此类问题留出了更大的自主空间。

随着乡风文明建设的提出，农村环境连片整治成为基层政府的重要任务。为了满足农民日益增长的环境需求，按照"服务中心、因地制宜、立足长效、集约利用"的原则，D县力图建立"户收集、村集中、镇转运、县处理"的运作模式，将农村生活垃圾的处理纳入乡镇环境综合整治规划，从而改善农村社会"脏、乱、差"的现象，推动环境基础设施建设向农村延伸,推动环境监管、环保投入向农村覆盖和倾斜。为了解决资金筹措难题,D县按照"谁投入、谁运营、谁受益"的原则,采取费用三级负担的方式解决:县财政每年补助2万元/村;镇财政按村委会的农村户籍人口进行分类拨款,1000人以下的村1000元/年,1000—1500人的村1500元/年,1500人以上的村2000元/年;各村受益村民每户每月缴纳卫生费2元。这笔钱通常由村委会自行决定收取,从而达到三级管理的目标。

然而,惠农时代的任何费用收取常因政策环境的变化而困难重重。国家在救灾重建中展现出强烈的政治责任感,大量政策资源的输入使农民越来越习惯在惠农支持体制下向政府获取更多利益。这种理念的转变导致任何向农民收取费用的行为都难以推行。在基层干部看来,每月向受益农民收取2元的垃圾处置费用于农村环境的整治,是基于公共事务治理的合情合理的事情,而且每月只收2元钱,数额不多,农民能够负担得起。对于收取这一费用,铁镇还专门向县里打报告并经过批准,获得了程序上的"正当性"。根据县政府非税收入管理的要求,这笔款项收缴后要全部上交县财政金库,再由乡镇政府申请将这笔款项返还,归原单位使用。

但从实践来看,许多农民并不买账。根据"谁受益、谁负担"的原则,一些农民长期不在村,或认为自己可以处置垃圾,于是提出各种理由拒绝缴纳,甚至向县乡政府控告村干部违规乱收费。县乡政府不愿过多介入乡村社会的纠纷,遂向村民解释,这笔费用是由村委会自行决定收取的,只要大多数村民同意,就可以收取,进而将问题留给村庄社会解决。但村干部知道,如果召开村民大会就收费一事进行表决,是很难通过的。因此,村庄只是召开了村两委干部、议事会、监事会、部分村民代表等参加的会议,通过了征收垃圾处置费的决定,但并没有得到村民的认可,实际征收过程仍然困难重重。

铁镇在汶川地震后,既要开展救灾重建和恢复发展,又要借助国家下拨和争取的各种资源提升人居环境与公共服务,因此在环境综合整治

第五章 半正式行政：村干部的政策角色与治理过程

方面投入了巨大人力物力财力。铁镇要求，每个自然村至少要设立一处垃圾堆放点，每个行政村至少设立一处垃圾集中点，在乡镇中心位置、人流密集区可以根据需求设立多处，以便及时处理生产生活垃圾。为了推动环境整治长效机制的建立，铁镇还成立了一支农村环境保洁队伍，按照"村庄每500人配备一名保洁员"的要求，安排专门的清洁工打扫马路、收集垃圾，每天将垃圾运至垃圾集中点，月工资为800元。同时配备必要的垃圾收集工具和垃圾转运车辆，采取"户前三包"、村规民约和专业保洁相结合的方法，实现环境的综合治理。

尽管县里对垃圾处理与清洁工的工作职责做了较为细致的规定，但铁镇距离县城较远，不可能进行有效监管。农民的环保意识和卫生习惯差异很大，许多农民有自己的垃圾处置方式，他们往往不将生活垃圾运到垃圾堆放点，而偏远村庄的垃圾堆放点基本没有农民来堆放。在乡镇中心区域，农民自己负责庭院和房前屋后的环境卫生，并将垃圾收集后送到本村的垃圾收集点。因此，清洁工每天的任务，只是将通乡公路上的垃圾打扫干净即可，工作相对轻松，监督管理缺乏，而薪酬相对丰厚。在村干部补贴上涨前，每月800元的收入甚至差不多相当于村干部的月收入。这对一般农民而言是一个令人羡慕的工作，成为许多村民争取的目标。

在村级监督较为缺乏的情况下，村社干部凭借自己的信息优势而对那些非普惠性的资源具有更多独占的机会。有研究甚至将村干部界定为"精致的利己主义者"，认为他们善于在政府和农民面前不断变换脸谱，利用职务之便和体制漏洞实现自身利益。[①] 在铁镇龙村，清洁工这项工作最初不是由普通村民去做，而是由村支书王某承担。这在村庄马路上形成了一幅特殊的场景：原来被村民敬畏的村书记却扛着扫把扫马路，而在村民印象中，他连自家的土地都不种，而是出租给别人耕种。这种巨大反差使村民不断猜疑和求证。当得知背后的利益因素后，很快引发村

---

① 龚春明：《精致的利己主义者：村干部角色及"无为之治"》，《南京农业大学学报》（社会科学版）2015年第3期。

民的不满:"他也不是真扫,就是扛着扫把东扫一下,西扫一下;也不是天天扫,农村哪有那么多垃圾嘛!我有一次碰到他,他还不好意思,背对着我,装作没看见。我故意过去羞他,我说,'王书记,你还在扫垃圾啊!'他愣了一下说,'啊,是啊!'你说你一个村书记扫垃圾,不是笑话吗?"① 这位村民抱怨自己因与村干部不和,导致自己在惠农资源分配中吃亏,"国家下拨的钱,只有大家都有的,我们才会有;如果说其他人都有,我们村只有一户人没有,那这一户肯定是我们"。②

由于村干部更加贴近农民日常生活,彼此之间的近距离接触使村干部的一言一行都被置于警惕的注意当中。农民对村干部的日常行为看在眼里,记在心里。村民反映说,王书记有时骑摩托车到镇上办事,路过农民家门口,农民叫他停下来询问事情,他理都不理就跑了。这虽然是小事,但农村的人际交往观念往往使他们先入为主对村干部形成主观印象,强化了他们对村干部的不良认知。对性格急躁、脾气火爆、耐心较少、工作中容易与村民发生争执的村干部,村民的意见往往更大。

随着现代网络技术的发展及利益表达渠道的多元化,许多农民习惯以匿名形式向"县长信箱"及通过其他网络问政渠道反映问题。这在解决问题的同时,也可以有效保护自己。当问题反映到县里后,县里立即将举报信转发给铁镇调查此事。乡镇干部找到王书记进行诫勉谈话,劝他作为村干部要"避嫌",把清洁工的工作让给其他村民去做,避免让村民说闲话。此后,铁镇专门作出规定,村干部不得担任环卫保洁员及其他应由村民承担的惠农职位,避免介入乡村社会的利益纠纷中。

二 惠农政策执行中的连带治理与社会交换

(一)连带治理:村庄的半正式治理机制

村级组织权力的运作基础根植于乡土社会,乡村治理中充满了非正

---

① 2013年6月15日对龙村村民周某的访谈。
② 2013年6月15日对龙村村民周某的访谈。

第五章　半正式行政：村干部的政策角色与治理过程

式或半正式的治理技术。这种治理技术承载着诸多历史经验和地方治理智慧，是村庄秩序生成与维系的重要机制，但却属于非制度化的治理形式。连带治理是中国基层组织非正式或半正式治理遵循的重要机制。在治理实践中，村组干部将各种正式与非正式的资源统筹配置、捆绑连带，通过利益和情感等连带方式来规制村民，以完成其治理目标，村民同样将其需要履行的各种义务与应该享受的各项权利捆绑连带，并以责任连带的方式对村组干部实行反制，基层组织呈现出"连带式制衡"运作机制。① 在资源匮乏与乡村治权不断弱化的村庄，这种利益连带机制被广泛应用于基层政策执行实践中，成为理解乡村秩序生成与变迁的重要维度。这种权力运作技术是乡村半正式治理的重要体现，其社会根源在于模糊化的乡村规则与多元化的社会形态，它在以精准性与精细化为准则的惠农治理中也清晰呈现出来。

笔者在铁镇调研时发现，在灾害治理及惠农政策执行实践中，农民办理一些手续如领取生活补贴、申请低保与宅基地、结婚办证及享受房屋重建政策优惠等事项，需要村干部签字盖章时，往往被要求必须履行相应的义务，才给予办理。农业税时期农民拖欠的各种款项，如社会抚养费、农业税欠款、水利费等，在救灾重建这个关键时期再次被提到村庄日常治理的台面上来。② 这种连带机制将农民（灾民）应享受的政策利益与其在村庄社会应遵守的规范及应承担的义务强制性捆绑在一起，使农民在面对国家拨付的资源时，不是凭借其"灾民"身份而毫无差别地享有，而是将常态社会中的矛盾和问题置换到"救灾重建"这一特殊情境下进行解决。这样，税费时期的欠款与救灾时期的补助看似不相关的两个事项被直接关联起来，许多农民被排除在救助体系之外。在国家的严格和规范管理下，村干部对这种连带行为要承担一定风险，但

---

① 陈锋：《连带式制衡：基层组织权力的运作机制》，《社会》2012年第1期。
② 调研发现，这种现象更多出现在那些受地震波及但实际上受损程度并不大的地区，当地干部有更多资源和精力尝试解决在常态社会无从化解的治理难题。在那些受地震影响严重的极重灾区，当地干部是不会在这一特殊时期采取任何有可能激化社会矛盾的措施的。

这种现象在个别村庄一再发生,主要原因在于村干部抓住了农民"欠钱理亏"的心理。即使发生上访行为,基层党政领导都会将这种矛盾做"内部处理",避免事态扩大。尽管一些农民通过上访表达不满,但这些行为最终被有效限制在基层社会来处理和解决。许多农民在上访无果后,只好选择放弃。

在常态社会,这种利益连带机制内在的社会基础是乡村规则的模糊化。杨念群认为:"农村中社会生活程式化和模式化程度是很低的,实际上缺少一成不变的正式程序和正式规则。在许多情况下,即使存在这样的程序和规则,有时也不会真正起作用。"① 乡村复杂问题的解决,往往需要采取灵活多变的弹性治理手段,寻求传统乡土规则与现代公共规则的平衡。铁镇北村蒋某是村里少有的几个大学生之一,他在省城一所工科大学读书。为了获取学校给贫困生提供的困难补助,他回村要求村委会为其提供贫困证明并签字盖章。但村干部认为在此之前,其父未缴纳村里的公路集资款,而拒绝给予办理。虽然当地向农民集资的情况已经不多,但当地基础设施尤其是交通较为落后,向农民征收集资款的事情仍时有发生。为了防止村民上访,村干部在宣传动员的基础上召开了村民代表大会,进行"一事一议",决定向村民集资,按照受益程度确定集资标准,各户标准不一,以减轻公路集资款的征收阻力。

但由于社会流动的加快,许多农民已经不住在村里,许多人不愿缴纳这笔费用。蒋某的父亲虽然户口在当地,但常年在镇街做生意,他认为自己已经不在村里生活,没有享受其中的权益,因而拒绝缴纳。当蒋将自己的情况写信到县信访部门时,乡镇却给予不同解释:村委会拒绝为其开具贫困证明,主要是因为其父在镇上做生意,并在镇街买了商品房,家庭条件比较宽裕,不符合贫困生的标准,拒绝签字盖章合理合法,与其是否缴纳公路集资款无关。

由此,村干部与乡镇在对同一问题的解释上出现了差异,其原因在

---

① 杨念群:《中层理论:东西方思想会通下的中国史研究》,江西教育出版社2001年版,第188页。

第五章 半正式行政：村干部的政策角色与治理过程

于乡村面临的规制机制及治理难题的差异。乡镇面对的是来自科层体制的权力规制，必须严格按照一套既定的模式和规则运转。但当基层政府面对乡村的非正式的规则和程序时，往往借用各种非正式的方式承接和对待。在政策表达上，乡镇更有动力坚持运用严格的官方表述来应对乡村社会的治理难题。但对村庄社会而言，其运作本身就是不规则的和非程式化的，因而村干部坚持认为，既然公路集资款是通过村民"一事一议"确定下来的，那么作为前提条件，不缴纳集资款就不提供相关服务，具有村庄内部的正当性与合理性，尽管它与科层制规范相冲突。

在向村民集资出现困难的情况下，有的村庄采取不缴纳集资款不给办事的做法，甚至为了强化制衡效果而将村民固有权益也纳入连带范围，招致村民的强烈反对。为了解决因利益连带而带来的风险，本着"解决问题"的原则，许多村庄在治理实践中"创造性地"运用了"一事一议"这一体现乡村内生规则的制度。该制度以农民民主议事为前提，坚持农民自愿筹资筹劳的原则，农村涉及农田水利、道路修建、农村综合开发等事项时先议后筹，召开有半数以上村民参加或2/3以上农户代表参加的会议，决定是否就相关事项进行筹资。政府按照先筹后补的原则，对村内道路、农田水利、村容村貌等村级公益事业建设项目给予适当奖补。但是，政府的奖补资金往往不足以支撑整个建设项目，缺额部分仍需村内集资解决。

铁镇北村在农村电网改造时，每户农民向县农网改造部门交纳350元的改造安装费。当时北村的改造名单是以村为单位进行集体登记上报的，但之前有村民未缴纳相关集资费用的，村干部就没有给予登记。这些村民只能自己到县电力部门办理相关手续，不仅耗时费力，而且花费了更高的成本。工程完工后，县农网改造部门向交费每户村民退还138元，计196户共27048元。但这笔钱村干部最终并未返还给村民，而是充作村民的公路集资费用。在村庄社会，由于农资综合补贴和粮食直补等资金是严禁村干部挪用、截留和集体代领的，而抵顶村民"一事一议"筹资和其他经营性项目也被严格禁止。村干部实际上没有其他更多的收益空间来弥补村庄的财务亏空。通过这种"拆补"的方式,可以暂时解决一些迫切性问题。尽管村干部通过"一事一议"的方式赋予其行为以合法性,并由专门的村民代表管理相关账目,但许多村民仍表示不满。他们认为在钱的问题上,一账归一账,该退还的必须要退还,不能用它来充当其他方面的费用,哪怕退回后再收也好。

但村干部知道这是行不通的,因为一旦把钱退还给农民,再收起来非常困难,他们不得不以这种变通方式来化解农村欠款。当修路集资事项经过村民"一事一议"通过后,遇到确实不交的,村干部就从惠农款项中扣,直至扣齐为止。如遇村民状告村干部扣除惠农款项,村干部会以"一事一议"来证明行为的正当性,认为在筹资过程中,村支两委通过召开"一事一议"筹资工作会,会上一致通过可以用惠农款项(如退耕还林补助款、土地补偿款等款项)进行抵扣,以证明村干部的抵顶行为合理合法。

可见,在村庄社会,"一事一议"被赋予了更多的连带治理意涵,尤其是在解决和处理一些棘手问题上。这一制度的行使依据是村规民约,是村庄内部基于同意的权力,对村民个体意志具有强制性。[①] 由于这种会议不是每位村民都参加,而是村支两委成员、部分村民代表和党员代表等参加。这些力量作为村庄治理主体相互配合,构成了村庄场域中兼具国家权威与村庄民意的治理共同体,具有半正式治理的"准官员"性质。村干部更容易实现对"一事一议"会议过程的掌控,来达成村庄治理的目标。村干部以利益连带来制衡村民的不合作行为,村民中出现的中度经济分化及村庄利益密集等现象,导致村民难以承受与村级组织的对抗成本而在村级治理中保持配合。[②] 这种方式虽然解决了一些问题,但在整个过程中,部分村民的意见被忽视,其背后深深嵌入了

[①] 王振标:《论村内公共权力的强制性——从一事一议的制度困境谈起》,《中国农村观察》2018年第6期。

[②] 江亚洲、施从美:《利益连带:集体经济模式下村庄治理秩序的形成》,《晋阳学刊》2017年第3期。

熟人社会的人情观念和利益网络,这使评议结果容易引发争议。

如果说这种抵顶行为因村民未履行应承担的村社义务而带有一定的道义合法性,那么村组干部为了化解矛盾采取的左右腾挪更体现出村庄治理的困境。2015年铁镇G村搞新村建设,总共涉及14户村民。在建房过程中,村委会与建房户协商决定:每户暂交3000元安全质量保证金,待房屋竣工验收合格后,扣除基础平场费、移动电线、光缆、搬迁费及办理手续费,余额全部退还村民。但在新村建设过程中,承包工程的一个老板没有将民工工资结清就"跑路"了,村里联系不上。民工讨要工资不得,就找到村干部要求解决,甚至一度要去上访。铁镇党委政府要求村两委妥善解决矛盾,但镇上也拿不出资金来垫付。由于村里资金有限,在"问题要解决"和"上访要避免"的双重压力下,为了化解矛盾,村干部不得不将新村建设的安全质量保证金挪用来垫付民工的工资。但这样就无法如期返还村民的安全质量保证金了,后来仍然导致了村民的信访。村两委不得不再次从其他建设项目中挪用部分资金来弥补资金空缺,来解决这一问题。

村庄在解决关键性治理问题上,缺乏足够的权力与资源,导致这种左支右绌的窘境在乡村社会反复发生。由于村庄社会缺乏完善的信任机制与正常的沟通手段,而利益连带将农民的权利和义务捆绑起来,成为制约农民不合作行为的一种不得已的选择。作为一种本土性治理资源,半正式治理方式暂时解决了部分问题,在基层治理转型中具有过渡价值,但却衍生出更复杂的矛盾,需要乡村投入更多的资源去解决。这种循环困境是乡村治理难题不断延续和重复发生的社会基础,需要统筹半正式治理与制度化治理的两种治理形态,既实现国家的治理目标,又充分利用本土性治理资源,推进基层权力运作的规范化和制度化。

(二)社会交换:乡村社会的非正式治理机制

与连带治理机制相关联的,是乡村社会更为隐秘的社会交换机制。它不同于政策执行中的附加条件,因为这种带有强制性的"政策附加"

试图把政策没有的内容附加在政策实施过程中,已经越来越不被乡村社会所认可。社会交换存在于关系密切和相互信任的熟人社会中,农民通过接受对方提供的内容,来满足彼此的需求,带有"你情我愿"的乡土意涵。个体与个体之间的互动实质上就是在实现交换,而且是一种对等的交换,交换关系包含了价值、情感、互动和规范等范畴,强调个人的主体理性和对利益的现实追求。①

铁镇 C 村是距离乡镇政府非常偏远的传统农业村庄,村内以山地为主,交通比较落后,基础设施建设薄弱,很少为外界关注。在国家权力监督日益强化的背景下,村庄仍保留有较多自主性空间,一些特惠性资源的分配展现出村庄社会交换的治理逻辑。在一次低保名额分配中,村支书权某为村里 78 岁的老人王某办理了低保,原因是他除了种地之外,没有其他经济收入。王某年事已高,平时生病吃药打针等费用除了自己可以开支一部分外,主要靠三个儿子接济。三个儿子的基本情况是:大儿子是农民,在家里种地,有两个女儿,一个在乡镇教小学,另一个在大学教书;二儿子在县城做蔬菜生意,已经在县城买房并定居,家庭比较富裕;三儿子在农村搞粉刷装修,并在 2014 年修建了一栋二层楼房。王某夫妻两人平时跟着三儿子一起住,但户口两家是分开的。由于王某的三个儿子都有法定赡养能力,按照当地规定他不该享受低保。但在 2012 年,在村支书权某的关照下,老王头成为低保户。由于村庄内外监督力量的缺乏,在低保评定过程中,村干部和部分村民代表通过表决,就确定了低保名额。虽然这一问题并未引起其他村民的质疑,但结合当时的背景及后来衍生的一些问题,许多细节值得我们深思。

在党的十八大之前,当地的低保操作非常混乱,权某甚至为其妹和一些亲属办理了低保,闹得村民很有意见。该村曾发生过享受低保的村民在镇上为其子购买了一套住房(包括两个门面)这种事,导致各种

---

① [美]乔森纳·H. 特纳:《社会学理论的结构》,邱泽奇等译,华夏出版社 2001 年版,第 276—280 页。

第五章　半正式行政：村干部的政策角色与治理过程

传言在村庄社会广泛流传，给村干部带来不良社会影响。党的十八大之后，随着国家反腐力度的加大，相邻几个村的村干部因为腐败问题被处理，权某不得不有所收敛，逐步把低保名额分配给一些与其关系较好的其他村民。王某长子早年在村里担任干部时，为人和善踏实，跟村干部和其他村民的关系都不错。权某属于一组，住在山梁上，王某属于五组，住在半山腰。在税费时代，由于交通不便，权某有时下组做工作，无法及时赶回，中午经常在王某家里吃饭，因此两家关系不错。

社会交换行为遵循平等和互惠的原则，这种"人情规范"在生活实践中受到"利益"原则的挑战，会形成"人情+利益"的行为准则，群体成员在社会交往中的利益考量逐步占据主导地位。[①] 王某享受低保后，自然欠权某一个"人情"，就在工作方面积极配合权某。后来，权某向村民宣传当地水质存在问题。他提出，尽管当地许多农民安装了自来水，但当地自来水取水于村庄上游一个集生活、灌溉于一体的堰塘，受设备与技术的限制，并没有完全净化，长期饮用会对健康不利。权某劝说村民购买价格3300多元的净水器，并挨家挨户做工作。由于净水器价格昂贵，有些村民并不买账，认为权某这样做是为了从中获利。在当地，由于自来水的成本问题，一些农民并没有安装自来水，饮用的仍然是传统井水。农民通常在自家上方处挖掘一口水井，通过水管将水引到自家水缸里，并安装水龙头控制用水时间和用水量。这些未经净化的水，尽管并不卫生，但农民认为自己饮用井水几十年都没事，因此拒绝购买净水器。权某连续做了几户农民的工作都没做通。

为此，权某不得不到与其关系较好的几户村民中做工作。当权某到王某家时，他首先关照了老王头的身体状况和家庭情况，以"拉家常"的形式谈起当时他被评为低保的情形，暗示自己在其中帮了很大忙。随后他又把话题转到净水器上，希望王某的儿子王喜能支持他的工作，表示自己只是为了完成上级任务，自己没有从中拿一分钱。王喜不好驳权

[①] 卢飞、江立华：《平衡逻辑下的人情交换——农民工群体内"散东西"行为的一个解释框架》，《学习与实践》2017年第6期。

某的面子，毕竟他在自己父亲评低保时确实帮了很大忙，自己平时也有许多事情需要仰仗于他，但自己确实不想买，只好推脱说自己刚修完楼房，家里确实缺钱。权某随即说，我可以给你担保，让你先使用，后付款。于是王喜家里就安装了净水器，但平时基本不用。在调研中，当被问及何时还清净水器的欠款时，王喜半开玩笑地说："让我还钱？我没有，不行就让他把净水器拿回去。"

在这一案例中，村干部的"远谋"和农民的"狡黠"在不规则的乡村社会相互交织，反映出乡村的人际交往技巧与利益交换策略。在乡村社会，个体的经济行为是嵌入社会关系中的，交换双方需要维持关系的平衡，在关系平衡中维持和实现利益的生产。与那些生活无法自理、无人赡养及无生活来源的老人相比，王某毫无疑问在村庄社会属于生活比较清闲自在的人，三个儿子的家庭生活相对比较宽裕，自身也没有受到让生活陷入困顿的其他因素影响（如疾病、灾祸等）。就低保的标准而言，当地村干部并未给出一个严格限定的量化标准，进而把不符合条件者排除出去（如法定赡养人是否有赡养能力），而只是模糊地以有无收入来源、是否独自生活及是否高龄老人等标准，在经过权衡和比较之后，把名额给予一个"相对贫困者"。

评价标准的模糊化给村干部留下了操作空间。如果抛开其他因素，对于一个年事已高、无收入来源的老人来讲（其妻已82岁），享受低保本属情理之中。但D县的政策文本要求，如果农民因为失去劳动能力，需要通过社会保障进行兜底扶贫，那么可以将贫困线与低保线合二为一，将其纳入低保范畴。实际上，王某夫妻两人有三个家庭条件较好的儿子照顾，也就是说，他们有法定赡养人。按照低保动态管理的原则，王某的三个儿子家庭条件都不错，都有赡养能力，这已不符合低保条件。他的几个儿孙回家时还时常给他们零花钱，在城里做生意的二儿媳也经常给老人买衣服（冬天的一件棉衣一般都在500元以上，她在2016年春节回家过年期间穿的一件皮草大衣价值在1万元以上），生活并不真正困难。尽管村民私下会将王某的状况与其他村民进行比较，但在一个仅有

第五章 半正式行政：村干部的政策角色与治理过程

四五百人且居住分散的村庄里，村民谁都不愿公开提出质疑。

在社会交换中，无论是关系因素还是情理因素，都建立在理性考量基础上，利益因素构成交换行为最根本的内在驱动力。村干部力主为王某办低保，为以后的社会交换提供了条件，而一个绝对贫困者是无法与其进行交换的。在同村，王某的一个哑巴邻居尽管生活非常困难，却没有受到政策照顾。他的妻子是"独钉子"（右手的五个手指在一次事故中被切断），没有儿女，两人住在一个废弃的院子里，其他农户因当地太偏僻都搬走了。对于该户的情况，村干部解释认为，他虽然是哑巴，却没有丧失劳动能力；他的妻子虽然劳动能力比平常人要差一些，但自食其力没有问题。他们年纪才五十多岁，因此在低保问题上，就要考虑其他"更需要帮助的人"，而没有考虑他们。

这种解释赋予村干部行为以正当性，但隐藏在事件背后的却是社会交换逻辑。老王头的儿子王喜向我们讲述，这次评低保，是一件非常偶然的事情。有一次权书记下来做工作，到王喜家闲坐。他向王喜透露，最近上面分配给村里几个低保名额，可以让老王头申请一下。王喜试探着询问，自己父亲的情况是否符合条件？权某说，符不符合条件都是相对的，写申请时把问题写得困难一些。于是，抱着试试的心态，王喜帮父亲写了申请，交给了权某。过了一段时间后，权某告诉王喜，老王头的申请经研究讨论，被批准了。"当时我都感觉十分惊讶。"① 但低保申请下来，总算是一件好事，有钱拿，老人也很高兴，此后对权某更加热情。

在农村社会，接受了别人给予的好处，自己在很多时候都会觉得亏欠别人，在作出一些行为选择时往往受制于人。当权某到老王头家推销净水器时，王喜就无法像其他村民那样可以理直气壮地拒绝，而只能采取更婉转的方式。尽管王喜不愿意支付净水器的钱，但实际上拖磨也不是办法，因为他不会为了一台净水器而得罪村庄社会的权威人物权某。在彼此心知肚明却不能言说的境况下，这一交换就达成了。低保与净水

---

① 2016年2月3日对村民王喜的访谈。

器，这两个毫不相关的事物就这样在事实上关联在一起。而权某向我们讲述时，只提到老王头的个人情况，却绝口不提他儿子的家庭状况，更不提净水器问题。当我们向王喜求证时，才发现"低保"只是一个更大"事件"的引子或切口，是为后面的事件发展提供一个铺垫。

在实践中，惠农政策中的附加条件往往受到村民的抵制，如一些地方以推行"惠民卡"为名向低保村民兜售手机，或"充话费送手机"，这些行为因其意图过于明显而一眼可辨。与政策执行中的"政策附加"相比，乡村熟人之间的社会交换因彼此熟知和相互信任而更加隐蔽。上述案例中"低保"与"净水器"的社会交换，在村干部的话语表述中，却将紧密关联的两个事物有效剥离开来，将它们"构建"为两个完全不相关的事件，大大降低了行为的风险性。这种隐晦的、不能言说的治理逻辑恰恰是国家的正式制度和政策文本所无法涵盖的，是一种非制度化的治理形式，体现出非正式治理机制所面临的合法性困境，也是基层治理现代化所着力规制和解决的问题。

三 村组干部的话语表达与群体形态

在正式制度、乡土规则与社会网络等多重因素型构下，村干部的行为角色在政策实践中呈现出多样化和竞争性的治理图像。在一个由共同体社会向利益社会转变①的过程中，村干部行为带有更强的"政策经营者"色彩，这深刻影响了乡村社会的利益平衡与竞争样态。

（一）村干部收入的话语表达

随着农业税的取消与基层治理转型，村干部可以直接支配的资源越来越少。在那些集体经济不发达的村庄，村干部获得的经济报酬虽然在近几年有了很大提高，但与其所承担的工作及外出务工的机会成本相

---

① 黄光国：《人情与面子：中国人的权力游戏》，中国人民大学出版社2010年版，第4页。

第五章 半正式行政：村干部的政策角色与治理过程

比，许多村干部仍然在不同场合向县乡干部抱怨自己收入的低微与工作的辛苦。铁镇宝竹村村主任向县干部抱怨说，"我一个月的工作收入只有1600多元钱，扣掉公积金、养老金等各项费用，拿到手的就只有680块钱。如果我出去打工，哪项工作不在3000元以上？所以说，我们完全是靠奉献才当村干部的。你在县里给我们村干部呼吁呼吁嘛！"① 在税费时代，由于工资低微，利益空间微薄，工作难做，许多集体经济不发达、位置偏僻的村庄在村委会选举时甚至连候选人都提不出来。在2008年地震前，铁镇离职村干部每月只有六七十元的补助，且由乡镇全额承担。一些乡镇因集体经济发展落后，无法支付村干部的离职补助，铁镇甚至发生过村民小组组长集体到乡镇讨要补助的事件。乡镇为了工作顺利开展，不得不软硬兼施，动用人情、关系等策略技术进行说服，做思想工作，如果不成就只好硬性安排任务。

由于乡镇治理资源缺乏与治理能力有限，为了获得村干部对乡镇工作的主动配合和积极参与，乡镇在政策许可的条件下，会适当给村干部释放一定政策空间，满足村干部提出的一些条件和要求，以换取其对工作的支持。这种策略主义的政策应对可以使乡镇干部在某种程度上消解自上而下的政治压力，按照"理性主义"的科层逻辑实现对基层治理的掌控，实现"将村干部纳为乡镇的低级官僚"② 这一转变，推动村级组织成为乡镇政权的延伸。这样，村干部处于"国家政策上下释放的独特位置，从而在政策执行中获得一定程度的自由裁量权"③，或多或少维持着一种半科层化的依赖关系。

2012年D县制定的《关于干部管理权限的规定》（D县委发〔2012〕20号）进一步强化了乡镇在任命、提名村两委班子成员上的权力。2016年，铁镇出台了《铁镇村（社区）日常管理考核办法》，对

---

① 2017年7月18日对宝竹村村主任王某、县水务局主任谢某的访谈。
② 欧阳静：《策略主义：桔镇运作的逻辑》，中国政法大学出版社2011年版，第145页。
③ 刘祖华：《村头官僚、政策变通与乡村政策的实践逻辑——村干部政策角色的一个解释框架》，《甘肃行政学院学报》2008年第2期。

驻村干部、村（社区）干部，包括村社党组织书记、村民（居民）委员会主任、综合服务专干、综治服务专干和其他村两委成员进行管理考核。考核的重点是村干部的日常行为表现和业务工作的完成情况。日常行为表现主要包括：出勤、请销假、值班、参会、学习培训等情况，由镇党委、政府根据日常工作督查情况进行计分。业务工作主要是指党建、农业、社会保障及服务、卫生计生、安全稳定等工作，以及镇党委、政府分配和交付的其他阶段性的、有时间要求的工作。考核结果实行通报约谈制，每月通报一次，对于月排名倒数第一的，由镇纪委、组织办实施提醒约谈；连续两月排名倒数第一，镇纪委、组织办实施警告约谈；连续三次排名倒数第一，由主要党政领导进行诫勉谈话。全年约谈累计达3次或诫勉谈话达2次以上的，年终不纳入目标考核对象；构成违纪的，一律按党纪政纪高线处分。这种嵌入到村庄社会的权力规制，意味着在国家监督日益强化和规范化的条件下，政府试图借助行政强制来规制村庄权力，甚而将其转化为行政体制的一部分。

  惠农资源的输入使村干部的工资收入有了很大提高，"连村干部都选不出来"的村庄已经非常少见。但在那些位置偏僻、基础设施建设落后、空壳化现象严重、产业极不发达又无法纳入扶贫政策体系的村庄，村干部无法从其承担的职务中获得额外收益，村民出来竞选村干部的意愿不强。在集体经济发展较好的村庄，几乎所有村干部都会抱怨工资低微、工作难做，但同时又想方设法担任或连任村干部。这一行为悖论展现出规范与实践之间的张力。当笔者私下求证，村主任每月拿到的收入是否只有六七百块钱时，一位县级干部直截了当地说，"那怎么可能嘛！他说的是账面上的收入，其实大家心里都清楚，谁都不会靠那个生活"。① 一般而言，除了固定的工资性收入外，村干部还可以从其他经费中抽取一部分，如从社会抚养费、建房违规罚款、征地拆迁补偿差

---

① 2017年7月16日对县水务局主任谢某的访谈。谢主任在乡镇担任书记镇长几十年，曾长期从事水库移民搬迁与政策解释等工作，在与农民打交道方面非常有经验。如今他虽在县水务局工作，但平时下乡的时间仍然非常多。他与铁镇党委副书记谢某是兄弟关系。

价及村庄集体经济发展项目中获取部分提成。由于这部分收入不固定，因而当被他人问及时，往往被选择性地排除在外。

2014年以来，铁镇村干部的工资标准有了较大提升，并且还在持续增长。D县规定，在职村党支部书记和村委会主任每人每月工资1600元，书记、主任一肩挑的每人每月工资1700元；综合服务专干与综治专干工资标准为书记、主任的80%。这些收入由县财政每月打卡80%，其余20%由县财政拨付给乡镇，经乡镇考核合格后再发放。其他专职人员、村民小组组长、议事会、监督委员会成员的收入标准也有所提高。村庄、社区的办公经费也有所提升，人口在1万以上的村庄、社区每年的办公经费为1.5万元，其他村庄、社区为每年1万元。自2014年起，村居四职干部在职期间参加城镇企业职工基本养老保险，保险费由个人缴纳，每年年终县财政根据个人年度考核情况按一定比例予以补贴。在此前离职的村干部，按任职年限每月补助160—200元不等。随着精准扶贫工作任务的增加及"一肩挑"政策的实施，村干部的收入也大幅度增长，基本能达到每月2000元以上，村书记、主任则在3000元上下浮动。

因此，村干部的诉苦和抱怨并不一定能反映现实，而是将此作为与乡镇进行对话和交流的手段，通过"摆姿态"的形式把自己的诉求展现出来。乡镇干部对此心知肚明，毕竟像这种贫困到连村干部都选不出来的村庄只是少数。乡村治理环境从资源汲取向资源支持的转变，意味着许多人非常愿意出来竞选村干部。在他们看来，即使一个村庄非常贫困，但当前的支农惠农、精准扶贫、乡村振兴等持续性政策体系为村庄发展和建设提供了机会。一个村庄发展得好坏，关键还是"事在人为"，那些比较有远见、活动能力强的干部，就可以把"贫困"当作一种潜在优势，作为向上争取资源的重要依据。

那些集体经济发达、利益空间较大的村干部职位，获得了村庄竞争者的青睐。尽管村干部在县乡干部面前善于"哭穷"，但事实表明，在惠农背景下，即使是在公共资源缺乏的村庄，村干部仍然可以在政府每年下拨的惠农资源、扶贫经费与其他运作经费中获益。尤其是贫困村，每年可以获得100万元的扶贫资金以及其他项目，村干部可以通过对这些关键性资源的掌握来获取利益。例如，铁镇团村村主任张某在担任村干部之前就是包工头，在村里比较有钱，算是经济能人。2007年他当上村主任后，不久后就遇上了汶川地震。在救灾重建的紧迫任务下，他承包了村庄和乡镇的大量工程，自己也在短短几年内，修建了3层小洋楼，将庭院装修得像个小花园，还买了车买了房。在2012年之前，国家对村组干部的监督缺乏严格的制度性规定，许多村组干部打牌、买彩票、一起吃饭等现象较为普遍。铁镇团村治安队员毛某民说，张某当村主任纯粹是在贴钱，如果单纯从村主任每月获得的收入来看，他是绝对不会去当村主任的。他还举了一个例子说，在农业税时期，有时镇上的干部吃完饭，就给张主任打电话，说："你在哪里，过来喝杯酒。"其实酒早已喝过了，打电话就是喊他过来结账。张在担任村主任之前，就和乡镇干部、村干部关系比较好，经常在馆子吃饭，这种情况现在没有了。张主任是个直性子，他心里不高兴就会马上说出来，而且他说话有点迟钝，尤其是有我（毛）在场的时候，他更加说不出话来。（村支书）李书记就比较圆滑，说话办事滴水不漏，我一般对他敬而远之，不与之来往。①

可见，村庄治理过程并未完全按照规范化的政策文本展开，村干部在治理行动中将政策视为可解释、可转化的工具。由于信息的不对称，外人很难了解村干部真实的生活过程与行动规则，但村民对权力的主观"想象"也使他们并不完全相信村干部提出的一套解释话语。在惠农背

---

① 2015年4月6日对团村治安队员毛某民的访谈。毛某民，50多岁，离异，20世纪90年代妻子到新疆打工并定居，有一女跟前妻生活，毛家里还有一位80多岁的母亲。他年轻时"混过社会"，在当地名声不好，当时年轻女性遇到他都会绕路走，很多事情他都跟村、镇干部对着干。然而，他为人比较精明，用他自己的话说，当年跟着他的兄弟基本上都"进去了"，而自己却没有进去。后来，在社会环境综合整治的背景下，政府为其安排了治安队员的工作，他也算是成了"体制内人员"。他经常向我们谈起自己年轻时的经历，说得最多的一句话就是，"如果我现在哪怕年轻二十岁，我也绝不会像以前那样活"，表现出深深的悔意。

景下，乡村规则的制定与执行是以权力为基础和保障的，并不断通过权力来修订规则。这样，作为掌握权力并拥有"解释权"的村干部，就成为在村庄博弈中占据优势的一方，他们对规则的解释和取舍更加有利于增进自身的利益，使政策执行过程具有较强的趋利倾向。

（二）农地收益分配中的村庄权力竞争

既有研究虽然较多关注村干部结构及其相互关系问题，但通常将村干部作为一个整体进行分析，对村庄干部的内部结构及竞争关系的研究存在不足。实际上，村干部既不是一个同质化的整体，也不是村庄利益的当然代表，其内部存在复杂的利益纠葛与矛盾冲突。王思斌曾分析了村干部权力竞争的四种模型，即家族模型、革命（政治）模型、个人利益模型与成就模型，个人利益模型通过制造机会来获取利益，往往造成直接或潜在的利益冲突。①

调研发现，在惠农背景下，税费时期存在的无人担任村干部的现象已经很少存在。在许多农民眼里，村民小组组长都成为令人羡慕的工作。尽管小组长的工资不高，但却掌握着许多重要资源的分配权力。如对各项惠农款、土地征用补偿款及组内其他资源的分配，小组长可以通过推动分配规则和过程的调整来实现自己的利益。在铁镇，"组上每次有收入，村组长都会抽取其中的3%—5%，再根据当年的组上开支预算，从剩下的钱里抽一部分作为组上公积金，其余全部平分给社员。组长占有3%—5%的集体收入，作为一个收入极为有限的村民小组来讲（地震前，有些村的年收入只有三四千元，村民小组的收入更是微乎其微），起初大家都没什么意见。但地震后，国家下拨了巨额重建资金，社会也有大量捐款，这是当地许多村民从没有见过的'大钱'。在团村，有的小组能拿到几百万上千万的款项。如果这些钱仍然按照3%—5%的比例分给组长，

---

① 王思斌：《村干部权力竞争解释模型之比较——兼述村干部权力的成就型竞争》，《北京大学学报》（哲学社会科学版）2005年第3期。

他就能拿到几万到几十万的收入。这时候村民就不愿意了。"①

正因如此，对于村干部甚至村民小组组长的职位（尤其是中心村的小组长），村民之间都展开激烈竞争。铁镇团村一组原组长毛长学，63 岁，有一儿一女，女儿在铁镇开化妆品店，儿子在成都工作。另外，他还有亲戚在县某部门当局长。1998 年至 2008 年，毛长学担任团村一组的组长，这十年也是农村税费体制改革与乡村治理发生深刻转型的时期。我们通过他的个人经历及其背后所牵扯的复杂社会关系，能够展现惠农背景下村庄内部职位竞争所呈现出的多维面向和复杂机制，进而呈现利益支配下村民小组内部的权力竞争及村庄内部关系。

毛长学是典型的强势村干部，在长期担任村干部期间，积累了一定的权威资源，并以自己为中心形成了一个以"庇护—依赖"为基础的关系层。汶川地震后不久，他被迫辞职。但他对自己非常自信，他说："我这个人有两个优点：第一，我很讲信用，说什么就是什么；第二，我比较有远见，我能够比一般人看得更远。我现在下台了，我心里很不服气，感觉自己很受伤害。我这个人比较有能力，当初村上找到我，让我当组长的时候，我说我当可以，但是村上、镇上要满足我的条件，就是要给我开绿灯，我想做啥子，你不要挡路。"②

他认为自己下台主要有以下几个原因：第一，前任村主任谭林和自己有矛盾，主要原因是毛不配合、不支持谭的工作。当时村庄因为修路和建房要占用一组的土地，毛找过谭多次，要求对小组进行补偿，但谭不同意；前几年村东修农贸市场占了一组的耕地，在协调土地征用问题时，毛没有积极配合，也没有动员村民，反而私下联合村民对村上施加压力。第二，毛家庭比较富裕，他本人长期从事运输行业，从最开始开拖拉机，到开出租车，最后开卡车。目前在镇上拥有四处房产，一个茶馆，一个旅馆（未办执照），有大型耕田机和收割机，女儿有一辆小轿车，自己有一辆大卡车。毛认为，别人嫉妒自己有钱，总觉得是他贪污

---

① 2014 年 8 月 7 日晚对团村治安队员毛某民的访谈。
② 2014 年 8 月 7 日对铁镇团村一组原组长毛长学的访谈。

第五章 半正式行政：村干部的政策角色与治理过程

来的，但实际都是自己的合法经营所得。第三，在税费时代，毛当组长的时候，组上很穷，工作难做，容易得罪人，没有人愿意当。村上不得不三番五次找他做工作，并满足了他的条件，他才答应当组长。随着乡村治理环境的改善，村民小组长福利待遇也逐步提高，汶川地震后国家下拨了大量资源，想当组长的人"眼红"，就想把他搞下台。第四，他比较有个性，有时脾气比较大，在工作中比较强势，得罪了七八户村民，这些村民联名上访对他造成了巨大压力，直接促成了他的下台。

> 他们状告我四条罪状，从村上告到镇上，从镇上告到县上，从县上告到市里。市里派人来调查，结果这四条罪状一条都没成立——没有证据凭啥子诬告我？这些社员总是闹，我就不想当了，我自己提前辞职。这四条罪状是：1. 我当组长的时候，组上荒了二三十亩耕地。因为不通机耕路，交通不便，没有修水渠，放水不便，所以就荒了，长了很高的野草和灌木。我把这些耕地开垦出来，修了机耕道和水渠，买了大型收割机和耕田机，把这些田全部复耕了。有些社员说我占了集体的地，修机耕道又说占了他们家的田。2. 说我利用职权修建了四处房产。但是我每一处都是正当合法的：第一处是二三十年前我分家的时候在我自己的宅基地上修建的；第二处是我妈的房子，地震后重建，旁边有个土山坡，挖掉了一部分，弄平整了才修的房子，也在我的名下；第三处是我买的一个老职工的，他不要，我就买下来了，那是国有土地，房产可以随便买卖；第四处是我女儿的，在河边，以前说200元每平方米的宅基地，谁都可以在那里修建。但通知了一周都没有人报名，我才让我女子买下那块地建房。但建了一半，没钱建了，就说不修了，把屋基退给集体，但是价格要高些，因为修了一部分了。3. 现农贸市场占地问题，以前这个地方也是一个小的农贸市场，但是面积小，很多摊位都摆到路上了，影响交通和村容。于是有私人老板想把那块地扩大，我让他自己和农户私人谈。政府让我去核实面积，

村民就说我从中得了多少好处，只不过修那点围墙的时候我帮着修了。4. 以前做生意都在街上摆摊，现在把农贸市场修起来后，那边街上就冷清了，我们这边（指农贸市场）就热闹了，那些商户有意见。①

但是，谭为人比较随和，很少得罪人，上下关系都能摆得平。他当村干部多年，包产到户之前就是村干部，后来又当了十多年的村主任，在当地非常有势力，但是毛长学认为他没什么本事。毛与谭之间的嫌隙，在1982年包产到户时就已经结下了。谭当时担任生产队的保管和组长，包产到户时把集体资产变卖了，而钱却不知去向。毛为此曾多次向他质问，有时言辞非常激烈甚至发生争吵，于是双方关系搞得不好。谭虽然在2007年下台，但因为当了很多届村主任，在当地仍然非常有威望。

在访谈中，毛还向笔者出示了他举报谭林的信，信中有几条都是谭利用职权为自己牟利的证据，包括包产到户时将集体拖拉机卖给毛长学，谭林打的白条，以及为他女儿修建幼儿园占用土地等。但是，两个人的矛盾主要还是因为组内的事情，尤其是涉及组内利益的分配问题，毛不想让村上来管。毛某民对毛长学的评价是："这个人很了不起，家里很有钱，对他不友好的人，他老是揭人家的短；工作很认真，但容易得罪人。"② 利益的维护和实现是自觉的、能动的过程，需要利益主体

---

① 2014年8月7日晚上对铁镇团村一组原组长毛长学的访谈。
② 2014年8月7日上午对团村治安队员毛某民的访谈。毛谈到，如果论辈分，毛长学要高一个辈分，两人是叔侄关系。但两人此前的关系并不太好。在税费时期，毛某民从没有交过农业税，毛长学上台后要起诉他。毛某民说："官司我可以打，但我不会交。"毛某民的理由是，当时分田地时没给他分够，但税收却要全收，所以他不交。后来跟毛长学讲道理，他也没说的了。后来连任选举时毛长学得票最高，毛某民就站到台上说，今天谁要是把他选上了，我明天就卷着铺盖去告他。还有一件事，毛某民房子后面有二三十平方米空地没修房子，被毛某民圈占起来了。毛长学说这是集体的地，要卖给别人，毛某民不同意。毛长学让毛某民交钱，后者不交。毛长学让毛某民把土地证拿出来看，毛某民说你没资格，我从国土局买的宅基地，与村上无关。他下台时，二人就之前的矛盾达成了和解，现在关系不错。

第五章 半正式行政：村干部的政策角色与治理过程

尽可能调动相关资源，并且把这些资源有机地凝聚成特定的实际力量，以此为凭借展开谋利活动。① 正是由于毛长学非常有钱，他才有底气处处与村主任"较劲"，并联合利益相关的村民挑战既有的分配规则，导致村庄权力结构的失衡。

现任村民小组组长是杨石芬，是一位比毛长学更年轻的女性。她之所以能当上小组长，毛认为是谭林在背后一手操办的。在选举新的村民小组组长时，有两位候选人，一是杨石芬，另一位是潘姓村民。但后者私心较重，杨的个人形象及村民对她的主观印象更好一些。谭林本来是想支持潘上台的，但谭家和杨家相邻，关系比较好，杨也向谭请求支持她，于是谭改变主意，通过串联的方式把杨推上去了。选举时，由于许多村民在外地打工，当时全组只有38人到会参加选举（全组有261人）。毛长学认为，杨石芬根本没有叫所有组员去开会，只是和她关系好的几家来了，结果杨获得了37票（另外一票是毛某民的，他不愿选杨，快要投票的时候就走了）。

实际上，毛长学和杨石芬两家关系本来还不错，有点亲戚关系，毛的老婆和杨的老公都姓石。在税费时代，毛长学家里比较有钱，他曾借给杨5000元钱，这在当时是一个不小的数目。但杨拖欠3年都没还，毛多次催也不还，双方就逐渐产生了矛盾。于是，毛将村上分给杨的惠农款扣下来抵消私人欠款，杨非常不满。杨当上村民小组组长后，把剩下的钱还给了毛长学。但在日常生活琐事与直接利益冲突的搅缠下，两家关系逐步僵化，杨在还钱时甚至连借钱时打的白条都没有拿回。此后，两家人见面再不说话。毛长学对新任组长的上台表示不服，认为她是凭借谭的支持当上组长的。当时毛下台后，组上还有1万多元集体财产存在信用社，只有毛知道密码，但毛没有将密码告诉杨，杨也取不了钱，双方形成对峙状态。

然而，关于毛长学下台的原因，杨石芬的说法却有所不同。她说，

---

① 贺海波：《村庄权力主体多元利益的均衡与村庄权力结构的稳定》，《社会主义研究》2015年第5期。

毛未经上级同意，私下联合私人老板和部分村民把村里的一块土地转变为建设用地，这相当于变相买卖，遭到其他组员的极力反对。按照毛提出的分配方案，被占地的人得到了钱，而未被占地的人却享受不到，这不符合当地的分配惯例。30年承包期到后，被占地的人又要和其他人平均分配土地，这样对其他组员不公平。① 于是群众到县里、市里去上访。毛想补办手续，将土地转变成合法的建设用地，但是县市不批。最后，毛在多方面压力下被迫下台，那块地变成了农贸市场，农户从私人老板那得到的钱也没有再拿出来。这样，原村民小组的钱基本被安排完了，杨接任组长时，基本没有剩下多少钱。汶川地震后，小组主要靠卖地、左右挪借维持组内支出。②

于是，这两任组长的矛盾变得不可调和。在日常工作中，毛经常利用积累起来的人脉网络和关系资源，处处与杨石芬对着干。"她赞成的我们就反对，她反对的我们就赞成。我们就是不让她做成一件事，让她主动下台。"③ 为此，对于组上哪些田因建房调过，以及杨在处理问题上存在的违规等问题，毛长学都有存底。

（三）农贸市场占地中的群体形态

关于团村村东七八十亩土地流转起来修建农贸市场的问题，是村民小组内部成员关系调整与重构的典型事件。它呈现的不仅是村庄内部的矛盾状况，更集中展现出村民小组在村庄治理中的重要地位，以及村庄土地权属的复杂形态。

按照乡镇政府的建设规划，这块土地将被征用来扩建农贸市场。由

---

① 当地集体土地的村民小组所有性质，使村民小组在土地征用补偿问题上拥有更多的支配权力。由于村民小组不具备法人性质，在土地收益分配上更多遵循"自治"原则，由村民共同协商决定，导致不同村庄的分配方案呈现出较大的差异性和多元化。这也意味着，如果村民小组内有一位农民的土地被占用，那么土地征用补偿款不是分配给被占地农民，而是在全体组员之间进行分配。这一特殊的分配方式让所有组员都介入其中。

② 2014年7月18日下午对铁镇团村一组组长杨石芬的访谈。

③ 2014年8月7日对铁镇团村一组原组长毛长学的访谈。后来，毛某民也印证了这一说法。

第五章　半正式行政：村干部的政策角色与治理过程

于农贸市场占用团村一组的土地最多，这导致一组本来就激烈的内部竞争更趋复杂化。在利益博弈中，团村逐步形成了以前任组长毛长学与现任组长杨石芬为首的两组力量。由于毛已经不是小组组长，因此在手段的采用上比杨更加灵活多样，他采取各种方式，不断制造麻烦，对杨施加压力。杨作为现任组长，虽然对毛十分不满，但她处理问题不得不从小组整体利益出发，并考虑到社会影响，而不能像毛那样"不择手段"。

团村治安队员毛某民认为，"农贸市场占地与毛长学无关，我全程参与了。原地之前就有一个小的农贸市场，因为政府欠私人的钱，就把它抵押给私人了。地震后，如果重修，可以拿到几十万的重修费，但是政府认为原农贸市场太小，重修必须要扩大面积。于是政府租用了旁边农民的土地，签订了20年合同，按照年产量每年支付现金。新的农贸市场大约占地七八十亩，政府也制定了统一规划。但目前这个农贸市场一直没修，只是用围墙围起来，并修了一条路通到规划区。现在农贸市场地面上铺着鹅卵石，赶场的时候很多小商小贩在这里出售农副产品。这块地相当于集体收回后，再转让，谁要修房（门面）谁就交钱。当时的规定是300元每平方米，所得钱全部平均分给社员。但现在的问题是，这块地由政府先统一规划开发，最后如何分配还没说。"①

由于农地所有权的"村民小组所有"性质，这次土地占用实际上把全组人都牵涉进来。当地的土地占用补偿款的分配规则，不是占谁的地就把钱补偿给谁，而是要在全组成员之间进行分配。毛某民的解释是，这是当地长期以来在资源分配中形成的一个惯例。因为村里有许多人没有田，这样就永远不可能占到他们的田，就永远分不到钱。这些村民认为这样不公平，所以征地补偿要按人头分。农地被征用后，田也要打乱重分，没有田的也能分到田。但是田不能简单地平均分，如果每人3分田，那么三口之家可以分到9分田，但是要扣除自家修建房屋占的

---

① 2014年8月7日上午对团村治安队员毛某民的访谈。

承包田，即如果修房子占了4分田，在这次分配中只能分5分田。

毛长学认为，"农贸市场占地七八十亩，组上把钱收上来，再克扣一点，分到每个人头上的只有2000元左右，而且这笔钱还不知道什么时候能够拿到。我跟村里李书记、张主任说，如果我拿不到钱，可以去你们家把小车开走吗？他们没有一个可以保证的。如果我在流转合同上签了字，我也拿不到钱，他们会让我把（信用社存款）密码说出来，所以我就不签字，反正签不签字都拿不到钱。"①

"在我们这里，占用一个人的地，所得收益全组按人口平分，剩余土地也要重新打乱，按全组人口平分，原来没地的人也能分到土地了。这样，占一个人的地就会牵连到全组的人。大家为了想分地，都签了字，只有我没签。我认为，占不占地不是问题，关键在于能否把事情摆平。如果让我签字，必须满足我的三个条件：第一，解决子孙的口粮问题。组上土地本来就不多，占掉七八十亩地，剩下的每人不到2分，口粮怎么办？周镇长说低于3分田就要上社保，如果一组的田被流转后，每人都低于3分田，哪能给那么多人上社保啊。② 第二，要制定公道的分配原则，也就是钱怎么个分法。现在的村民代表都是组上指定的，根本没选，所以他们的意见不代表其他人。第三，更换小组领导班子，选出公正无私的领导，否则我是不会签的。正是因为我没签，一组的土地没有占成。在多数村民不知情的情况下，只有几个村民代表私下商议就把地圈起来，我感到不服。"③

毛长学作为村庄非体制精英，掌握了经济、社会和文化等非正式资源，他提出的几个"条件"着实说动了一些村民，许多人抱着观望的态度，没有在补偿合同上签字。他提出的"更换小组领导班子"，也让村庄内部竞争更加激烈化。尽管村委会与村民小组做了很多工作，挨家

---

① 2014年8月7日对铁镇团村一组原组长毛长学的访谈。
② 既有政策规定，农村户口土地被占用后，人均耕地不足3分田的，就属于失地农民，政府必须帮助其解决社保问题。
③ 2014年8月7日对铁镇团村一组原组长毛长学的访谈。

第五章 半正式行政：村干部的政策角色与治理过程

挨户劝说并要求签字，作出承诺，同意签字的村民今后不但可以分到补偿费，还可以享受社保或低保。这在当时一度得到全组多数村民的拥护和支持。然而，在随后召开有镇、村、组三级干部参加的村民大会上，大家就征地补偿标准及其分配方案、征地后的保障（征地后人均土地不到 0.3 亩）及现有土地的分配等问题分歧过大，最终不欢而散。

在整个过程中，除了少数几个极力反对的外，一些村民因熟人社会的生存规则而不愿得罪人，态度比较模糊，但担忧之情清晰可见。他们希望在村庄竞争下获得超额利益，因此他们在意见表达时主要依附于村庄精英。当问及对这次农贸市场占地的看法时，在镇政府看大门的潘大爷说："我一半愿意，一半不愿意。我愿意主要是前两年政府给我买了社保，每个月都可以领钱，因为我是机关退休干部，要是不愿意影响不好。我不愿意主要是因为钱要平分，田也要打乱平分。我们 8 口人共 4.8 亩田，占完后我们家只剩下 7 分田。我们组共有 116 亩田，占完后只剩下 40 多亩，全组人平均分，每人只能分到 2 分多田。如果按现在的补偿标准，我们家可以补十多万；如果平均分，每人分不到 1 万元，划不来，而且这个钱还不是一次拿到。这个地占了后，谁想建房，宅基地费用是 300 元每平方米，每亩 600 多平方米，就是 20 万。政府一转手就赚了这么多，补给我们的只有两三万。组里也有不同意没签字的，我签了字，但我大儿子不同意，杨石芬就找我儿媳签的字。毛长学没有签，他说这个事还不一定办得成，还得国土局批。"①

在村民的私下串联中，杨石芬在村庄利益维护上的一些争议性做法也被屡屡提及。"最近一次外人（非本组人）占用我们组的耕地建房被搅黄了。这次占的是刘水狗（小名）的田，有 6 个门面大，每家建两个门面，可以建三家。团村其他组 2 户想建，北村 2 户想建，每平方米 300 元，订金都交了。后来另外一个村有一户农民打工回来，很有钱，也想建，而且愿意出更高的价格，但是杨石芬等人没有同意。后来这个

---

① 2014 年 8 月 4 日对铁镇政府看门员潘大爷的访谈。

人在别的地方找了一块地方建,也交了订金。村民就觉得里面有猫腻:价格高的不卖,反而卖给价格低的。虽然刘水狗本人同意(他常年在外打工),但其他组员不同意。因为大家平分钱,所以,那6个门面的钱每人都有一份。我不同意我的那一小块被占,最后这个事情搅黄了,订金也退了。前任组长毛长学比较有本事,但容易得罪人;现在这个杨石芬一点本事都没有,从上任到现在一件事情都没做成。"①

由于各方力量互不相让,这个事情还没有最终的处理结果,只好一直拖着。对许多村民而言,土地已经失去了经济上的实际意义。在当地,一些村民即使拥有土地,但自己已经不耕种土地,而是租给别人耕种,尤其是像毛某民这样的人。他从一个体制外的游离分子变成了体制内的一员,还领取了自己的治安队员制服。但他不会轻易放弃土地,因为土地被占用会有补偿。政府多次召开会议,拉拢一些关键分子,试图争取一部分村民的支持。由于毛是治安队员,也是政府努力拉拢的对象。每次开会时,政府都会发一些钱,总共大约几百元,这些钱均出自卖地的钱。但实际上,卖地还在讨论中,并未变成事实,这就类似于"饼还未做成,已在暗中分饼了"。由于制定不出合理的分配方案,无法摆平村民的分歧,这事只好一拖再拖,镇上为此也很头疼。

毛某民认为,之所以造成这样的局面,主要原因是当时镇上没有当机立断,给村民留下了很大的思考空间和回旋余地。村民一旦反应过来,就开始反悔,无端增添了更多不可预知因素,情况就变得异常复杂。不少村民虽然签了字,但后来却死活不同意交出土地;有的村民认为那些当年在包产地上修了房子的农户,现在既能分到三分田,又能参与被征用土地的费用分配,很不公平。现任组长杨石芬对此也是毫无办法,毛某民在后面出了不少主意,以至于很多村民认为毛某民是实际上的组长。毛担心会遭到村民的指责,所以不想出面帮忙。

由此,村庄围绕着精英更替而导致的权力竞争以及在利益驱动下的

---

① 2014年8月7日晚对团村治安队员毛某民的访谈。

土地收益补偿的分歧，集中展现出村庄不同行动主体的利益分化及村庄共同体认同的消解。以村庄精英为主导的利益竞争形塑出复杂的村庄治理格局，导致资源不断内耗的双输局面，加剧了村庄治理的困境。这需要我们在乡村研究中正视自治的价值，突破对"村庄行政化"的批判性和模糊化理解，真正从村庄利益整合与基层治理转型的整体角度出发，采取必要的组织手段与权力规制措施对村庄社会进行整合和重塑。

小　　结

乡村社会的政策执行是对权威性利益的分配过程，惠农政策的执行与实践赋予乡村干部资源的再分配权力。如何协调各利益主体的差异并达致一种动态平衡状态，关系着惠农政策的有效落地及乡村善治的实现。村民自治原则的嵌入，不仅使村干部从形式上获得了来自村庄内部的合法性权威，而且随着税费改革及"一事一议"制度的实施，村民在村庄公共事务的决策和管理中享有知情权、参与权和决策权，动摇了传统的村干部主导的村庄决策模式，[①]可以有效发挥民主决策和管理的优势，进一步承接下乡资源并优化村庄公共物品的配置。

铁镇的政策实践表明，村庄内部的权力结构与村民的组织化程度呈现出复杂分化的状态，在实践中规制和形塑着村民的行为。村民的参与建立在对村庄权力的依赖基础上，并在既有的制度框架与乡土规则中寻求利益的最大化。在一个村庄甚至村民小组这一有限空间内展现利益相关者的关系、行动及其矛盾，有助于更真实地透视隐藏在乡村日常生活中的利益竞争逻辑。村庄各种力量的杂糅交织使基层社会的资源分配体现为介于正式权力与乡土规则之间的模糊、隐晦的行动。村组干部既是惠农政策的执行者，也是村庄权力的掌握者，同时也是政策规范的利益相关者。铁镇的资源分配与竞争乱象也表明，如果国家未对基层权力形

---

① 陈潭、刘祖华：《迭演博弈、策略行动与村庄公共决策——一个村庄"一事一议"的制度行动逻辑》，《中国农村观察》2009年第6期。

成有效的约束和规制机制，那么单纯提升基层社会的自主性和自治权，既无法推进惠农政策的有效落地，也无法提升农民的公共福利和促进农民权利的增长。国家以惠农政策为中介对乡村社会进行的结构再造和利益重塑，进一步强化了乡村干部拓展自身权益性空间的行为激励，也推动了乡村社会内部的分化和重组。

尽管乡村社会有其内生的规则，但惠农资源作为破解农村公共物品供给难题、凝聚村社内部认同、提升基层政府治理能力的重大举措，是以国家制度文本与政策规范为基础的，并以政府科层治理为基本规则与核心要件。基层治理中大量非正式的政策实践展现出"国家在场"与"村庄自主"的互动性调适，这既是导致基层治理困境的重要因素，也是基层治理转型的社会基础。在国家治理现代化背景下推进政府权力运行的规范化，加强基层政权组织能力和执行能力建设，是一个非常紧迫的现代化命题。

第六章

利益自治：农地集体产权的乡土表达

现代社会，乡村治权因惠农资源配置而持续调整和重塑，基层政府传统的政治动员与强制能力逐步式微，其运作方式也发生适应性转换。在复杂事项的治理中（如村庄内部的资源分配问题），基层政府越来越倾向于隐身后台发挥指导和管理作用，而不介入村庄利益分配的具体过程，更多借助村庄社会的合作体系和自治能力，构建农民的公共规则意识，表现出"利益自治"的行动逻辑。

一 政权治理转换与农地现实样本

（一）权力隐身与政权治理的转换

"政策是不会自动实施的"[①]，必须由稳定的政策执行主体来完成。学术界对政策主体、政策对象、政策环境与政策结构等问题的关注构成了政策执行研究的核心主题。其中，政策执行中的偏离及其阻滞因素等问题颇受关注。诸多研究用"精英俘获"来解释政策执行中的偏离现象，将其视为"财政扶贫项目目标偏离的关键原因"[②]。乡村精英利用自身的政治、经济和社会权力优势，对村社关键资源具有支配和控制

[①] [美]小约瑟夫·斯图尔特、戴维·M. 赫奇：《公共政策导论》，韩红译，中国人民大学出版社2011年版，第9页。

[②] 邢成举、李小云：《精英俘获与财政扶贫项目目标偏离的研究》，《中国行政管理》2013年第9期。

权，进一步影响了惠农政策的实施和推进。当这种行为成为乡村社会的普遍规则后，以影响公共资源的分配为主要目的的"分利秩序"逐步形成。

这一分析视角成为研究乡村资源配置及乡村社会关系的主要解释模式。它关注政策执行中的国家要素及权力塑造行为，但带有较强的精英价值取向，屏蔽了乡村社会在资源配置中的作用，忽视了乡村社会的自主与自治。在乡村资源配置与秩序建构中，不仅乡村精英在其中扮演重要角色，乡村公众也通过不同形式对分配过程和分配规则施加影响，展现出村庄资源网络中的"利益自治"运作形式。在村社内部，在涉及村庄利益的分配问题上（如土地征用的利益分配），政府权力隐身于后台，乡村干部刻意与村社利益分配保持一定距离，不介入到利益分配过程，只在宏观上发挥指导和管理作用，体现出"权力隐身"与"利益自治"的特征。

有学者发现了互联网时代的"权力隐身术"，认为空间的虚拟化、权力的感性化、权力弥散化使得权力无处不在却又凭借技术更好地隐藏自身。[①] 权力的隐身并不意味着权力的消失，而是改变了运作形式，以一种外在的监控和强制客观地存在着，只是整个过程不易为个体所感知和触及。福柯在《规训与惩罚》中，通过对惩罚犯人的暴力场景的描述，展示出权力支配下的震慑和征服效果。暴力场景的消失，并不意味着规训和惩罚的消失，持续的监控仍然在发挥作用。在农地治理中，农民过多关注利益的分配，发展出一种体现乡村自主的利益自治模式，并未意识到权力的存在和影响，但基层政权在分配过程中仍发挥重要的监管和规范作用。

在现代社会，权力运作的边界越来越清晰和明确，权力的实现越来越不依靠对事件过程的直接控制和干预，而是隐藏在过程背后，有效地监控和引导事件过程。在惠农背景下，资源竞争的显性化使政府对乡村

---

① 陈氚：《权力的隐身术——互联网时代的权力技术隐喻》，《福建论坛·人文社会科学版》2015年第12期。

内部事务的介入变得更加慎重。基层干部基于自身的权责义务而对治理过程进行常规介入，虽未从中获益，但这往往会打破乡村内部的利益结构与分配格局，容易引发农民潜在的反感和抵制。在基层治理中，对公共权力运行设定一定边界，权力掌握者与涉及利益分配的乡村事项保持一定距离，是乡村秩序有效维系的重要基础。一些研究也发现了政府权力远离村庄治理的现象，导致政府在诸多纠纷中无一例外地成为"旁观者"，展现出一种"无所作为"或"无为而治"的基本样态。[①] 但是，权力隐身并不意味着乡镇不去承担公共服务和治理职能，反而要强化相关职能。在村庄治理中，政府权力实际上一直"在场"而从未"缺场"，只是以一种不容易被感知的形式存在着，体现出政府权力运行的规范化与责任的自觉性。

在农村，土地问题一直是透视基层治理的重要维度，也是学术界研究的热点话题。政府在政绩取向下以发展为核心的行为驱力，促使任何招商引资及项目制运作都必须以一定的土地作为前提。农业税取消后，地方政府在财政支撑上逐步形成以"土地财政"为核心的路径依赖，也使乡村社会围绕土地收益的分配成为基层关系重构的重要内容。在土地问题研究中，"法""理""身""势""气"等成为解释农民维权行为的重要分析工具。然而，这一研究范式将基层政府与乡村社会置于一种极化和对立状态，展现出农村集体产权约束下土地收益分配中的基层政权运作特性与复杂形态，却遮蔽了乡村内部的利益过程及主体互动关系，无法呈现乡村社会的内生治理秩序与纠纷调解机制。在基层社会，除了制度化的乡镇政权外，内生于乡村社会内部的村社权力实践拓展了基层政权运作的领域，构成了基层权力的重要内容。它与农民之间的互动和较量，以及农民对权力概念的社会性理解、构建和运用，丰富和拓展了基层权力的运作形式，形塑出更加真实和生动的乡村治理情景。

[①] 周睿：《移民村庄利益分配中的权力运作》，硕士学位论文，中央民族大学，2010年，第36—37页。

在铁镇，农民对"农村集体产权"的认识与分配习惯强化了土地征用收益的竞争。从形式上看，农村集体经济组织一旦确定了土地征用补偿的标准数额，其内部的利益分配就与基层政权没有直接的利益关系，基层政权也不会主动介入乡村利益分配过程。这种"非直接利益关系"将矛盾处理转移到村社内部，通过村社内部主体的协调与互动来解决问题。在铁镇治理实践中，由于村民对"集体产权"认知的争议与历史传统，更容易导致村民在利益分配中产生矛盾和纠纷，这促使基层政府必须进行宏观引导和指导，协商制定合理的分配方案并对分配过程进行控制，使补偿资金顺利分配，但不能直接介入和进行行政干预。

由于农村问题的叠加性和复杂性，尽管土地收益分配是在一个村庄或一个村民小组范围内发生的，但如果处理不好仍然可能发生影响稳定的群体性事件或上访行为，这需要基层政权在"旁观"的同时又必须保持高度关注，对随时可能出现的矛盾和纠纷进行协调处理。尽管乡镇不直接介入村庄的分配问题，但当分配过程陷入僵局时，仍然会通过与村组干部协调、沟通，来化解分配中的矛盾。如铁镇团村土地收益分配陷入僵局时，镇干部主导召开了有镇、村、组干部参加的村民会议，协商讨论分配方案，以协调歧见，推动分配过程顺利完成。在利益分配中，除了村民的差异化意见与策略性行动外，村干部在分配规则的制定、分配过程的掌控、最终分配结果的确定等方面仍发挥重要作用，体现出自治权力的治理功能。

（二）铁镇农地治理的样本叙述

农民利益驱动下的博弈行为，使农村基础设施建设和村庄发展的成本大大提高。单是征地拆迁补偿这一块工作，就使许多地方的基层政府望而却步。但农村社会的发展和农民生活条件的改善，要求必须要加强农村基础设施建设，这既是惠农政策与精准扶贫的重点内容，更与农民日常生活紧密关联。D县对所有纳入规划的贫困村实行"通村通畅工

第六章　利益自治：农地集体产权的乡土表达

程"，在道路建设上给予55万元/公里的补助标准。在当地规划中，从2015年至2017年底，D县要完成贫困村通村通畅道路硬化工程3500公里，新建村社人行便道6000公里（聚居20户以上的自然村），可见政府对道路交通建设的重视。

由于D县属于水源地保护区，当地政府对工业发展进行严格限制，经济主要以农业为主，尤其是万亩葡萄园和千亩枇杷园成为铁镇的支柱产业。枇杷年产量可达10万余斤，年销售收入50余万元。当地更是连续十余年举办葡萄文化旅游节，试图通过多种方式打造产业品牌，扩大产品销路与产业影响。但这些水果是季节性的，依赖于气温、降水、保存、运输等外部条件，尤其是在运输中对道路状况的要求非常高。铁镇有些村庄的种植基地仅有机耕道与外界相通，道路坑洼不平，导致优质水果在运输中受损受伤，使果农损失惨重。为了彻底解决这一问题，铁镇对当地基础设施尤其是道路建设给予了高度重视，D县也出台了诸多道路建设政策来提升基础设施建设水平，同时也衍生出一系列治理问题。

在铁镇，农民非常希望政府能把当地的公路修好，自己可以享受出行便利，这与政府的意愿不谋而合。但道路建设必然涉及征地问题，使政府与农民之间既是一种合作关系，又是一种博弈关系，利益的耦合并没有降低双方合作的难度。农民的自利行为也使政府不能过于"主动"，而要与农民就修路中的问题交流意见，明确双方的权责关系，避免陷入无休止的利益纠缠。

农村道路建设作为惠农政策实施的重要内容，涉及两个问题：一是道路建设资金的筹措，二是征地拆迁及其补偿、分配问题。

首先是道路建设资金的筹措问题。相对于普通村庄而言，贫困村的资金来源更加多元化，这些村庄有专项扶贫资金用于修建道路，村民则以劳折资修建人行便道。被确定为省级贫困村的村庄，所获得的资源和项目要比其他村庄丰富得多。在整村帮扶方面，D县制定了一套整体性、规范化的脱贫方案，涵盖产业发展、基础设施建设、社会民生保障、基础素质提升、基层组织建设等5个大项和28个小项（D县扶贫组办发〔2015〕2号文件）。这些村庄不仅可以获得上级的专项扶贫资金，还可以获得其他部门的整合资金。

在新建公路及主干道升级改造中，虽然县交委每公里补助55万元，以及扶贫资金每公里补助15万元，但这些资金仍然无法满足建设需要。对于留存的资金缺口，需要各村组召开有村支两委干部、各组组长、村民代表、党员代表参加的"一事一议"会议，决定资金筹措事宜。

但在惠农背景下，农民形成了向政府索要资源的行动惯性后，农村任何形式的资金筹措行为都会受到抵制。对普通村庄而言，村民集资主要用于公路建设及农村道路的升级改造。县交委补助的标准是25万元/公里，其余资金需要由村民自行筹集，但要经过村民"一事一议"的讨论才能决定是否集资。在操作中，集资的数额、具体分摊方式等问题往往容易引发争议，使集资过程困难重重。有些村民以各种理由拒交，村干部只能做思想工作。但对思想工作根本做不通的村民，尤其是村庄公共服务供给中村民普遍存在的"搭便车"心理，村干部亦毫无办法。虽然村民知道修路会给村庄生活带来诸多方便，最终受益者是自己，但一旦涉及筹钱问题，村民仍会以"公平公正"等理由在资金筹措方案等事项上争得不可开交，尤其是那些居住偏远、在外务工的村民，往往不愿承担集资费用。在"资金由谁承担、如何分摊、分摊多少"等问题上，村民基于自身利益考量会提出不同意见。村干部会综合考虑村民意见，尽量提出一个相对公平、大家都能接受的方案。

农村社会问题的复杂性及其叠加累积，往往使村干部望而却步。在铁镇，一条公路要经过村里几个村民小组，公路就要按照经过小组的里程长短分割为不同路段，每个路段由该路段村民小组的成员负担。这就会产生一个问题：一条公路经过不同小组时有长有短，又由于该路段居住的村民数量不一，距离公路远近不一，由此产生的公路分担费用也各不相同。如果路段较短，但周边居住的村民较多，那么费用分摊到每个人头上，就显得相对较少。但如果该路段较长，而周边居住的村民较少，则每人分摊的费用就较多，村民难免就会有意见。而不涉及修建公路的村民小组，往往拒绝集资，但生活中他们可能会使用这条公路，由此产生"公平性"问题。相对于居住比较偏远的村民而言，距离公路比较近便的村民，所缴纳的公路集资款往往更多。这样，分摊到每位村民身上的集资数额就出现了从一两百元到上千元不等的状况。因此，公路集资款的分担问题是一个需要精确计算的复杂工程，但问题的关键仍在于村民认为合理、公平，能被接受，这其中会受到诸多人为因素的影响。

尽管这种由各组村民根据里程长短和受益村民数量来确定集资金额的方案看起来公平，但许多村民仍会提出不同意见，认为那些距离公路远的村民在使用公路方面，并不比其他村民少；将一个完整的公路分解为支离破碎的几个路段，他们认为没有必要，而更倾向于该路段的费用由所有小组成员平均分摊的"一刀切"方案。村里最终会采取哪种方案，主要取决于不同利益主体在博弈中的实力对比情况及村庄权力对不同力量的整合能力。在实践中，往往是"一村一策"，有些村庄将费用平均分摊给每位村民，有些村庄则根据里程长短和受益村民数量来进行分配。这就意味着，村民在涉及自身利益的村庄事务中，必须通过积极参与去争取村庄话语权，这打破了农民在税费时期对村庄事务的冷漠态度，强化了村民对基层治理事务的参与。

在具体的资金筹集事务中，多由村民小组组长或村民代表采取"多退少补"的原则挨户收取，村两委干部一般不参与其中。在权力监督日益规范和强化的背景下，没有哪位乡村干部愿意接这个"烫手山芋"。正是由于集资的困难，现在农村向村民集资的情况已经非常少见，政府基本上不再从农民那里收钱。用村干部的话说，"有多少钱，就办多大事；要是没钱，就办不成事，村民也没话说。"①

为了解决这个问题，D县专门设立了乡村公路建设经费，这些经费可以根据各镇公路建设情况自行支配。对一般村庄而言，农村公路建设

---

① 2017年7月16日对铁镇宝竹村党支部张书记的访谈。

的程序是，先通过村民"一事一议"自筹资金，同时向上级申请指标任务，以获得政府财政支持，被批准后才进行修建。在资金支持上，先由群众自行垫付，修好后由交通局验收合格，上级再以"以奖代补"形式拨付经费。这些经费必须专款专用，不能用于村级办公场所建设、弥补村办公经费、支付村干部报酬等各种支出。"一事一议"挂钩的财政补助，具有显著的"激励效应"，对创新农村公共产品供给方式，培育内生性的公共产品自主供给机制，提供了决策依据。①

在惠农背景下，集体建设经费更多依靠向上级部门申请。乡镇政府在向县级相关职能部门申请修路资金时，严格按照科层体制的规范文本进行叙述和表达，如陈述自己已通过村民集资筹集了多少钱，现在还缺多少钱，请给予支持，等等。但实际上，现在政府很少向农民集资，因为村民集体筹措的资金数额非常有限，利益的多元化也导致来自村庄内部的阻力越来越大。许多村庄曾尝试向农民集资，却根本筹集不起来。在向县里申请资金时，乡镇却必须按照科层制的范本去陈述理由，否则就可能不会被批准。在向上申请资金时，基层政府充分展现出自己的策略性应对方式，即利用自己独占的信息优势，申请的数额往往超过项目所需资金，既可以使资金更加宽裕，以备在项目建设过程中可能产生其他经费开支，也可以弥补其他项目的亏空。对于这一潜在规则，县级部门也心知肚明，在给予批复时会适度打折扣，形成"对半砍价"的习惯。

其次是征地拆迁及补偿、分配问题。在铁镇，许多农户是分散居住的，在实现"村村通"之后，农民希望政府将公路修到自家院子。如果要修路，按照农民的思维习惯，必然会涉及征地拆迁及补偿等问题。也就是说，农民既希望政府帮助修路，又希望能占用自己的土地而获得补偿，达到"多头占利"的目的。政府显然不会满足农民的这种愿望。为了降低建设成本，乡镇政府告知村民，如果希望将公路修到自家门

---

① 赵为民：《集体行动、财政激励与村级公共产品自主供给》，《华南农业大学学报》（社会科学版）2019 年第 5 期。

第六章 利益自治：农地集体产权的乡土表达

口，需要自行将路基按标准铺好，再通过乡镇向上级部门申请经费。修人行便道需要占用农民的土地，这是农民的自愿行为，不属于国家征用或占用，政府不会对此进行补偿，所占土地由村民自行调整解决。这样可以有效避免土地占用的赔偿问题，极大减少了政府的运作成本和工作量，推动了农村公路建设顺利开展。

尽管如此，在既有的政策框架下，农民仍想方设法改变规则以增进自身利益。铁镇宝竹村准备修一条乡村公路，最初打算修1.8米宽，作为村民日常行走的便道。这是有利于农民生活的好事，一开始村民也没有说什么。但后来政府考虑到1.8米便道太窄，为了更方便车辆进出，政府决定把人行便道拓宽为3.5米宽的通村公路。然而就是这个决定，给政府带来了极大的麻烦。住在同一院子的几户农民得知这个消息后，就立即联合起来，连夜在主干道旁边挖了一条便道，通到自家院子，要求政府给修好。由于人行便道资金来自整村脱贫资金，这笔资金主要用于修建通村大路和人口聚集地的公路，拨付的资金非常有限，不可能家家户户都能修人行便道。村民如果要修，按程序必须提前申请，政府好作出建设规划和资金安排。

村民临时性的要求使政府面临更加严重的资金短缺问题，如此则正常的工程就无法完成，农民修便道的要求便无法满足。于是，这几户农民便阻止公路建设开工，使工程陷于停顿。在与农民交涉无果后，铁镇政府只好向上级部门请示。上级回复说，可以从其他项目结余资金或2018年的资金中拨付一部分，满足农民修便道的要求。然而，在得到政府的同意答复后，这几户农民又提出新的要求，不同意修便道，因为便道只有1.8米宽，无法行车。他们找到乡镇干部，要求按照3.5米宽的车道标准去修，否则就不让开工。这让干部很气愤："我们都是乡里乡亲的，你们在这里也住了几十年了，总得有点公德心嘛，总得为家乡发展做点贡献嘛！我们不是说好了给你们修便道吗，怎么又改变了要求呢？"[①]

[①] 2017年7月16日对铁镇宝竹村党支部张书记的访谈。

尽管个别农民的善变打乱了政府的工作计划，使正常的工程建设难以推进，但在非规则化的乡村社会，基层政府不能依赖行政强制去应对这些棘手难题，以避免事情变得更糟，而只能采取非正式的方式予以回应。在工程停工十几天后，政府将工程车和工人撤出工地，摆出"撤工不干"的架势，同时让村干部去做村民的工作，制造舆论声势和道德压力，联合其他村民劝说这几户阻挠施工的村民，批评他们为了一己私利损害了村庄整体利益。在多方面调解下，这几户村民不得不放弃修车道的要求，退而改修人行便道。可见，基层政府在处理乡村具体事务时，策略性地避免直接动用行政力量，转而利用乡村非正式力量，来解决乡村内部的利益冲突，体现出权力运作的非正式特征。

在习惯了给基层干部"找茬"后，许多农民也善于借助特定机会，为自己增加博弈筹码，甚至将以往乡村社会的遗留问题硬塞进基层治理的日常实践。在 D 县修环城公路时，铁镇一位农民坚决不同意征地标准，他要求解决此前他承包政府工程的 12 万尾款作为交换条件。但政府认为，他当时并未按合同的约定做好，只同意支付 8 万。双方一直找不到妥善的解决渠道，只好拖着。在遇到这次修路之后，他认为这是一个很好的机会，于是借此提出来解决这一棘手问题。由此，不仅政府在基层治理中存在连带式治理机制，农民也善于把以往难以解决的问题与当今的政府治理行为相关联，作为利益交换的筹码。

这样，基层政府在治理实践中，不仅要以进取性的姿态解决乡村建设和发展问题，还要应对农民在利益驱动下的社会遗留问题和其他衍生问题。在不违背政策的前提下，乡镇通常会选择妥协。乡镇作为乡村矛盾的实际解决者，来自多方面的压力最终会传递到乡镇。在目标责任制下，乡镇面临具体的任务要求和进度目标，无法像农民那样无限拖延。在许多博弈场景中，"时间"成为农民博弈的最大筹码，"拖"是农民最有效的博弈方式。许多农民正是认准这一点，在实践中采取"不同意、不合作、不违法"的"不温不火"的处置策略，迫使政府主动作出让步。

对基层干部而言，征地纠纷与矛盾调解一直是土地治理的核心工作。尽管乡村干部在处理棘手问题时可以灵活变通，但对村民反映的补偿标准、社保等问题，在既定的补偿标准下，可变通的空间实际很小。乡村干部更多扮演被动性执行的政策角色，而未被赋予更多解决问题的实际权力。但现实中要回应村民的不同诉求，他们也只能硬着头皮去做。乡镇干部既要在规定时间内完成任务，又要考虑社会的承受能力，需要经过双方反复沟通和相互试探。

为了推进征地拆迁工作顺利开展，基层政府出台了许多激励性措施。铁镇规定，如果在规定期限内签订合同，每人一次性奖励1000元；每提前一天签订，每人奖励200元。D县实行镇街包干制，即包工作、包经费、包协调解决辖区内的相关问题，乡镇政府负责征地拆迁协议的签订工作。为了激励干部做好征地工作，D县按实际征地面积4000元/亩计拨工作经费，其中被征地乡镇可以按1500元/亩的标准获得分成，其余费用拨付给国土房管局、土地房屋征收中心。房屋征收按征收直接成本的2.8%拨付工作经费。这些经费主要用于支付征地聘用人员的工资、午餐费、村干部误工补助、培训、会务、接待、差旅、信访维稳，以及征地工作目标完成考核等各项经费。这些费用由国土房管局统一管理，按征地拆迁进度分三次划拨：完成土地征收拨付40%；完成房屋拆迁拨付40%；完成土地安置拨付剩余的20%。政府通过这种方式，把困难的任务细化分解，展现出科层制的内部控制与压力分解逻辑。

二 利益自治：农地产权的乡村表达

政府权力具有公共性与强制性双重特征，农民对政府权力一直抱有矛盾心理：既希望政府介入乡村以提供公共服务，又担心政府的过度介入会影响乡村利益的实现。这使村庄内部建立起一种有效的自治机制,协调处理乡村内部矛盾和纠纷,推动乡村内部事务的自主解决。在村庄范围内,利益自治是指村庄对涉及其整体利益的社会问题和治理事项保持自治的权力,这种权力与政府权力形成明显区隔,并在一定程度上排斥政府的介入。

(一) 村民小组:土地收益分配的主体

由于中国农村土地产权的特殊性质,在土地利益分配格局下,必须清晰界定产权主体即"集体"的概念,因为"农民集体"掌握着土地收益的分配规则与过程。在政策规定中,土地属于农民集体所有,集体有权决定土地补偿费的分配和使用,农民只享有承包权和经营权。然而,"集体"是一个相对模糊和宽泛的概念。这里的"农民集体",在铁镇就是指村民小组,这在当地农民的认知里,是非常明确的。正因如此,团村一组前组长毛长学在组内成员的支持下,才能理直气壮地拒绝村主任谭林对组内事务的干预。

村庄政治运作往往受既有政策与村庄传统等多重因素型构。要理解现实问题的根由,必须从整体上回归政策过程与历史传统。在实践中,由于历史与现实因素,关于农村土地所有权主体到底是村民委员会还是村民小组,一直以来颇具争议。城镇化进程中因土地征用带来的巨大利益,更使土地所有权主体在实践中存在人为模糊化的现象。

《中华人民共和国土地管理法》第十一条规定:"农民集体所有的土地依法属于村农民集体所有的,由村集体经济组织或者村民委员会经营、管理;已经分别属于村内两个以上农村集体经济组织的农民集体所有的,由村内各该农村集体经济组织或者村民小组经营、管理;已经属于乡(镇)农民集体所有的,由乡(镇)农村集体经济组织经营、管理。"这一规定虽然明确了土地的集体所有权属,但由于中国历史与村庄社会组织的差异,各地存在不同的组织形式,因而在实践中这一规定仍然较为模糊且具有地域差异性,不同主体基于自身利益的考量会对

第六章 利益自治：农地集体产权的乡土表达

"集体"概念作出不同理解。通常而言，在中部和东部地区，行政村与自然村大多合为一体，农民集中居住，不同的村民小组交错杂居，他们对"自然村"的认知并不强，在处理事务时，更多是以村庄（行政村）为基础单元。

铁镇关于"集体"的界定融入了更多的历史传统因素。在合作化时期，农民以土地入社。在公社时期，"三级所有，队为基础"的组织模式决定了土地集体所有权的多元化，主要分为公社集体所有、生产大队集体所有与生产队集体所有，其中，"队"在土地所有权方面占据基础性和主导性地位。家庭联产承包责任制推行后，所有制逐步演化为三种形式，即乡镇农民集体所有、村农民集体所有与村民小组农民集体所有。这种集体所有权主体的多元划分是在实践中造成土地产权主体模糊化的重要原因。在中部和东部一些地区，"集体"被理解为"村委会"，这使村委会成为农村土地的所有权主体。在集体经济组织享受因土地征用而带来的补偿效益时，村委会具有对收益进行分配和处置的权力。在这些地区，他们更加强调村庄的整体性和组织性。由于"村民小组"不是完整的组织机构，不具备完整的民事行为能力并承担民事责任，它更多时候只是一个联系和传达单位，扮演了组织协调、联系村民、传递信息的作用，并没有实质性的权力。

在铁镇调研中，在与村干部谈及这个问题时，我们发现不同地区对"集体"认知的差异。村干部认为，在当地，"农民集体"一般理解为村民小组农民集体，而不是村农民集体（其法人代表是村民委员会）。在小组内部事务的处理上，村委会只是负责日常管理、监督责任。当地多山、深丘的地理环境，自然地把不同小组的村民相互分离开来，不同村民小组之间有天然的地理屏障，这是村民小组作为一个实体单元得到广泛认同的自然基础。农民在碰到后相互询问，"你是几队的"，就是指村民小组。农村土地管理体制改革之前，在"三级所有，队为基础"的体制下，铁镇原来属于生产队范围内的土地，其所有权没有改变，仍然归原生产队所有。实行家庭联产承包责任制后，铁镇原来的生产队直接改为村民小组，原来的生产队土地所有权结构没有打破，村民小组继承了原来生产队的土地所有制关系，依法拥有原生产队的集体土地所有权。这样，在土地征用中，村委会就无法直接介入土地补偿的利益分配，而是外在地起着指导和监督作用。

这种土地权属形态后来逐步被确立下来，如1995年国务院批转的《农业部关于稳定和完善土地承包关系的意见》（国发〔1995〕7号）第二条规定："土地调整时，严禁强行改变土地权属关系，不得将已经属于组级集体经济组织（原生产队）所有的土地收归村有，在全村范围内平均承包。"1997年，中共中央办公厅、国务院办公厅又联合发布了《关于进一步稳定和完善农村土地承包关系的通知》，进一步明确了这一政策要求，"不能随意打破原生产队土地所有权的界限，在全村范围内平均承包"。这使村民小组对农民集体的土地所有权被以制度化的形式确定下来。在农村土地承包中，无论是以村委会的名义还是以村民小组的名义发包，都不能改变村民小组的集体土地所有权属性。但是在一些地方的土地承包、经营实践中，一些村庄打破了原来的村民小组界限。对于这部分土地的所有权问题，国家也本着解决问题、承认现状的原则，确认属于村农民集体所有。

关于这个问题，在铁镇也曾发生过很多争议。尤其是涉及利益分配时，在村干部比较强势的村庄，当地就试图打破以村民小组为集体土地所有权主体的状况，不断干预和介入村民小组土地收益的分配过程。铁镇个别村的村民小组组长甚至私下鼓动村民起来抗议，最后导致小组长被撤换，引发了诸多矛盾。

在本书第五章中，铁镇团村一组因土地征用补偿及其他利益纠纷而引发的村组权力更迭，实际上也反映出这种土地产权样态对村庄权力与治理结构的形塑。团村一组原组长毛长学，63岁，曾在1998—2008年担任组长。他列举了在他当组长期间，因为农民私人建房或其他情况而占用土地却没有向村民小组缴纳费用的具体事例：

第六章 利益自治：农地集体产权的乡土表达

在场镇，农民建房一般都按门面算面积，一个门面4米宽，8.3米长，如果里面再修厨房等可能会更长。我当组长期间，集体建设和农民建房占了我们组的土地，小组却没有获得任何好处。在建设用地方面，占了我们组陈明贵3个门面、毛某民1个门面、谢赖生2个门面、电管站3个门面、毛东平4个门面，这些占地都办理了国有建设用地手续，但费用都由政府收了，一分钱没也返还给集体（指村民小组）。此外，还有私人建房占用小组土地的情况，总共合计16个门面，有些办理了手续，但有些是私人协商，没有任何手续，还有的是在村主任协调沟通下修的，也没有任何手续，更没有给村民小组交钱。这些农民把手续办完后，政府把该收的钱拿走，都没有返还给生产队。①

由于团村一组位于场镇中心地带，交通方便，市场繁华，很多外组村民甚至外乡人都愿意到镇上建房。从毛长学的叙述可以看出，村民小组对组内土地拥有所有权和支配权，既是历史延续下来的传统，也是日常生活中农民逐步固化而成的惯习。在他看来，占用村民小组的土地，就必须给村民小组缴纳一定的费用作为补偿，因为土地是村民小组的，缴费是自然的事情。这可以增加小组的经济收入，当然组长也可以从集体收入中获得3%—5%的分成。但是，农村的许多交易是农民私下协商完成的，或者费用已被政府收走了，没有给组上交一定的费用，他认为这显然不合理。由于他比较强势，在日常工作中对村两委、乡镇干部并不买账，认为"我做什么，你不要挡我的路"。虽然村民认为他脾气比较大，性格执拗，为人不好相处，但村民普遍认为他比较有能力，能切实解决实际问题并维护小组成员的利益。但因他对村、镇工作不配合，最后不得不下台。他的强势使他处处与新任组长杨石芬作对，使杨的工作一直开展不下去。毛的下台也使村庄的很多历史遗留问题一直没

---

① 2014年8月7日对铁镇团村一组原组长毛长学的访谈。

有得到妥善解决，并在惠农背景下以新的形式体现出来，加剧了村庄内部的利益分化。

（二）社保纠纷：农地治理中的社保问题

尽管"村民小组"在铁镇是一个比较明确的主导分配的资格主体，但不同主体都力图掌握资源分配权，因而在实践中对产权主体形成了多样化的解释体系，最终的结果取决于不同村庄的博弈状况和力量对比。在铁镇，土地属于村民小组所有，这一产权主体更多由深嵌乡土规则的地道的农民组成，因而资源分配过程也更多融入了乡土社会的非程式化因素。从"集体"的资源中获取属于自己的利益分成，并在资源竞争中分得一份收益，是农民基本的行为逻辑。如前所述，征地不只是几户失地农民的事情，而与村民小组的所有成员直接相关，他们都要求参与到征地分配中，这导致整个征地补偿的分配过程非常复杂。

这一分配规则与当地的历史传统和行为惯习紧密嵌结。尽管被征地的农民不愿把土地补偿款拿出来分，但在征地中，被征地的农民通常是少数，未被征地的农民占多数。土地集体所有的产权性质，又使这些未被征地的农民以"集体"的名义合法地分享因征地而带来的收益。在"少数服从多数"的博弈现实下，这些占少数的失地农民通常不占优势，这也导致村民内部矛盾更加复杂化和显性化。

D县在修环城公路过程中，需要占用铁镇团村一些村民的土地。国家规定，征地必须要解决失地农民的社保问题，免除他们的后顾之忧。[①]

---

① 2007年第十届全国人民代表大会第五次会议通过的《中华人民共和国物权法》第42条规定，征收集体土地应该安排被征地农民的社会保障费用，保障被征地农民的生活，维护被征地农民的合法权益。《国务院关于加强土地调控有关问题的通知》（国发〔2006〕31号）规定，被征地农民的社会保障费用，按有关规定纳入征地补偿安置费用，不足部分由当地政府从国有土地有偿使用收入中解决；社会保障费用不落实的不得批准征地；土地出让总价款必须首先按规定足额安排支付土地补偿费、安置补助费、地上附着物和青苗补偿费、拆迁补偿费以及补助被征地农民社会保障所需要资金的不足。《国务院办公厅关于规范国有土地使用权出让收支管理的通知》（国办发〔2006〕100号）规定，被征地农民参加有关社会保障所需要的个人缴费，可以从其所得的土地补偿费、安置补助费中直接缴纳。地方人民政府可以从土地出让收入中安排一部分资金用于被征地农民社会保障支出，逐步建立被征地农民生活保障的长效机制。

第六章 利益自治：农地集体产权的乡土表达

如果集体经济组织土地全部被征收，那么其成员全部农转非，均具有享受社保的资格。如果只有部分土地被征收，由于社保名额非常有限，社保资格的确定和分配就成为土地收益分配的重要内容。社保缴纳数额除了参保农民自己缴纳外（一次性足额缴纳15年），政府还要按照一定年限（5年、8年或10年）给予补贴，并在农民达到法定领取年龄后进行领取（男年满60周岁、女年满55周岁的被征地农民，缴满年限的第二个月办理好相关手续即可领取养老金）。

铁镇社保指标的计算方法是按照以下公式计算的：社保指标个数＝（被征收耕地面积＋0.5倍非耕地面积）÷人均耕地面积。其中，人均耕地面积＝集体土地所有权证记载的耕地面积（不含已被征收的耕地面积）÷农村集体经济组织总人口数（扣减已征用土地农转非人口数）。铁镇人均耕地面积不足1亩（有的村甚至更少），但征地时往往涉及多户农民，有的农户被征用的土地很多，有的农户被征用的土地很少，如何对他们进行分配补偿，是一个考验基层治理智慧的问题。

团村的操作方案是：第一，土地补偿费1.8万元/亩，这部分费用的80%用于集中统筹而不直接划拨给个人，由县国土房管局直接划拨到县劳动保障局，用作被征地农转非人员的养老保险费用。由于土地属于农村集体所有，而铁镇的"农村集体"是村民小组，土地补偿费剩余的20%支付给各村民小组，用来发展集体经济以及安排村民小组成员的生产生活。这部分补偿款首先被打入集体经济组织指定的专用账户，但多数情况下被村集体经济组织成员分掉。第二，关于安置补助费，D县征地补偿方案规定，征地后的安置费是2.5万元/人。但由于农村基本上是以户为单位的，家庭成员的土地并没有严格的隶属划分，在实践中，当地是按户进行安置的，安置一户的费用是3.5万元。对于被征地农转非人员，这些费用的一半用于缴纳城镇养老保险，其余部分才被支付给个人（未满16周岁的被征地农转非人员，其安置补助费全额支付给个人）。第三，综合补偿费实行定额补偿，为1.8万元/亩，它包括青苗费等地上附着物的费用，这一费用直接分配给被征地的集体经济组织或个人。①

征地补偿分配的焦点是社保问题。基层政府为了推进征地拆迁的进程，通过捆绑执行土地征收和失地社保两方面的政策，实现对拆迁反对者的行政吸纳。② 对农民而言，拥有一份社保到一定年龄就可以按月领取"工资"，可以有效解决农民的后顾之忧，是农民求之不得的。但实践中，社保名额的分配与征地进程关联在一起，导致村庄社会关系极为复杂。村民要享受社保，必须同意征地拆迁，其利益的实现要以放弃反对为前提。政府以社保为治理手段，可以使农民集体内部产生分化，并驱使支持社保者去约束反对征地者的行为。

社保名额的分配，与土地产权制度与分配惯习紧密联系。因社保名额有限，在无法对被治理对象进行分类的情况下，为了保证公平，村庄往往采取抓阄的方式。在抓阄之前，根据"占地户优先"的原则，村庄通常预留一个"座阄"给被征用土地较多的村民，这个做法村民都没话说。因为他的土地都被征用了，如果不给他解决社保问题，他的后续生活就无法保障。③ 剩下的社保名额，就全组进行抓阄，这就带有一定的运气成分。

值得注意的是，这一做法刚开始推行时，具有抓阄资格的不只是被征地农民，而是整个村民小组的所有人（已获社保名额的除外）。这就出现了一种特殊情况：有些失地农民可能抓不到阄，而没有失地的农民却抓到了。这就显得很不公平，村干部也认为这里面有很多问题，没抓到阄的失地农民也很有意见。如果这种情况被村民举报，村庄也无法给出合情合理的解释。乡镇向村庄提出优化分配方案，使分配方案更有利

---

① D县征地补偿办法实际规定了对地上不同附着物的补助标准，但各乡镇为了操作方便，并没有严格对地上附着物进行分类，而是采取了模糊化的定额补偿政策。

② 邓燕华、张莉：《"捆绑式政策执行"：失地社保与征地拆迁》，《南京社会科学》2020年第12期。

③ 尽管有些村庄考虑到失地农民对土地的需求，会采取各种方式适当调整土地给他们，但土地调整的问题非常复杂，既涉及国家土地政策，又牵涉到各种社会条件和工作量，经常使一些村组望而却步。随着农民越来越融入市场经济中，土地对农民的保障功能逐步减弱。因此，除非是绝大多数村民的要求，否则更多村组宁愿对土地承包经营情况保持现状，而不会做大规模调整。

于保障失地农民的利益。于是村民小组在分配社保名额时,规定只有失地农民才享有抓阄资格,防止了这种不公平现象的发生。

由于抓阄产生的结果是随机的,同为失地农民,就会出现有人能享受社保而有人无法享受的情况。为了解决纠纷和平息争议,在社保抓阄之前,分配方案往往要求享受社保的村民给未享受社保的村民一定经济补偿。团村的做法是,取得社保资格的村民要补偿村民小组2万元,这笔钱被称为"征地社保名额竞标款"。这笔"竞标款"的数额在不同村庄也有所差异,有的村庄是2.5万元。它主要用于对那些参与社保名额竞争而最终未获得社保资格的村民进行补偿,有些村由被征地村民小组的所有成员平分,有的村庄则由集体经济组织统筹使用,用作村庄其他事项的建设资金。许多农民并不愿缴纳这笔费用,认为这笔钱不合理也不合法。但社保指标非常稀缺,在"不交就退出"的竞争压力下,许多村民不得不遵从集体的意愿交了。但是,即使设置了这项资格条件,村民为了争取社保名额仍然会发生激烈的竞争,铁镇甚至发生某参保居民已参保五六年被举报的事件。有些村民因为社保指标太少、占地面积存在争议、分配方案不公平等原因到镇、县上访,导致乡村权力结构不断发生重组。

由于社保名额的分配完全由村社内部协调解决,而将政府行政力量有效地排除在外,因此各村庄具有较大的分配自主权,展现出规则性与变通性的统一。但这种规则不是国家正式规则,而更多融入了乡土社会非正式的因素,如借助抓阄这一契合农民惯习的独特方式。由于抓阄带有较强的随意性,有的村庄则按照年龄由大到小进行排序,年龄较大者优先选号转非,这也符合乡村社会的情理观念,执行起来争议反而更少。由于这些人并不完全符合国家规定的失地农民转非的标准,因此这些转非人员仍然要付给其他村民一定的经济补偿,补偿数额要考虑到转非人员的经济状况和承受能力,各村也不尽相同。虽然有些村民不愿缴纳,但这种分配方案是经过村民集体讨论表决通过的,在村庄内部具有约束性。

由于村庄资源分配涉及各方利益,有时很难达成一致性意见,因为一个分配方案必须经过村庄2/3的村民签字同意才可以通过实施。在社会流动增加及集体行动达成困难的事实下，许多村民和村干部向乡镇政府反映说："你们政府能不能给我们制定一个方案，我们直接执行就好了。"村民认为政府制定的方案更具权威性，也更容易为村民接受。但乡镇干部认为，这种话语反映出村民的自治意识不强，在涉及农民比较关心的利益分配问题上，政府不倾向于包揽。对于农民利益的内部分配问题，政府不能管（指不直接介入，而非纯粹不闻不问），因为既管不了，也管不好；农民有自己的智慧，他们凭借自己的能力可以解决利益纠纷问题。

土地补偿的分配是乡村内部的自主事务，基层组织倾向于发挥村民自治的作用，只要多数村民同意怎么办合理，那就怎么办。只要不违背基本的法律政策，乡镇只是发挥指导作用，基本不会介入和干预。这体现出基层组织解决棘手问题的自治策略，即以村民自治的方式，让村民自行解决村庄社会的资源分配问题，政府不直接干预，以避免卷入村庄利益纠纷。但作为基层治理的主体，基层政府在实践中也会敦促村组制定村民认可的分配方案，推动资源的顺利分配，避免发生影响稳定的上访或其他群体事件。如果农民因反对分配方案而走上上访一途，那么基层政府就从"非直接利益相关者"变为"直接利益相关者"，必须出面解释、劝返和摆平，而不能置身事外了。

（三）自治下移：村庄利益博弈的后果

村庄社会自治性与行政化之间的调适和平衡一直是国家嵌入背景下基层治理的焦点问题。有研究提出，行政下沉的目的是建立行政事务的承接机制，而自治下移则是探索适合的村民自治单位。[①] 乡村"微自治"具有强大的内生动力，对于发挥农民自治主体作用、破除村民自

---

① 龙云：《自治下移与行政下沉：村庄治理自治性和行政化的调节与平衡》，《原生态民族文化学刊》2021年第2期。

第六章　利益自治：农地集体产权的乡土表达

治长期以来难以"落地"的困境及增强乡村治理有效性，具有重要作用。① 铁镇以村民小组作为自治的基本单元，其治理实践表明，自治单位的下移更多是基于村庄历史文化传统与农村社会现实需要产生的，其目的是选择性排除其他主体对村民小组内部事务及利益的参与和分配，在村民小组范围内有效化解村庄治理难题，以抗拒不断强化的行政性权力。

由于土地补偿的分配涉及人口流动、人地（户）分离、户籍变动等问题，村组干部为了操作方便，通常规定参与征地分配的村民小组成员，其户口必须在小组内。在社会流动背景下，户口是构建村庄共同体认同意识并相互区别开来的主要标志，通过它可以将与村庄社会关联比较微弱的外迁村民排除在利益分配之外，进而保障村庄内部的整体利益。由于被占用的土地在田地分类②、贫瘠程度等方面有所不同，而这往往无法进一步细分，铁镇规定一律按被征收土地面积计算补偿。至于遇到其他更具争议性的情况，如有些出嫁女，虽然人已经不在本村生活，但户口还在小组内，那么她就有权参与分配；有些出嫁女把户口迁走，或妇女嫁入却没有将户口迁入，以及新生儿没有土地等情况③，他们就无权参与分配。这在农民看来显得很不公平，也违背了乡村社会的情理观念，执行起来也困难重重。许多农民质疑：我长期在村里生活，尽了责任，也做了贡献，而他长期在外地，几乎不与村庄发生联系，为什么我不能参与分配，而他却可以回来参与分配？这种话语表达往往能赢得村庄社会的同情和支持，也会影响村庄权力精英对资源分配规则的制定。

---

① 李晓广：《乡村"微自治"：价值、困境及化解路径》，《探索》2018 年第 6 期。
② 在当地，"田"一般指水田，"地"指旱地。水田靠近水源，灌溉方便，适合种植水稻等农作物，土质也比较肥沃，为农民所喜欢；旱地因灌溉不便，种植时受诸多限制，在村民那里认可度较低。
③ 1982 年，当地搞分产到户分配，按人口分配，按照队内的土地，分为一等、二等、三等进行分配。1997 年前，土地"大不动，小调整"，死亡、嫁出要退田，娶、生要分田。1997 年后，土地三十年不变，死不退田，生不分田，但村组内仍私下进行调整。由于该村土地在第二轮承包时基本分配完，未留有机动土地，所以很多新生儿都没有土地。

另外，村民对于哪些钱可以分、哪些钱不可以分（或哪些村民具有分配资格），也会有很多意见。许多农民会"扯筋"，相互之间进行持续的纠缠和博弈。他们提出自己认可并对自己有利的分配意见，私下会挨家挨户串联，争取村民签名以获得支持，进而对村组干部形成潜在的压力。小组干部也会走家入户，协调沟通，征求意见，做思想工作，并初步拟定分配方案。对于村民在当地拥有土地而无户口或有户口而无土地这种情况，村民会闹很多次，小组要讨论很多次。分配方案往往被多次推翻，多次重新制定，有时拖延数月甚至数年不决，经常导致土地补偿款无法正常分配。其间经历村庄精英更替，往往导致一些事项拖成"历史遗留问题"，更无从解决。

村庄在操作时，也会充分发挥村民自治的功能，召开有乡镇干部、村两委干部参加的小组村民大会，以及时、有效地分配资源。由于资源分配涉及每位村民的切身利益，村组干部也不愿担责，于是开会前常作出硬性规定：每户必须派出代表参会，实在无法参会可以通过委托方式让他人代为参会，委托必须有纸质资料作为证据。这样，经过大家相互协调、共同认可的分配方案，在具体执行过程中，就不允许再有村民以各种理由"扯筋"了。

经过利益博弈最终确定的分配方式，要根据各村的具体情况而定，不同村庄采取的标准、方式各有差异，只要大多数村民同意即可，没有统一的分配方案。如果大多数村民同意在当地没有户口的嫁入女可以参与分配，那么她就可以分配；如果大多数村民不同意，那么她就不能参与分配。这种以"多数村民的意见"为基础的分配方式，尽管体现出民主的程序和规则，但它更多融入了村民在熟人社会的关系人情与社会网络。它虽能解决一些问题，但却是不得已的办法，带有较强的人为性。

因此，土地征用补偿的分配标准实际上是"一村一策"，各村差异很大，这既强化了农民的参与力度，也加剧了农民的利益博弈程度。村民同意某个分配方案后，村组干部会让每位村民现场签字画押，作为以后分配的凭据。为了保证公正公开，有些村还会找几个德高望重、没有直接利益冲突的中间人来作为监督人和见证人。这些中间人对各村按照分配方案计算出来的集体资产进行监督和核算，核算无误后，才最终定版。为了防止出现错算、漏算的情况，还要将分配明细在村务公开栏上进行多次公示，并对错误进行更正，然后进行再次公示再次更正，直至村民都没有意见为止。公示环节结束后，村委会作为法人代表要与村民签订分配协议，将资金发放到村民手里，工作才算告一段落。

根据村民的博弈能力与眼光长短，不同村组在协商过程中对分配歧见的处理也呈现出很大差别。大部分村民在争取自身最大利益时也懂得作出让步与妥协，经过多次沟通和协商达成一个较为统一的意见。但是在少数村庄，也有一些村民坚持己见，不肯退让，导致村庄内部产生分化，以致产生像团村一组那种"人为对立"的结果，就带有一种主观上的故意了。如果村民在长时间内未能达成一致性方案，这部分资金就无法分配，最终钱就放在银行里，农民没有得到实际的好处，实在得不偿失。问题拖之越久，就越难以解决。有些事情拖了很多年，村民对此慢慢看淡，也不再抱太大希望，许多村民最后就纯粹不关心了，抱着"到时能分几个钱是几个钱"的态度。但由于问题棘手，后面上任的村组干部一般不会主动重提某个款项的分配问题，结果因村组内部损耗拖延，最后不了了之。

在征地补偿费用分配的整个过程中，具体的补偿方案和操作标准都是由村民集体协商决定的，乡镇政府只是从旁进行"指导"，向村组干部提出一般性参考意见，使利益分配符合国家宏观的方针政策，同时防止村组干部损害村民利益等问题发生。乡镇干部也会受邀出席村庄的村民大会，但只是对会议的精神与原则进行强调说明，而不会介入村庄社会的利益纠纷。由于权力与权利之间的内在差异，以及正式制度与乡土规则之间的抵牾，各方主体很难在同一层面上进行沟通、协商和对话，更多时候处于"自说自话"的状态，双方互不理解和让步，导致误解愈深。

乡镇干部认为，如果农民中有一个懂法律、有远见、善于经营的人来引导他们，而非任由村庄社会无序表达与任意扯闹，那么农民则可以与政府达成共赢。许多农民以自己认准的"道理"作为衡量基层政府行为的依据，却忽视了乡镇政权运作的科层化规则。在治理实践中，一些农民只关注眼前利益，缺乏长远眼光，在与建筑商合作建房时缺乏基本的合同意识和法律意识，导致利益受损。如铁镇玉滩水库的移民，他们就补偿、安置、社保等问题与乡镇闹得很凶，其间发生多起上访，甚至与政府打官司。但在建房过程中，他们没有注意到还房中的一些细节，没有对门窗的材质、厚度、质量及其他建筑材料规格等在合同中作出具体规定。结果，一些还房的门窗初看光鲜亮丽，但质量却不过关，经过日晒雨淋，很多门窗很快开始剥落、损坏。很多农民不得已，只好自己花钱重新安装了卷帘门。农民多次就此事与政府、开发商协调，但当时没有人对合同提出质疑并作出规范，开发商拒绝对此进行补偿。乡镇干部认为自己不好介入农民与建筑商的合同问题，如果介入了，农民会认为干部与建筑商相互串通，在其中有利益分成，谁都不愿主动干预此事。

土地收益分配是呈现惠农资源分配与基层社会关系的缩影。农民对土地权属的认知和执行差异使得土地纠纷问题更加复杂化。有研究认为，中国农民对土地权属的认知表现为一种差序化圈层认知结构，主要遵循自上而下的所有权授予逻辑，而非自下而上的排斥性逻辑。只要在每个圈层内，农民对于自身的权利义务的认知是平衡的，他们就会对土地权属作出清晰界定。① 铁镇的案例表明，在国家对土地"农村集体所有"的权属界定基础上，当地农民进一步将土地产权主体明确界定为村民小组集体，体现出政策界定、传统延续与社会构建的相互统一。由于村民小组机构不健全，不具备法人实体形式，在具体的土地管理与经营过程中，多由村委会来开展。在土地收益的内部分配上，村庄社会呈

---

① 黄鹏进：《农村土地权属认知中的差序化圈层结构》，《湖北社会科学》2018年第9期。

现出"利益自治"的实践样态。政府权力"隐身"在利益分配的后台，不介入乡村利益分配的具体过程；村委会虽有参与分配的意愿，但村民小组成员对"村民小组集体"的认知有效地将村民委员会排除在分配过程之外，而由村民小组在"自治"名义下行使分配权力，阻止了其他村民分享该小组的土地收益，进而将土地利益分配限制在一个人数更少的范围内。

值得注意的是，这种自治的主体不是村委会，而是村民小组，自治单位呈现出"下移"的趋势。然而，由村民小组支配的利益分配，因其法人资格的不完善和法理化权威的缺乏，有时很难掌控和协调小组内部不同群体的分歧和意见，导致了很多治理问题。当然，村委会并非完全置身事外，而是在土地经营中不断利用自身权力谋取特定的利益，如在土地征用补偿确定之前，就预先设定应由村委会支配的份额，其余的再由村民小组进行分配。只是为了防止村民反对，村委会对这一过程"秘而不宣"罢了。

因此，建立在理性基础上的乡村互动要以差异共融为基础，避免因内部损耗产生利益共损的结果。治理重心下移并不意味着自治单元的简单下沉和行政权力收缩，乡村治理的有效性还有赖于重塑一系列制度规范与运作机制，[①] 构建包容式的合作治理形态，形成政府、市场与社会的协同共治形态。

三 "集体"的治理：日常生活中的土地产权过程

（一）土地出租的"集体"构建

在铁镇土地政策执行中，由于将"集体"概念界定为村民小组这一不具法人资格的乡村主体，导致在农村土地变动中，一户农民发生的土地征用或经营权流转等问题，往往把村民小组的所有成员牵涉进来，

[①] 翁俊芳、刘伟：《治理重心下移能否提高乡村治理的有效性？——湖北秭归"幸福村落"建设再审视》，《中国农村研究》2020年第2期。

导致乡村社会关系的持续调整和重塑。在惠农背景下,"集体"这一概念为农民提供了更多想象和行动的空间。费孝通先生在阐释农民的集体理念时指出,"一说是公家的,差不多就是说大家可以占一点便宜的意思,有权利而没有义务了。"①

在许多农民看来,既然是属于集体的东西,那么其中必有"我的一份"。除非"集体"作为一个整体不可分割,否则在进行分配时必然要回"属于自己的一份",这种理念在利益支配下逐步演变成为农民的一种行为惯性。这样,任何关系到土地问题的行为都不再是个体行为,而被深深地打上了"集体"的烙印。有研究认为,在地权纠纷中,地权实际是村落成员权的表达,包括村民对社区财产边界、共同体成员和伦理身份的认同,体现出社区内部共享的文化价值、社群网络、互助体系和互惠模式。②铁镇团村有一位老人在高速路占地中,获得了几万元的补偿款。他主动提出拿出5%用作组上的公共设施建设费用。这本是一件值得提倡的好事,反映出老人对村庄公共事务的关心。然而,这一提议却遭到小组内其他成员的强烈反对,"集体"再次在这一事件中发挥了关键性作用。"土地收益在全组成员之间平均分配"的机制,赋予了其他村民合法干预的权力。因为土地属于村民小组集体,如要拿出5%用作组上的公共设施建设,个人不能自行决定,而必须经过小组内多数成员的同意;否则,其他小组成员就认为自己分少了。

这样,农民日常的土地承包权流转等问题,就在"集体"的名义下,融入了更多的乡土因素,而不单纯是农民个体之间的交易。2007年,谢维生以私人名义租用铁镇北村七组黄富国的承包地约1亩建养兔场。谢是外村人,与黄是表兄弟关系,黄要求谢每年付给黄800斤稻谷,并约定租期为10年。双方签订协议后,黄收取了当年的800斤稻谷。实际上,D县为了加强耕地保护,对在承包地上搞养殖的行为进行

---

① 费孝通:《乡土中国 生育制度》,北京大学出版社1998年版,第24页。
② 余练:《地权纠纷中的集体成员权表达》,《华南农业大学学报》(社会科学版)2017年第1期。

严格控制,并规定,确需改变土地用途的,必须经过本人申请、村民委员会签署意见、乡镇政府审核、报土地管理部门批准等系列规范性程序。但在实践中,村民一般很少遵循,而由农民私下协商解决。只要没有其他人来干预,双方的口头或书面协定往往会生效。这符合乡村社会"程序简约"的运行规则,但也容易造成乡土规则与规范化程序之间的冲突。在此事发生之前,当地也有许多村民出租土地,皆为农民的个体行为,并未引发其他村民的干预。

此后一年多时间,双方相安无事。2009年,谢运来石料准备扩建养兔场,黄富国所在村民小组的村民听到消息后过来阻拦,认为养兔场对附近环境造成了污染,影响了村民生活,不同意他租用该土地,也不承认他们之间的租用合同,要求谢立即搬出。谢则认为这是谢黄两家的事情,与其他村民无关,双方发生激烈争执。在互不相让之际,几户村民联合起来,向谢提出了新的要求。他们认为,土地所有权属于村民小组集体,不能因为黄的承包地地理位置好,就私自进行出租,收取租金,而应该由村民小组集体将该土地承包权进行转让,收取的转让费归村民小组全体成员共同享有。

由于谢在养兔场上投资巨大,他根本不可能撤出。在巨大压力之下,他只好选择与七组村民进行协商。村民小组组长也几次召开组员大会,商量解决方案,并请该村村委会主任参与协调,最后商定,小组以1.8万/亩的价格将该承包地的使用权转让给谢维生。经过丈量,该土地共有面积0.916亩,折算金额1.65万元。随后,谢与七组签订了土地使用权转让协议书,由社员代表在协议书上签字,并加盖村委会公章。由于黄富国不是村民代表,他没有在协议书上签字。当天晚上,谢请村民小组全体成员吃饭,黄富国也参加了,当时未对协议的签订提出不同意见。后来,谢支付了1.65万元土地使用金,这笔钱全部平均分配给了小组村民,黄富国也拿到了属于自己的一份。随后,村民小组重新调整了一块承包地给黄,并种植至今。

其间黄与各方相安无事。2010年,谢患病去世。2012年,黄富国拿出他之前与谢签订的租地协议书找谢之妻收取每年的 800 斤稻谷。谢妻以已支付给村民小组 1.65 万元土地使用金为由，拒绝付给黄富国租金，双方发生纠纷。由于该块土地位置较好，交通方便，土壤肥沃，距离水源近便，而黄分得的土地贫瘠，不能种水稻，使其生活成本无形中提高，极不方便，于是黄便产生了向谢妻收取稻谷作为租金的念头。

  索要未果后，黄不断向村镇干部反映问题，并试图通过上访重新获得该块土地的承包权。镇政府对此事进行调查处理，并在七组召开了村民大会。会上认为，土地所有权归集体所有，不属于黄富国个人；村民小组召开村民大会，同意将该承包地经营权转让给谢维生，符合该组绝大多数村民的利益，因而所签订的协议是有效的；土地转让费 1.65 万元作为集体收入，以不同形式分给了村民，黄也重新分得了土地。所有过程，都是经过村民签字按手印生效的。在整个过程中，黄自始至终没有提出反对意见，从 2008 到 2012 年黄都没有向谢索要租金，意味着黄已自动放弃了与谢的租用协议，并认可了谢与村民小组签订的使用权转让协议。因此，黄的上访诉求并不符合事实，村民小组与谢签订的租用协议并不能因黄的"反悔"而有所改变。

  从事件过程来看，就黄的土地能否出租及收益分配问题，其他村民以"集体"的名义，掌握了更多的话语权。实际上，村民并不是反对出租，而是希望能从出租中获取收益。如果按照 D 县对于耕地保护管理的规定，养殖用地应该尽量利用废弃土地和荒山荒坡等未利用土地，尽可能少占或不占农田，那么，黄的耕地土质好，位置便利，属于基本农田，他的土地不应该出租而改变用途。但在日常治理中，这种土地出租行为在一些地方私下展开且较为普遍，"谁出租谁受益"已经成为一个基本的规则和惯例，一般村民也不会去干预，更不会要求去分享土地租用的收益，因为这不符合乡村情理观念。在许多村庄集体经济组织结构功能不完整且日渐虚化的状况下，如果没有村民去告状和反映，集体组织通常也不会去管这些事。

  可见，乡村社会的常规惯例与正式法律文本在实践中存在张力。由于土地产权属于集体所有,而集体概念的泛化导致土地权属的变化在不同主体的利益博弈中不断发生游移。在利益驱动下,其他集体成员可以合法地享受"集体"的收益,来干预其他村民对于土地承包权的使用和受益权利。在"见者有份"的乡土理念和"倚多为胜"的博弈形态下,个体逐步被集体所掩盖,他在事件中的作用几乎微不足道。在案例中,黄富国作为土地承包人,在纠纷调解与处理中几被忽视,没有任何的话语地位。他只是在土地租金被平分之后,获得了一块他并不满意的土地。当他在实践中体验到因土地调整给他带来的利益损失时,实际上已经不允许他通过制度化的途径来反映自己的诉求和保障自己的利益。当小组集体与谢签订协议、其他小组成员来分享土地出租的收益时,黄亦未提出任何反对意见,也说明此种分配方式符合当地惯例和传统。

产权背后的实质问题是利益分配与权益维护,其过程实际上是合法性建构的过程。[①] 就本案例而言,村民小组抛置谢黄两人的协议于一旁,而以"集体"的名义重新签订协议,实际上也是重塑村民小组合法性的政治过程。在利益社会,村民个体都有利用现有的土地产权架构与国家政策文本为自己谋利的动机,这也是铁镇许多农民即使自己拥有土地而不耕种、但却不放弃土地的原因。土地既是一种隐形的福利保障,更是一种潜在的经济收益。在城镇化进程中,土地俨然成为农民"大捞一把"的最重要财富。这种利益期许和投机心态使农民紧盯本就不多的机会,在乡村治理实践中从沉默的农民转化为谙熟规则的精明"政客",来纵横捭阖,实现自己利益的最大化。

(二) 土地调整的集体约束

在现代社会,市场的发展导致了越来越多的人地分离现象,因种粮而产生的机会成本促使越来越多的农民开始抛离土地,进城务工。随着农民外出务工的增多,土地对农民的传统保障效用也逐步下降。然而,

---

① 姬会然、慕良泽:《产权过程论及其政治学研究》,《西北农林科技大学学报》(社会科学版) 2013 年第 2 期。

随着城镇化进程的加快，土地所承载的经济价值却悄然提升。当前，土地问题仍然是农村社会的根本性问题，土地作为农民最重要的生产资源，他们通常不会主动放弃，相反，他们会用国家对农村土地的政策关注，牢牢掌握自己对土地的"权利"，并在"抗征"与"盼征"中展开策略性行动。铁镇是一个农业乡镇，当地没有多少工业，也缺乏发达的市场体系，农民只能选择外出务工获取经济收入，导致当地土地抛荒与人地分离现象越来越突出。尤其是那些位置偏远、产量不高和灌溉不便的土地，在国家退耕还林政策影响下，农民大多已不再耕种，这也使农民传统的地界纠纷与土地争夺等问题大为减少。

《中华人民共和国土地管理法》第三十八条规定，禁止任何单位和个人闲置、荒芜耕地；连续二年未使用的，经原批准机关批准，由县级以上人民政府无偿收回用地单位的土地使用权；该幅土地原为农民集体所有的，应当交由原农村集体经济组织恢复耕种。《中华人民共和国农村土地承包法》第四十二条也规定，受让方弃耕抛荒连续两年以上，承包方可以单方解除土地经营权流转合同。但在实践中，铁镇很少有村庄真正收回过抛荒地，土地承包权关系也很少变动。土地调整的实质是争夺土地使用权以及附着于农地上的"社会保障效应"，其造成的社会冲突呈现为一种推力和阻力双强的社会冲突形式。[①] 有些农民在外务工多年，回村后如若发现土地被收回，则会与村干部发生各种冲突行为。

铁镇龙村一位刘姓农民全家人在 1996 年就外出打工，同时也与当时的村两委失去了联系。在 1998 年实施第二轮土地承包时，村里多方打听也联系不上该户。由于当时村里修建公路占了不少土地，涉及土地补偿与调整等一系列问题，村两委按照当地土地征用补偿的惯例，经过村民多方协调制定了分配方案，按照农民意见和惯例将土地征用的相关补偿在全体成员之间进行分配，同时对所余土地在全体成员之间进行调整。于是，村委会就把刘某家已经抛荒的土地调整给了没有土地的其他

---

① 刘玉珍、程军：《土地调整的普遍性习惯与法律性规定的冲突及其化解路径》，《农村经济》2019 年第 3 期。

第六章 利益自治：农地集体产权的乡土表达

村民。在市场经济大潮下，当时村里对抛荒土地都是采用这种处理办法，由村集体收回进行统一支配。由于刘某整个过程一直不在家，此事就未能征得他的同意或与其协商。

但在 2012 年，失去多年消息的刘某突然回村，发现自己的土地或早已被他人耕种，或被修路占用，或被修建了农村新居，其间历经村组合并，有的土地被调整给了其他村组的村民。为此，他多次到镇政府办公室、县农委、县信访办反映自己没有土地一事。由于时隔久远，其间村庄人事经过多次变迁，此事处理起来非常麻烦：一是刘某十余年不在家，自家土地被调整给他人耕种已成事实，甚至涉及其他村民小组的成员，处理起来会涉及多方利益关系，需要考虑其他村民的意见，村两委表示协调处理只能是"尽力而为"；二是，尽管现行土地政策允许村集体收回、支配被抛荒两年以上的承包地，但面临刘某一家无土地的事实，又必须协调处理解决，而不能将其诉求置之不顾。

收到刘的诉求后，村支两委在刘家老院子进行调解，参加人员除了现任村支两委干部外，还有原村支书、原村民小组组长及村民代表若干人等。在调解过程中，刘某一家 3 口的原有承包地约 3 亩左右，是调整给本村或本组村民的。这些村民在人情、面子等因素的影响下，有些愿意退出来给刘某一家耕种。但涉及其他村村民的耕地，由于工作做起来非常困难，村组只好通过其他措施进行弥补，刘某一家若愿意承包耕种其他外出户的抛荒地，村两委愿意积极予以协调。同时，村委会负责给刘某一家办好种粮直补卡。

但是，刘某坚持要求收回原来自己耕种的全部土地，包括调整到外组外村的土地，一是距离自家近，二是土质好，水源方便。但是，有些村民不同意退出，认为自己是按照程序承包的，是合法的，导致刘某一家人无地的主要原因在其自身，不能因为刘某一家人而变动和破坏法律合同确定的土地承包关系。村干部建议刘某耕种其他荒着的土地，包括原来刘某家第一轮的承包地，虽然分给了其他村民，但目前也有抛荒的。

但村干部的协调未取得实际效果,此后,刘又到镇农村服务中心反映自己的土地被他人耕种的问题。于是,乡镇干部、村组干部及民政、纪检、信访等部门组成工作组,对此事进行了再次协调,对刘某一家人做思想工作,认为,如果按照刘的要求,那么村里的土地需要进行全部调整,重新确权颁证,政府可以派专人来处理这项工作。但考虑到该项工作的政策性和复杂性,估计要一两个月才能完成摸底登记、丈量、建卡、造册上报和颁证工作,会花费很大的人力、物力和财力。为了满足刘某一家的诉求,费如此大的周折,不仅不划算,而且全村村民都不会同意,可能会引起更大的麻烦。刘某一家人十余年在外务工,与村民的关系早已淡化,其他村民也不允许。所以,只能通过刘某与其关系较好的几户农民私下协商,政府再配合做颁证工作,但其他几户村民也不同意。村民认为,现在村里的荒地很多,你家去种就行了,别人也不会来干涉你;刘某执意要回自己原来的土地,已事隔多年,他的要求既不现实,也不近人情。由此,在集体所有制下,非正式制度嵌入的自治传统和集体成员权的法理隐喻满足了土地调整的发生条件,[①] 但实践推进的困难往往使基层政府倾向于保持土地分布现状。

对于刘某就土地问题一事缠闹的原因,乡镇干部认为,刘某一家人回村后,自己没有土地,村干部让其耕种荒置的土地,他又不同意,而坚持要求村里帮助解决低保问题。但是,低保名额有限,刘某一家也不符合条件。同时,他还要求就不在村时的征地进行土地补偿。但时间太过久远,中间变化太大,目前也无多余资金用于支付他的补偿。因此,他实际上是以此为借口,要求村里给他解决生活问题。由于双方对解决问题一直找不到共同认可的方式,这件事就一直拖着。镇、村干部也采取了"冷处理"的方式,并对其不合理诉求进行警告,如发生上访行为,将严厉制止。这种"震慑"方式也确实起到了一定作用,刘某为了维持生活,开始耕种其他村民调整过来的土地。

---

① 郑淋议:《农村土地调整与土地确权的关系:一个多维度检视》,《当代经济管理》2021年第8期。

这一案例反映出在产权约束之外,农村土地的调整受到乡村道德伦理与利益动机的塑造。在中国社会转型中,产权制度、地方治理以及乡村社会关系都是土地冲突的诱发因素,它们构成了复杂的利益网络。[①]产权主体的模糊性强化了问题的复杂性,但产权本身并不直接形塑乡村治理结构,而是与乡村各治理主体的利益动机紧密结合,才催生出多样化的治理形态。农民在利益驱动下,往往利用既有的政策空间谋求利益最大化,常常使土地的产权结构与政策功能趋于消解。正因如此,村庄一般不会轻易收回抛荒地,而是由其家庭成员耕种或由其他村民代耕。例如,一个10人的家庭由于死亡、迁出等原因,现在只有1个人在家里,那么其他人的土地都要交给他来耕种,他就可能耕种10人的土地。如果他的土地被征用,那么要按10人的标准(分类治理通常分为1—3人、3—5人、6人及以上)给予补偿,但安置时只能安置一户。在这一过程中,由于村民的认知差异和误解等因素,也会给基层工作带来困扰。有些农民长年在外务工,土地由他人代种,而种粮直补需要由农户自愿申报,经过公示后才能享受。国家为了鼓励农民种粮,按粮食直补政策"谁种地谁受益"的原则,种粮直补应由代种者享受,而原农户则得不到补助。但由于农民对国家政策缺乏了解,一些农民将土地交给他人代种却想享受种粮补贴,甚至误解为被村干部克扣、截留了补贴,这需要基层干部做更细致的解释工作。

小 结

基层政府的政策执行既受科层化规则的约束,也受农村复杂现实尤其是村庄内部的自治权力的影响。乡村社会客观存在着对国家正式制度起着形塑作用的非正式制度。制度是"在社会生活中形成的规范化系统化定型化的社会关系体系,通常以社会准则和行为规范的形式

---

① 郭亮:《资本下乡与山林流转:来自湖北S镇的经验》,《社会》2011年第3期。

展现自己"①。村庄作为一种"与国家权力相对应的、有着自己一套生存逻辑的'民间社会'"②，国家规范化的制度文本不能也没必要完全消弭村庄社会非制度化的运作空间，而是将其作为制度运作的有效补充，以弥补正式制度所无法涵盖的空间和领域。正式制度要在实践中发挥作用，必须要以非正式制度为基础，将正式制度"因地制宜""因时制宜"地嵌入到正式制度的文化土壤之中，③ 以推动正式制度与非正式制度的相互融通。

尽管国家在一些惠农资源的输入中试图避开基层政权与组织，直接面对个体化的、分散的农民，但国家仍无法突破传统社会的间接治理而达致直接治理的状态。无论国家对基层政权的态度和意愿如何，它都不能仅仅是一个"配合者、从属者的角色"，而是一个具有相对自主性的治理主体。④ 这就意味着，基层政权的资源分配能力与治理能力必须有效回应乡村社会的需求，进而不断得到提升。为此，在政策执行问题的解释上，我们不能倾向性地把政策执行的失真归结于基层干部的素质与能力问题，否则容易陷入简单化和绝对化的陷阱。基层政策执行虽与基层干部本身的素质有一定关联，但更主要的问题是，政策制定与政策执行本身存在结构性张力，以及政策所面对的目标群体和治理对象具有不规则性，导致政策执行中的偏离不可避免。

在以"放管服"改革为导向的现代政府治理体系中，放权改革的

---

① 桑玉成、孙琳：《论政治运行中的人伦关系与道德基础》，《南京师大学报》（社会科学版）2012 年第 3 期。
② 穆昭阳：《民众记忆与村落民俗传统传承》，《民俗研究》2012 年第 6 期。
③ 杨嵘均：《论正式制度与非正式制度在乡村治理中的互动关系》，《江海学刊》2014 年第 1 期。
④ 陈锋认为，国家在输入资源中绕开乡村组织，直接对接分散的农户，乡村两级组织扮演的只是配合者、从属者的角色，而非一个具有相对自主性的治理主体的角色。参见陈锋《分利秩序与基层治理内卷化：资源输入背景下的乡村治理逻辑》，《社会》2015 年第 3 期。笔者的研究发现，尽管国家有防止"基层代理人"僭越权力的动机，但除了那些与农民利益切身相关并在技术条件允许的情况下，可以把钱款直接发给农民外，在其他乡村社会发展与建设方面的项目安排与资金使用，国家没有也不可能完全避开乡村组织，反而要借助他们来实现资源的合理配置与利益整合。

本质是探索政府权力的运行边界，重新调整政府、市场与社会的关系。为了克服基层政府"接不住而又必须接"的治理难题，基层政府充分利用村民自治的制度框架，与乡村的非规则化治理形态保持一定距离，依靠乡村自身理解处理利益纠纷问题，体现出一种"约束型自主"[①]的逻辑。这既体现出科层体制约束下事权下放与事权承接之间的内在张力，也体现出政府具有超越各种政治、行政力量的制约能力，用自己偏好去实现其特定行政目标的自主能力。[②]这可以使基层政府从纷繁复杂的乡村利益矛盾中抽离出来，真正担负起公共服务供给和社会秩序维护的功能。基层政府改变了显性化和强制性的权力运作形式，以一种外在的监控方式维持着乡村社会秩序的有效运转，有利于增强政府的组织力和执行力。

与政府放权改革相对的是农民权利意识的增长，其行为理念逐步从义务本位转向权利本位。村庄社会谋利型群体的出现，表明现实中权利与义务关系的失衡使权利本位走向"利益本位"。农民的原子化结构和利益化实践形态无法有效推进农民的相互合作，反而使相互间的竞争更加显性化。他们借助科层制下的维稳问责机制和乡村情理观念，不断向基层政府施加压力，导致了农村公共物品配置的低效，也影响了基层治理秩序的良性构建。当前，行政强制越来越不适用于惠农政策的执行语境，乡村社会的血缘地缘、面子人情、道德伦理等要素也逐步失去了传统约束力，这使基层治理面临工具与价值双重层面的转型和重构。基层政府逐步将利益矛盾的化解转移到乡村内部，由农民自行协调解决利益纠纷问题。

在土地产权制度形塑下，农村社会关系与治理形态也在不断考验基层政府的治理能力。农地产权主体模糊与产权功能残缺，农民集体在行

[①] 叶贵仁、陈燕玲：《约束型自主：基层政府事权承接的逻辑》，《中国行政管理》2021年第1期。

[②] 何显明：《市场化进程中的地方政府角色及其行为逻辑——基于地方政府自主性的视角》，《浙江大学学报》（人文社会科学版）2007年第6期。

使占有、使用、收益、处置等各项权利时缺乏自主性，更容易加剧不同主体的利益竞争。基层政府不得不将主要精力用于反思监控和政策指导。这既是基层政府"约束型自主"的体现，反过来又可能进一步促进乡村自主利益的增长。这种自主性利益如果能够有效引导并限制在一定范围内，则有利于增进和实现村庄社会的整体利益，构建基层政府与农民的良性互动关系，从而既实现基层政府的公共职能而不导致权力悬浮或缺场，又能维护和提升农民的福祉，提升和发展村庄共同体的长远利益。

第七章

文化关联：惠农治理中的农民认同

当前，乡村发展政策逐步摆脱了发展主义和物质主义的束缚，乡村社会具有涵括生产经济、生活生态、文化传承等多元多维价值，其承载主体均为农民。① 考察惠农政策的执行绩效，需要在乡村内部认识农村群体的存在状态，而理清这一状态的关键是探究农民的认同逻辑与行动单位。② 农民对政治权力与惠农政策的感知与体认，是通过政策执行者的行为来实现的。惠农政策的具体制定过程，排除了普通农民的广泛性参与，他们对政策的来源、过程及规则等问题，缺乏系统、深刻的认识，但农民对惠农政策执行状况具有较为直观和清晰的认同观念。农民善于通过直白朴素的语言表达其喜恶，围绕自己讲述乡村社会的事例和故事来展现和还原他所经历的具体事件过程，并在语言表述中表达他们的政治认知。

韦伯认为，"老百姓的憎恨与不信任，主要针对着与人民实际接触最密切的下层统治者"③。乡村干部（尤其是非科层化的村干部）因与村民长期共同生活而彼此熟知，其一言一行、一举一动不再是个人行为，而具有"政策经营者"与"基层当家人"双重身份。农村社会的"差序格局"决定了基层治理实践存在特定的圈层结构，农民对不同圈

---

① 毛安然：《赋权与认同：乡村振兴背景下乡村价值激活农民主体性的路径》，《华东理工大学学报》（社会科学版）2019 年第 2 期。
② 梁东兴、龙心刚：《农民的认同逻辑、行动单位与乡村研究的基础》，《理论月刊》2013 年第 6 期。
③ ［德］马克斯·韦伯：《儒教与道教》，洪元富译，江苏人民出版社 2005 年版，第 111 页。

层的干部具有不同的认同度。铁镇许多乡镇干部是城居干部，而非土生土长的本地干部，他们任期较短，调动频繁，与当地农民的直接接触有限，许多农民甚至不认识他们。农民评价和认同所指向的具体对象主要是村干部，他们是更为直接的政策执行者。

一 熟人社会的文化关联与利益共融

（一）保护：乡村日常生活的文化关联

学术界一般将村干部视作国家与农村联系的中介，在不同地区的村庄治理中形成了政府代理人、村庄当家人与经营者等不同村干部角色类型，表现为行政主导型、社会主导型与个人主导型三种村级治理模式。[①] 杜赞奇在对近代中国现代化转型中的乡村精英作出"保护型经纪"与"赢利型经纪"的划分后，保护乡村利益及提升农民福祉一直被视为村庄精英必须承担的"应然"责任。然而，这一角色期待与现实之间呈现出较大差异。在近代，随着中国乡村治理环境的恶化，乡村精英逐步蜕化为"赢利型经纪"，成为革命的对象。在1949年后的集体化时期，这一群体在党和国家的规训下转变为忠诚于革命主张和政治理想的乡村干部。在国家的政治监控与权力形塑下，他们成为国家在乡村的"代理者"，代表国家实现对农村社会的整合和再造。

改革开放后，"乡政村治"的基层权力结构使村干部在形式上获得了来自村庄内部的权威基础，但获得乡镇的认可和支持仍然是许多地方村干部权力的重要来源。这导致村干部行为角色的双重性：他们既要承担乡镇分派的任务，"代理"乡镇在村庄的治理功能，又要在熟人社会的价值规范与规则约束下获取农民的选票，尽量拉近与农民的关系，维系乡村社会的人情纽带，处理农村的问题与矛盾，扮演村庄监护者的角色。有研究认为，村干部在道义逻辑的农民生存伦理驱动下成为守义

---

① 杜姣：《村干部的角色类型与村民自治实践困境》，《求实》2021年第3期。

第七章 文化关联：惠农治理中的农民认同

人，面对基层政府避责行为，村干部坚守道义方式并迫使基层政府承认和顺应道义逻辑，形成"代理倒逼行政"机制。① 可见，生存安全、道义伦理等经济文化要素是村干部角色分类与转化的重要依据。

杜赞奇曾借助"权力的文化网络"概念来分析晚清国家政权、士绅及其他社会阶层的相互关系，认为"文化"是指"各种关系与组织中的象征与规范，这些象征与规范包含着宗教信仰、相互感情、亲戚纽带以及参加组织的众人所承认并受其约束的是非标准"②。文化网络是地方社会中获取权威和其他利益的源泉，在其中，各种政治因素相互竞争，领导体系得以形成。③ 可见，乡村社会的文化网络对基层资源整合、权威形成与利益实现具有重要作用。

这种文化纽带和权力网络重塑了惠农背景下的乡村社会关系。关系作为理解中国社会结构的关键性社会文化概念，是中国人用以处理其日常生活的基本储藏知识的一部分。④ 社会关系以具有互利性的交换为目的，并嵌入到正式的科层体系与农民日常生活中。在关系的塑造下，村民对村干部具有较强的依赖性。村民为了获得更多的利益，以及在资源分配的新格局中占据优势地位，不断调整与村干部的关系。在十八大之前，村干部家有红白喜事，村民都会去帮忙捧场，给主人撑场面，同时会送一定数量的礼金。许多村民也想借助这种方式，消除与村干部的隔阂，拉近两者的距离，这符合农村"礼尚往来"的原则。当国家政治话语嵌入后，这些行为逐步被遏制和禁止。虽然村干部尤其是两委成员也有摆宴席行为，但必须按规定报批并对宴席规模进行限制。为了防止潜在的利益交换，政策规定不得宴请五保户、低保户等服务对象，不许

---

① 李晓飞：《代理倒逼行政：村干部在乡村建设中的道义驱动》，《理论与改革》2021年第5期。

② [美]杜赞奇：《文化、权力与国家——1900—1942年的华北农村》，王福明译，江苏人民出版社2003年版，第15页。

③ [美]杜赞奇：《文化、权力与国家——1900—1942年的华北农村》，王福明译，江苏人民出版社2003年版，第10页。

④ 金耀基：《关系和网络的建构：一个社会学的诠释》，《二十一世纪》1992年第2期。

收受他们的礼金。

农村是一个亲缘、地缘相互嵌结的熟人社会，农村的处事之道意味着"来者是客"，所有来参加宴席的村民均可归入亲属朋友之列，他们私下里会互送礼金。在村民眼里，这些交往意味着"交情"，否则即使最亲密的关系，若不常走动也会逐渐疏远。村干部要建立与村民之间的融洽关系，需要以农民的姿态、表达与话语去和农民进行交流，而非使用一套表述严格的官方话语。许多时候，他们需要通过与农民客套、吃饭、闲侃等方式拉近距离，实现权威的塑造与权力的再生产。这些被视为"正常"的人际交往在农民的话语体系中被赋予了更多的乡土性因素，如他们借以获取的人脉、关系等隐性社会资源。乡村社会构成了一个道德伦理秩序，任何人要在这一秩序中获得认可，拥有"面子"，他就必须认同而不能违逆乡村规则。否则，他就可能变成"熟人社会的陌生人"。

土生土长的村干部要在治理实践中获得权力和权威，就必须融入这种道德秩序与权力网络中，才不会被村民所排斥。村干部到偏远小组办事，有时中午遇到吃饭时间，村民会留他们吃一顿便饭，其他村民也不会说什么。在农民看来，这属于很普通正常的事，因为村干部本身就是农民。[①] 但村干部有时带乡镇干部下村办事，在农民家里吃饭，乡镇干部往往会有所犹豫，因为他不同于村干部，他是政府科层体制内的人员。乡村规则是非程式化的，即使这些乡土行为与国家政策相抵牾，通常情况下村民也不会去举报，除非村干部得罪了村民或举报者可以获得更大利益，否则他们不会主动去得罪村干部，更不愿失去自己在村庄社会的信任根基。在熟人社会的生存规则下，只要没有损害村民的直接利益，多数人会选择默许和容纳村干部的一些行为，避免与其正面交恶。

---

① 在铁镇，许多农民有"串饭"的风气，尤其是平时关系较好的村民，经常轮流到对方家吃饭。在当地农民的观念里，"一顿饭"根本算不上什么人情。用当地农民的话说，我们平时吃不完倒掉喂猪的都要比这吃的好。这虽然有夸张成分，但在铁镇相对偏远的村庄，由于交通不便与区位劣势，土地生产的粮食很难转化为货币，更强化了这种行为取向。当然，如果村民在馆子宴请村干部，就会被认定为违规。

第七章 文化关联：惠农治理中的农民认同

吴毅的研究认为，在乡村无所不在的"权力—利益的结构之网"中，农民在官民博弈中一般采取忍让而非诉愿的态度，即使诉愿，也尽可能地留下回旋的余地，为诉愿后官民关系的修复留下后路。① 这符合农民的生存理性和生活规则。在共同生活和彼此熟悉的情况下，村干部如被举报，他们基本能猜到举报者的身份和动机。这可能使本就不牢固的信任平衡被打破，进而演化为更加复杂的乡村关系。

这样，村社之间通过"关系"建立起来的默契，在农村社会"情面"观念的支配下，往往使村民在利益未受到根本性损害时，不但不会公开表达自己的意见，反而会刻意隐藏自己的不满。这种选择性和策略性"失语"，反映了农民的精明和理性，成为维持村庄社会的面子机制持续运转并获取更多利益的基础。在熟人社会，每个人都有几分"薄面"，它常常被视为一种无形产品施加于他人，对其形成一种潜在的"强制"，用以满足生产生活与人情交往的需要。中国是一个情理社会，农民对现实问题的考量，往往不是基于合法性标准，而是基于"合情理性"标准。"有理走遍天下，无理寸步难行"的情理观念支配着农民的日常行为。

当前，尽管现代性与市场化因素渗入乡村，但乡土性仍然是农村社会结构的基础和底色，建立在熟人社会与亲缘纽带基础上的圈子文化与乡土规则仍然在基层治理中发挥重要影响。在同等条件下，基层干部更愿将惠农资源优先分配给自己熟悉及与自己关系较好者。在乡土社会，人们更倾向于按照"差序格局"所构筑的亲疏分层与远近秩序来决定自己与他人的社会交往方式。在农民看来，"熟悉"和"亲近"是决定自己处事行为的依据和准则，也是熟人社会农民体现出的行为理性，这种理性同样适用于村干部。尽管有不少学者对"差序格局"概念提出质疑，认为差序化是每个人同他人交往并想象其生活世界的自然倾向，

---

① 吴毅：《"权力—利益的结构之网"与农民群体性利益的表达困境——对一起石场纠纷案例的分析》，《社会学研究》2007年第5期。

人类个体普遍分享的这一主观倾向并不足以构成一种客观的社会格局，①但这并不妨碍人们在日常生活中在自己的内在世界形成亲疏分层，并"客观地"起着对人们行为的引导和形塑作用。

在治理实践中，乡村干部利用非正式的社会网络，进入距离农民较近的圈层结构，获得农民的认同和支持，可以在一定程度上建立与农民之间的"保护—依赖"关系。尽管关系运作的背后是村干部的私人意图，但关系运作同样有公共性成分。对现代化转型中的乡村秩序而言，更依赖于关系的实践和运作，其要旨是交往双方为构建社会支持网络而进行的"往来"／"来往"活动。关系本身作为一种情感的区分与表达，构成了亲密的信任和责任的依据。②

成渝高速复线修建时，涉及铁镇石马村 23 户的房屋拆迁和土地征用问题。上级要求按期完成征地拆迁工作，工作任务繁重，干部压力极大。在征地拆迁形成的利益空间下，其他工作方式都很难奏效。村干部不得不复制日常生活中农民的"软磨硬泡"手段，每天都出现在 23 户拆迁户家里与他们"摆龙门阵"（聊家常），做宣传解释动员工作，并帮他们搬家。

但村民肖某一直不肯搬迁，她的房子去年才刚修建完工，丈夫帮人建房时因房屋倒塌导致截肢瘫痪，儿子还在读书，家庭生活压力很大。这座新房融入了全家人的心血和情感，而拆迁补偿标准太低，新房刚修起来就拆太心疼。村支书陈有才无论如何苦苦相劝，她都不松口，提出如果不提高补偿，她就是不搬。陈只好每天跟在她后面，苦口婆心地做她的思想工作。陈有 20 多年的工作经验，他非常清楚肖某的家庭情况，知道此时只能动之以情，晓之以理，拉近与村民的距离，绝对不能动怒动粗。他说："大妹子，你就支持一下老哥的工作。等你新房修好了，我来帮你搬家，打'火炮子'（放鞭炮）！"但肖某却不给他好脸色看，

---

① 苏力：《较真"差序格局"》，《北京大学学报》（哲学社会科学版）2017 年第 1 期。
② 周大鸣：《差序格局与中国人的关系研究》，《中央民族大学学报》（哲学社会科学版）2022 年第 1 期。

说话语气气咻咻地，嘴巴也不饶人："你来帮我搬家？你都得了癌症，还不晓得能活到啥时候！"陈此前不久被诊断为肺癌，他为人和善，与村民关系较好，在村里的口碑也不错，村民曾自发为他捐助了近两万元。陈说："我是得了癌症，但我现在还没死。我都是半截身子埋在土里的人了，能不能看到高速公路修好还是一个问题。身体健康才是福，何必为了一点利益斤斤计较？我当了这么多年村书记，和大伙都很有感情，我也想趁自己还能多活几天，帮老百姓们多做点事情。你就看我这个老哥的面子，搬了吧！高速路修好了，村里人出行更方便，也能增加更多的收入。"陈的劝说终于打动了肖某，她最后决定搬迁。

征地拆迁中的问题和冲突来源于利益博弈空间和具体政策实施与操作过程，而非根本的征地拆迁制度及其补偿制度。[①] 高速公路是有利于提升公共福利与推动当地经济发展的建设工程，不同于商业开发占地，农民可选择的博弈空间往往很小。在工作推进中，对关系村民切身利益的补偿问题，乡村干部要借助乡村非正式的文化资源才能有效应对村民的强硬态度，而无法诉诸行政强制手段。正式权力得以在乡村社会畅行，需要借助乡村的各种文化网络和社会资源。由于乡镇干部与村民在空间、情感上有一定距离，需要依靠长期与村民共同生活的村干部来完成治理难题。陈的劝说工作之所以能取得成效，主要还在于他对村民知根知底，曾为村民做过很多事情，在村里有一定威望，获得了村民的认可，奠定了良好的群众基础，才得以推进完成征地拆迁这项棘手工作。这种由地缘基础和情感纽带构筑起来的关系网络，扩充了乡村正式权力的运作空间，也强化了村干部的保护型和政策型双重角色，消弭了政策推行的阻力。

在乡村社会，"解决问题"是基层权力运行的现实导向和主要目标，而适当的变通和转换就成为政策执行的必要形式。在2013年农民医保卡换卡之前，铁镇的农村合作医疗保险，一部分是由农民自行缴

---

① 杨华：《农村征地拆迁中的利益博弈：空间、主体与策略》，《西南大学学报》（社会科学版）2014年第5期。

费，一部分是发放农民退耕还林直补资金和水库移民资金时代缴的，还有部分农民因在外打工，则由村干部临时垫支完成上级下达的缴费任务。为了防止村民拖欠不还，这些外出村民的医保卡，就由村干部暂时代为保管，待村民回村后，再与农民算清账。村干部垫支的费用，由未缴纳医疗保险费的农民拿医保卡到村卫生室通过刷卡后取出现金，再归还垫支的村干部。在国家规定医保卡资金专款专用后，这种套现现象就被严格禁止了。乡村的具体问题都要面对"乡土性"和"非规则化"这一基本事实，在这种特性约束下，科层化运作要与乡土特性相融通才能行稳致远。许多村干部也知道自行垫支会在以后给自己带来很多麻烦，但"大家都是乡亲，如果别人确实因为不在村里或其他原因交不上钱，让你帮忙先垫一下，你不垫都不行。只能自己先垫上，回来再向他要。如果只有百把块钱，一般人也不会为这个钱和你闹别扭。你要相信大多数农民是好的，这样制定出的政策才能得到有效执行"。①

（二）共融：混合角色下的利益增长

在乡村，基层干部的权力权威不仅来自国家的政治授予，更建立在乡村文化网络与地方性知识的基础上，这是由公众共同认可和相互熟悉而获得的一种合法性。在强调秩序和服从的传统文化理念中，村民在日常生活中通过对村干部的服从来寻求村庄权威的保护和服务。这种交互关系意味着村社精英不仅是行政体制的延伸，还是社区利益的保护者。这种双重身份是乡村工作得以开展的重要社会基础。在铁镇，一些村干部开始打破传统的"官民"对立状态（尽管村干部并不是真正的"官"），不再是单纯的村庄利益监护者或赢利者，或乡镇行政的延伸，而更多扮演了一种混合型角色，即融保护者、赢利者和当家者等多重角色于一体，借以推进乡村共同利益的增长。由于村级组织"半国家半社会""半控制半自主"，以及村干部"半干部半农民"的模糊特征，

---

① 2014年12月2日对铁镇石马村一组村民小组组长向某的访谈。

第七章 文化关联：惠农治理中的农民认同

使村干部能在不同场景和规则之间自主切换角色。① 在这一角色变换中，村干部将自身利益的提升与村庄利益有效融合，并以惠农背景为契机进行形象的再造与权威的重塑。

精准扶贫与乡村振兴对西部偏远农村地区的嵌入，密切了乡村干部与农民的联系，构筑成为紧致型的利益联接关系。我们经常看到乡镇干部下村与农民热情打招呼、交流攀谈的景象，而农民也喜欢与干部唠家常，让干部帮忙规划家庭产业发展，或解决疑难问题。在铁镇，政策执行并不依靠强制，诸多治理事项都会考虑农民的意见和实际需要。乡村是一个熟人社会，虽然许多乡村干部并不生于斯长于斯，但他们与农民的长期交往使他们深谙农民的脾性：人都是有感情的、是讲道理的，要站在农民的角度为他们做分析、做谋划，真正和农民想在一起、干在一块，这样才能得到他们的真心拥护和支持。许多乡镇干部坦言：在下乡时，遇到农民热情地跟我们打招呼，我们是很满足的，是很有成就感的。

农民对乡村干部的认同不是空泛的，而是以乡村干部的实际作为与服务供给作为评价基础。村干部基于村庄整体发展、村民生活保障、合法化权威维系和自身利益获取等各方面的综合考虑，在村庄社会进行动员，实现外来资本与村庄发展的有机结合，进而改善乡村社会关系。这种混合角色不仅具有强化村庄社会权威与确保利益实现的"保护型"要素，更具有融合村庄社会发展、村民福利提升的"发展型"要素。它与行政强制下此消彼长的"利益损耗"发展模式不同，而是实现村庄多方利益兼顾的"共融式增长"。

为了化解乡村社会的矛盾纠纷，为农民在土地征用和移民搬迁之后寻找生产性的就业之路，许多较有远见的村干部利用各种资源布局和谋划本村产业，从而既契合惠农政策下乡与精准扶贫战略对农村产业布局的整体要求，也符合资本下乡寻求市场空间的发展逻辑。在铁镇宝竹

---

① 田雄、王伯承：《单边委托与模糊治理：基于乡村社会的混合关系研究》，《南京农业大学学报》（社会科学版）2016 年第 2 期。

村，玉潭水库修建后，淹没了大量低处的水田，赔偿的土地是在高处的旱地。水田要比旱地更肥沃，更适合种植水稻等农作物，产量也更高。但政府在进行土地置换时，没有考虑土地的品质差异，而是按照原有土地的面积进行赔偿，置换的土地多是旱田。旱田的产量要比水田产量低得多，种植成本却非常高昂。如果单靠种植农作物，村民的生活难以维系，这样的赔偿方案也引发了村民的不满和上访。水库移民缺乏生计保障和生产性出路，缺少发展途径和致富手段，"闹"也是一种无奈选择。移民安置部门因资源有限，只能依靠村庄社会依靠自身力量解决移民村庄的发展与治理难题。

为了解决移民搬迁后的生产生活难题，D县要求各乡镇根据各自的资源禀赋与特色优势，探索适合当地情况的农业发展模式，引导和鼓励农民围绕市场需求，优化产业布局和种植结构，调整农经种植比例，发展现代化、市场化农业。在确保基本耕地红线与农民切身利益的基础上，各乡镇可以根据实际，适当调减粮食作物种植面积，合理发展体现当地特色和产业优势的经济作物，使农民种地也能致富。

宝竹村的村支书张书记为村里引进了"金槐"的种植项目，较好地解决了当地农民的生计问题。金槐经过嫁接培育，可以生产出含芦丁较高的有机物（能达30%），它能够软化心脑血管，是中老年人保健品的重要原材料，具有重要的康养保健价值。这一项目最初是由一位廖姓专家引进的。他原来是D县的中师毕业生，对当地比较熟悉，有比较广泛的人脉资源。他自2003年起就一直研究金槐的种植、深加工及应用推广等问题，逐步做大做强，各种配套也发展起来，形成了一个融种植、生产、加工与销售于一体的完整产业链。为了获得稳定的原料来源，他到处寻找合适的金槐种植地，后经专门考察发现宝竹村很适合发展该项目，于是就与当地村干部洽谈合作。村支书张某也想解决水库移民的生活困难，让村民有事可做，以减轻村民上访的压力，双方都有开展合作的意向。

乡村的产业建设要与当地自然禀赋及经济、社会和文化等因素相适

第七章 文化关联：惠农治理中的农民认同

应，才能整合乡村资源优势，推动乡村产业项目有效落地和长效发展。产业选择如果忽略农户实际的需求、能力和意愿，则会出现严重的产业选择困境，导致农户需求表达、合作参与与主体间协同不高。① 合作开始，张书记和村民对金槐种植的效益都心存疑虑，尽管村里进行了动员和宣传，但农民积极性仍然不高。为了能够顺利推广这一项目，廖某在当地承包了 200 亩土地，进行了示范性的种植，其方式是从外地直接移植当年就可以产生经济效益的成年金槐树，其金槐米可以卖到每斤 30 多元。

效益呈现后，村干部再次在全村进行动员，说服农民以参加合作社的方式加入。农民看到经济效益后，也有了一定的种植积极性。"一开始我们并不看好（种植金槐），后来张书记不断到我家里做工作，我们也不好驳别人面子，反正投入也不大，就抱着试试的心理，后来发现它确实可以赚钱，我们就联合其他村民一起入股，关键是不耽误做活时间，平时可以在家里照顾自己的孩子和土地。"② 在村干部以关系和利益为基础的动员之下，他们获得了村民"策略性的"支持，它"不但改变了既有关系的松散结构，还使得原有关系网络的边界明晰化"③。那些最先拿出实际行动支持该项目的村民，在实践中得到了更多实惠并获得了村干部的认可。这就意味着，通过利益的输入与联结，原来村干部与村民之间的松散型关系逐步转变为紧密型的相互依存关系，而那些未给予有效支持的村民，则无法融入村庄的产业体系。

有研究认为，贫困者因弱权而产生的无助、自我贬低或理性的偏废，是其对生活事件失去参与及其掌控意愿，进而呈现内生动力不足的主要原因。扶贫应走进贫困者的生活世界，尊重其生产逻辑，契合其自我发展的个性差异和动态需求不断提升可行能力，消除其"无权感"

---

① 匡远配、易梦丹：《产业精准扶贫的主体培育：基于治理理论》，《农村经济》2020 年第 2 期。
② 2017 年 7 月 16 日对宝竹村村民李某的访谈。
③ 齐晓瑾、蔡澍、傅春晖：《从征地过程看村干部的行动逻辑——以华东、华中三个村庄的征地事件为例》，《社会》2006 年第 2 期。

的来源,才能动员贫困户积极能动地参与贫困治理,实现其内生性和内源性脱贫。① 如何推动产业发展与农村实际、农民生活相融合,推动农民融入产业治理体系,使其真正成为产业发展主体,是产业政策落地与产业持续发展的内生机制。

在金槐项目实施过程中,值得特别关注的是农民的参与方式。在很多农村开展的类似产业项目中,农民并不直接参与,而是以土地流转的方式将土地承包给经营者,自己坐收土地租金。这样,企业的经济效益与农民之间就缺乏直接利益关联,企业在正式投产之前,就必须承担昂贵的土地租金,大大增加了生产成本。在众多资本下乡项目中,许多企业经营几年就因效益不佳而不得不选择退出。宝竹村金槐项目的经营方式则不同,农民的土地虽然以每亩300元/年的价格租给企业,但这笔钱并不直接发到农民手里,而是以土地流转资金入股,直接参与项目的经营和运作,在项目取得经济效益后,农民再根据股份获得分成。这样,农民在一个项目中就可以获得多份收益,极大调动了农民的生产和参与积极性,也规避了项目经营者前期投入大、效益低的缺陷。农民以土地流转资金入股,金槐种植管理的效益直接关系到后期的分红。因此,农民不仅自己积极主动管理好自己土地上的金槐,还互相监督,这种"主人翁意识"使金槐种植产生了良好的经济效益。

目前,全村共有100多户村民参加了该项目,既能从土地入股的分红中获得部分收入,公司又聘请他们在自己的土地上种植和管理金槐树,并按照一定标准发放工资,村民在种植金槐树外还可以照顾家庭及耕种土地。村民每年从项目中能得到五六千元的收入,这对无收入来源的中老年劳动力而言非常可观。在金槐管理经营方面,公司支付给民工工资,他们轮流上班,以让每个人都有活干。产出和收入平衡后,公司就把该项目交给专业技术工人管理,工人经过三年的培训,已经熟悉和胜任专业性的工作,大大降低了公司的经营管理成本。

---

① 高卉、刘明星:《驻村扶贫:增权动员与主体回归——基于K村个案研究》,《广西民族大学学报》(哲学社会科学版) 2020年第2期。

第七章 文化关联：惠农治理中的农民认同

这个项目已经运营了七八年，尽管前三年收益较少，但村民对该项目的前景非常看好，2016 年时全村有大量村民加入。在项目的运作方面，由公司负责提供技术，同时与美国安利公司合作，还通过了 ISO 专业验证，并大量出口欧美和日本，效益良好。张书记对该项目的后续发展有明确规划，目前正在筹划建设后续产业。产品"槐米"生产后不仅可以出口，还可以在村里兴建企业生产"槐米茶"及其他槐米饮料等产品。他还计划打造村庄的特色品牌，筹划 QS 认证和相关设备的采购，同时积极引进半自动化的机械来采摘槐米，提高生产效率。政府也给予项目一定资金支持，提供了部分的树苗和化肥等农资，在基础设施建设方面也积极配合，帮助修建公路、便道等配套设施。从目前来看，这一项目展现出良好的发展态势，村庄社会关系进入和谐有序、利益共融的合作增长期。

在乡村文化网络中，村干部不一定在村民的"差序格局"中占据一个核心位置，但他拥有来自科层体制与乡村社会双向赋予的权力，成为获得村民认可的重要来源。在政府支持引导下，村干部通过信任、互惠等共生动力机制实现了农村各经济主体间的利益共生，有效缓解了产业发展中农民参与意愿不强、治理规范性差、凝聚力弱等问题。[①] 通过关系网的编织与以利益为导向的动员，村干部扩充了自身的支持网络，许多村民从"不支持"到"不反对"再到"高度认可"，充分展现出惠农政策支持下乡村干部转变传统的"谋利者"角色、提升乡村认同的行动导向。在村干部精心经营和构建的社会网络中，他们可以组织和动员乡村社会的资源和力量，串联和平衡各种利益关系和矛盾，从而增强乡村内部的团结与整合，强化村干部在村庄整体决策和治理中的地位。

在利益导向的人际关系模式重构下，农村社会进入了一个相对平和的时期，这在税费前后的乡村关系演进中体现得尤为明显。基层干部普

[①] 苏昕、付文秀、于仁竹：《互惠共生：村干部领办型合作社的成长模式》，《经济社会体制比较》2021 年第 6 期。

遍认为，与税费时代相比，惠农时代的工作更好做。尽管惠农政策执行和基层治理给基层干部带来了诸多困扰，但资源分配（"发钱"）显然要比税费征收（"收钱"）更容易。惠农资源配置虽然也因农民对公平概念的认知差异而发生很多上访行为，但乡村干部可以理直气壮地以国家的政策规范作为治理依据，再对照乡村实际情况与前后发展变化，通过说服的方式使农民放弃缠闹。在信息不对称条件下，村干部合理利用制度空间强化政策的解释权力，通过参加会议、学习文件、领会精神、内部交流等方式获取信息，进而对政策的理解和把握更加精准和高效。国家政策中所蕴含的信息很容易被村干部所捕捉和利用，成为营造自身形象和强化动员效能的重要工具。

二　政策评价：惠农政策认同的差异

基层社会中的农民认同指向两个紧密联系的对象：一是针对惠农政策本身，二是作为政策执行者的乡村干部。

（一）政策评价：绩效考量与认同提升

惠农政策的制定与实施体现出党的领导框架下国家对公共政策治理绩效的明确与强化，国家希望通过惠农政策供给与惠农资源输入推动基层治理结构的实质性转型，拓展和提升"三农战略"的政治意涵与基本内容，构建国家与乡村之间共建共生、协同共治的关系，具有增进国家政治认同、提升基层治理效能的双重作用。惠农政策执行作为政策与行动的连续统一体，是一个主客体持续互动、不断调适和相互适应的能动过程。农民对惠农政策执行及政策执行者的认同绩效均体现出差异性和非均衡性。

在铁镇，许多干部也认识到政策执行、政策绩效与认同构建之间的多样化关系，并从政策执行者的角度表达了他们的观点："国家实施的各项惠农政策，是战争时期党的农村工作政策的延续，是一项得民心、

第七章 文化关联：惠农治理中的农民认同

为民谋福利的重大工程。这需要我们基层干部去实施，去操作，去做更加细致、更加琐碎的工作。惠农政策实施得好，落实得好，老百姓得到了好处，得到了实惠，感受到党的政策带来的巨大变化，那么农民对党和国家的认同就能得到提升；这些工作做不好，就可能损害党员干部和人民群众之间的关系。"① 这种认识有利于他们在治理实践中更好地明确自己的角色和定位，真正以惠农增效、服务提质为导向，把国家的惠农政策贯彻好、执行好，进而增进公共政策的治理效能并提升农民的认同绩效。

随着国家治理的结构性转型，乡村治理环境得到极大改善，基层治理体系和治理能力现代化成为现代治理的重要目标。但在实践中，始终存在着政策的规范化要求与执行过程的非正式性之间的张力，其原因在于基层政策执行的差异化环境：制度环境要求政策执行服从"合法性"机制，而技术环境则倡导"有效性"的经济理性。② 前者强调政策执行的认同机制，后者强调政策执行的技术绩效问题。技术绩效是合法性认同的基础，而合法性认同则是技术治理的旨归和目标。基层干部的政策执行能否有效增进政策认同，需要附加必备的前置条件，即惠农政策执行的技术绩效问题。这需要在乡村社会的空间场域对政策结构与执行场景进行深入考察。

在农民的认知中，能否从惠农政策中得到真正利益和实惠，是他们对惠农政策评价的重要尺度。粮食直补、农资综合直补、退耕还林补贴、农村合作医疗及针对 60 岁以上老人的高龄补贴等，是农民能切实感受到的政策实惠，也与他们生活的改善具有直接关联，他们对这些政策的认同度都比较高。这些补贴在操作方式上通过农村"一卡通"向农民直接发放，③ 对促进农业增产和农民增收起到了重要的推动作用。

---

① 2017 年 7 月 13 日与铁镇干部的座谈。
② 徐娜：《合法性与有效性：现代化转型时期基层治理的双重目标导向》，《湖北民族大学学报》（哲学社会科学版）2021 年第 5 期。
③ 2012 年前，铁镇集体土地的退耕还林款，是以各村村民的名义分等级造册领取的。这笔资金按照政府的要求，每年纳入村财务账，用于村庄的公共事业，并不直接发放给农民。

D县还对水稻、玉米、小麦、油菜等农作物按实际种植面积进行良种补贴，水稻每亩补贴15元，玉米、小麦、油菜每亩补贴10元。为了防止农民套利和虚报种植面积，D县规定在实践中不能将良种补贴变相转变为"承包耕地补贴"，并建立了一套严格的申报、公示和审核程序。在良种栽插后，由村民向村委会申报并提交证明材料，经过村组公示、镇街审核、镇街公示、县级审核等环节，由金融机构直接发放给农民。在这些惠农政策上，国家努力建立与农民的直接联系，尽量规避村干部等中间环节，防止其以"代理人"的名义抵扣、截留资源等失范行为。

对于农机补贴，农民的反应则较为淡漠。这项补贴主要是针对农民购置农机的专项补贴，如果农民没有购置农机，他们就享受不到政策优惠。由于这一政策只有具备一定经济实力并购置相应农机时才有机会享受，多数农民并不具备这种经济实力，或没必要单独购置农机。像铁镇这种丘陵、山地相间的乡村，农业机械的大规模推广比较困难，少数农民购置有小型机械，但多数农民仍采取传统的"合作养牛"方式解决耕种问题。有些农民直观地认为，即使自己购置农机享受了补贴，但商家可能会把补贴的金额隐含地加在农机价格上，这项政策实际上便宜了商家，而农民本身却未享受到实际好处。

尽管农民针对不同类型的惠农政策出现一定认同差异，体现出非均衡性特征，但总体而言，农民对税费改革以来国家对农村政策支持的导向性变化感受极为深刻，并将这种政策认同转化为对党和国家的认同。关于这一点，即使"牢骚满腹"的农民也自觉承认。农民抱怨的对象主要指向惠农资源分配中的不规范行为，而非指向惠农政策本身。在农民的内心世界，国家权力及其运作在空间上相对遥远和宏观，其对乡村社会的影响更多以政策法令的形式体现出来。随着国家对"三农"问题支持力度的持续增强，惠农政策支持体系日益完善，精准扶贫、乡村振兴等战略在农村全面铺开，农民切切实实享受到现实的经济利益。在农民的日常话语表达中，"国家政策越来越好了"成为他们发自内心的普遍政治认知，这种"感恩型国家观念"有助于提升国家的治理绩效

第七章　文化关联：惠农治理中的农民认同

与合法性认同。

调研也显示，在惠农政策的认同体系中，农民对政策制定主体的国家表现出极高的认同度。他们认为，党和国家是想着农民的，是切实为农民解决实际困难的，这种感恩思想贯穿于农民的日常表达与行为实践中。这些内容来自国家执政理念中的"人民主体"思想，体现出国家重视民生问题、解决民生困难的执政思路。在铁镇，许多农民在晚上会一边吃饭一边看新闻联播，这已经积淀为农民的一种行为习惯。农民通过这种正向的信息传递方式，了解国家方针政策，感受国家经济社会的重大变化，进而形成一种更具人格化、认可性的评价体系。这种打破空间距离的"面对面"接触，使农民对国家惠农政策形成一种更直观、真实的印象，强化了党和国家领导人重视民生、亲近宽和的政治形象。

在治理实践中，农民切实享受到国家的政策实惠，其认同和感恩对象也清晰地指向国家。在农民看来，乡村干部作为政策执行者，政策落实到位，是惠农政策执行的内在要求，是基层干部"理所当然"的职责和本分；农民享受惠农政策的实际利益，具有国家法理和社会道义上的合理性，也是"理所当然"的。如果他们没有享受到，则是基层干部执行不力；如果要感谢，只能感谢作为政策来源的党和国家。在农民的认同观构建过程中，"好的归国家，不好的归基层政府"成为农民认同遵循的基本逻辑。

从基层角度看，作为惠农政策执行主体的基层干部对农民认同构建具有重要影响。但由于乡村社会缺乏系统、有效的政治社会化过程，[①]基层干部在处理日常纠纷问题上也缺乏有效的回应和释疑机制，缺少系统的政策宣传与信息互动，导致农民的认同具有一定程度的自我构建性。有研究认为，农民的政治认知更多的来自于农民在权力实践中的经

---

① 尽管集体化时期农民被动员参与到地方政治实践过程，通过群众运动获取政治知识与政治技能，但它呈现的不是一个常规化的政治社会化过程，其方式也不是制度化供给，而带有强制性政治整合的基本特征。

历，以及自认为可信的乡村传言。① 由于缺乏有效的博弈手段，农民会尽量避免与乡村干部发生直接冲突，而用这些"传言"非正式地表达自己的态度及传递消息，进而对乡村权力精英形成一种外在的反制，这强化了农民对乡村权力想象的随意性和负面性。

在实践中，在关系群众切身利益的惠农政策执行、公共资源分配与资金管理等事项上，因信息不对称导致的认知偏差不断困扰着乡村社会，并对既有的乡村认知结构与秩序形成挑战。一些村庄信息公开栏上的公示在表述方式上笼统、滞后和专业，对其管理监督缺乏严格界定的标准，农民因其知识上的缺陷和信息获取渠道的狭隘而无法获得深刻、真实的认同。对于像农业补助、退耕还林、水库移民扶持、人饮工程建设、农村扶贫开发等惠农强农政策，以及国家重点工程征用土地补偿、城镇建设用地补偿、征地农转非、集体土地承包、土地流转等土地政策，以及户籍制度改革、计划生育、农村劳动力转移、养老保障、合作医疗保险、社会救助等管理保障类政策，因其与农民的切身利益直接相关，这些惠农政策的执行、相应资金的管理使用及集体经济财务等情况，是农民关注的焦点。但是对于这些信息，乡村却缺乏有效的手段、翔实的资料及时回应农民的各种疑问。

（二）执行绩效：农民评价的差异化

惠农政策的实施改变了乡村社会的资源获取方式，也重塑着农民的认同结构与互动机制。不同个体在资源配置中的地位次序及认知差异影响了惠农政策的执行绩效，使基层认同呈现出多样性、复杂性和非均衡性等特征。铁镇的案例表明，在一些村庄，惠农资源的输入显著改善了当地的基础设施和人居环境，但也使农民不自觉地置身于资源竞争的利益链条上，以至于个体自身都无法决定自己的行为，而被卷入集体行动的利益框架中（如铁镇团村的资源分配）。这打破了乡村原有的内生结构

---

① 韩建力：《交公粮：农业税时代的集体记忆与政治认知》，硕士学位论文，吉林大学，2016年，第54页。

第七章 文化关联：惠农治理中的农民认同

与人际秩序，当地农民陷入日益显性化的利益竞争格局，导致村庄结构更加松散化和碎片化。公共政策差异化的利益对象和政策非连续性容易导致公共政策间张力的出现，引发人们对政策合理性的质疑。① 资源分配是体现政策公平性的重要举措，但村民所秉持的"公平"理念与基层干部的政策实践存在区隔，使乡村干部在分配资源时，尽管已经尽可能考虑群众的多样化需求并力求做到不偏不倚，但仍有许多农民难以称意。

村际之间的发展差异在塑造政策执行绩效方面体现得尤为明显。在经济理性下，政府向铁镇经济条件较好的村庄投入了更多资源，但当地村民对乡镇干部的认同不但没有得到提升，村民反而处处颇有微词，话语间充满对资源分配不公的不满。农民的公平观念不以自身所获实际利益为标准来衡量得失，而是在与周围人的比较中认识自己的得失，② 带有很强的选择比较性。这种比较主要分为两类：一是横向比较，即与其他村民、村庄进行比较，呈现自己对生活环境与资源获取的不满；二是纵向比较，即与自己过去的生活境况进行比较，呈现当今生活的变化。

在横向比较中，村民的质疑直接指向政府在资源配置中的政绩冲动，认为政府在不同村庄分配资源时，宁愿"锦上添花"，不愿"雪中送炭"，没有照顾落后村庄的发展需求，体现出较强的经济发展主义政策导向。开展纵向比较的主体，多属于地处偏远的村庄，村民的生活处于一种相对传统和落后的状态。在长期的生活惯性中，他们日益沉淀出"知足常乐"与"怡然自得"的生活情态。他们与基层政府保持一定距离，反而对政府保持着较高的认同度。在访谈中，这些农民认为："与以往相比，现在的生活改善了不少。例如，政府帮助农村修了公路，安了电和自来水，家家都有电视、手机，一些家庭买了小型农用机器和各种车辆，生活比以前更方便；现在种地不但不向农民收税，还有各种补

---

① 邢成举：《政策张力、公平观念与扶贫工作的合理性》，《西北农林科技大学学报》（社会科学版）2018年第2期。
② 贺雪峰：《熟人社会的行动逻辑》，《华中师范大学学报》（人文社会科学版）2004年第1期。

贴，这是以往农民想都不敢想的。"① 农民列举的种种事例，反映出农村近几十年发展和变革的社会现实。这些一眼可见的事实，验证了农村生活发生的翻天覆地的变化，维系和提升着农民的政治认同。但在许多村庄，这些早已成为农民的习惯性事实，他们正在享受政府公共服务带来的各个方面的改善，在许多人看来普通且平常，而村民站在不同利益立场下进行审视，却在不同村庄产生了如此迥然相异的评价效果。

在惠农政策实践中，尽管国家的政策规定比较严格，但地方性规范与话语体系仍然在实践中发挥着隐秘的作用。在坚持政策执行基本底线的前提下，基层干部会充分考虑政策执行的难度、农民的接受程度及乡村社会的复杂现实。如果过于依赖上级意志和政策条文，当政策与实践产生冲突时，不仅会造成基层政权与乡村社会之间的关系紧张，熟人社会内部所建立起来的人情纽带与地缘网络也会被割断。当前，尽管基层干部在政策执行中仍会面临巨大压力，但随着集体化时期高度政治化的政策执行语境的逐步消解，基层干部拥有了更多的自主性空间和选择性权力，尤其是在执行复杂度高、不确定性强的政策时，需要保持政策弹性以随时进行适应性调整。在资源有限与需求差异的张力面前，乡村干部不会因政策执行而开罪于普通农民，而会在政策要求与村社利益之间保持一种精心调试的分配均衡。

由于乡镇干部与村干部的行为模式有所不同，村民对他们的认同度也有所差异。对那些比较年轻、在乡镇工作的主要目的是为了获取基层工作经验的乡镇干部而言，他们在当地工作时间较短，很快就会调回县上任职，他们平时与村民的关系较为疏远，工作之外的日常交流也很少。农民对他们虽有一定了解，但因未发生直接接触，常常不清楚乡镇领导的姓名及个性。农民对基层政权的认知主要来源于与其发生直接接触的乡镇工作人员，农民会笼统地称其为"乡镇干部"。铁镇许多乡镇干部平时并不住在乡镇，而是居住在县城，他们下班后即驱车回城。在

---

① 2017年7月19日对铁镇春村村民小组刘组长与部分村民的访谈。

第七章　文化关联：惠农治理中的农民认同

干部年轻化的趋势下，这些"城居干部"一般只在乡镇工作几年，许多人在乡镇各部门担任正副领导职务。他们虽希望在任期间干出成绩，但对当地缺乏真正的归属感，村民也认为他们"迟早会调回县里"，对他们也缺乏整体认同。由于基层领导干部队伍缺乏稳定性，容易使基层经济社会发展缺乏长远规划和政策连续性，进而产生短期行为。

对于在当地工作多年、年纪较大的乡镇干部而言，他们的行为更接近村干部。铁镇一位戴姓办公室主任，在当地工作了二三十年，平时居住在镇上，对当地情况非常了解。但他已经50多岁，已快到了退休年龄，对他而言，已经没有升职的希望。他晚饭后经常沿着河边小道散步，碰到熟识的村民就一起散步聊天。有些村民趁此机会向他反映问题，他也尽力帮村民解决困难。相对于其他乡镇干部而言，他与镇上村民的关系更融洽。一提到他，许多村民表示对他"熟络得很"。针对团村一组的土地征用补偿款的分配及村组干部的内部矛盾，他也多次出面协调解决。由于他在当地工作时间比较长，年龄较大，有一定社会威望，因而能够"镇得住"像毛长学这样的强势村干部。

村民自治框架的运转使村民拥有选举村干部的权力。在基层治理中，情感因素与理性因素共存于民众政治参与的行为选择与意愿之中，其作用结果与序列由不同社会情境下个体的行为与感知所决定。[①] 但在村民看来，村干部的权威权力并非来源于自己的投票。选举尽管可以强化合法性，但选举民主存在同意困境、规则困境与绩效困境，其对合法性建构的功能是有限的。[②] 在政府主导的选举模式下，即使村民不同意某个候选人当选，通常也无法改变选举的最终结果。村干部的权威主要建立在对村庄日常事务的恰当和公正处理上，对村庄矛盾和纠纷作出公平合理、令人信服的调解，这需要对村庄整体利益及其差异进行综合把

[①] 林健、肖唐镖：《社会公平感是如何影响政治参与的？——基于CSS2019全国抽样调查数据的分析》，《华中师范大学学报》（人文社会科学版）2021年第6期。

[②] 张聪、蔡文成：《选举民主：政治合法性的建构及其困境》，《理论与改革》2014年第5期。

握，需要特定的策略技巧。如果一个干部不能公正合理地解决村民的困难和问题，那么即使村民在选举中投了他的票，他们也会在村庄公共事务中不断提出反对意见。一个村干部能否获得村民的认可，不仅取决于他的选票，还取决于他对待村民的态度、为村民解决问题的能力及与村民社会关系的维系上。也就是说，村社干部在基层社会的权威不仅依赖于正式制度的授予，更依靠村民的熟悉认知、情感支持及相应的服务供给。

惠农资源分配中农民认同的差异化表明，乡村治理的改善无法单纯依靠资源的输入就可以解决，更有赖于惠农政策的有效实施和切实贯彻，取决于基层政府的政策执行能力以及技术治理下各政策主体在乡村社会的适应性调适与协同性互动。因此，要充分考量政策执行的现实环境与受众需求，强化基层干部的政策执行能力，持续构建契合民情民意的基层服务体系与政治品格，不断增强公共政策执行的社会基础，推动多元主体在协同、共建的轨道上开展互动，实现政策执行的制度化。

三　权威重塑：村庄空间中的农民认同

（一）村庄闲话的传播与评价

在乡村日常枯燥和单调的闲暇时间里，村民以"家长里短"的独特交流方式传播和复制村庄喜闻乐见的"事件"，也私下对村干部的日常行为进行议论和评判。闲话具有弥散性和片段性，在农民缺乏对基层政治过程的直接掌握与真实体验下，激活了村庄规范，构成为农民特有的政治参与和信息传递方式，实现了私人生活中特定内容的公共化。在社交取向的生活逻辑下，闲话不仅是一种闲暇消遣方式，也是熟人社会中的一种非正式控制手段，有利于熟人社会秩序的维系和再生产。[①] 由

[①] 李永萍：《隐秘的公共性：熟人社会中的闲话传播与秩序维系——基于对川西平原 L 村的调研》，《西南大学学报》（社会科学版）2016 年第 5 期。

第七章 文化关联：惠农治理中的农民认同

于当地社会分化不足，村庄内部没有形成严重的社会分层，村民在平等交往的基础上，每个人都可能成为闲话传播的主体和对象。闲话传播有可能溢出私人生活之外，将村干部的作风和行为纳入日常评论之中。村民对政策的认知有时比较模糊，但村民基于经验感知和现实观察，会潜在"掌握"村干部违规操作的迹象，并通过街头巷尾的闲谈转化为一种普遍的社会舆论。这种议论虽缺乏准确证据作为支撑，但仍在事实上重塑着村干部的日常权威。

铁镇龙村原村主任LHG，在农房重建中为一位不符合重建标准的村民争取重建补助资金，以签字盖章为交换条件向村民收取"手续费"，结果事后被该村民举报到乡镇。由于当时该村刚经历村组合并，工作非常繁杂，乡镇不愿"节外生枝"，于是采取了内部处理方式。铁镇党委政府召开会议进行内部传达和学习，以不点名的形式对LHG进行了批评。LHG主动退赔后，仍回村庄担任村主任。这件事虽未公开，但依然在村里传播开来，为村民私下所熟知并议论。

在随后的村委会选举中，LHG属于"犯过错误"的村干部，按规定不能提名为候选人。但乡镇采取了支持LHG当选的策略，因为"如果没有一个熟悉的人在那里做工作，我们乡镇干部去了连狗都没人给撵"[①]。尤其是原春村合并到龙村后，原春村的工作根本没人做，而LHG是原春村的村书记（合村并组后担任龙村村主任），对该村情况非常熟悉，与村民的私人关系也比较好。原春村地处偏远，交通落后，扶贫任务沉重，工作比较复杂。尽管他犯了错误，但在村庄人才流失与资源匮乏的现实下，乡镇为了工作的推进，不得不在选举期间召开工作协调会，为其拉选票，要求其他村干部"做工作"，支持他继续当选连任。

研究发现，乡镇基于治理责任的连带和捆绑，将村干部吸纳至乡镇的工作任务框架中，建构乡村责任共同体这一乡村关系模式，化解了国

[①] 2014年7月25日对铁镇办公室主任戴某的访谈。

家政策落地的难题,实现了乡政和村治的有效衔接。① 在西部农村,随着基层政权组织动员能力的日渐式微,乡镇为了获得村干部对自己工作的支持,有时会选择性地释放一定的利益空间以激发村干部的工作积极性。尤其是在那些资源极度匮乏、精英缺失的村庄,在无法找到更合适的替代者之前,只能让原来的村干部继续留任。这种利益互换及功利主义的运作逻辑,必然影响惠农政策的运行方式。

虽然村民对发生在身边的村干部腐败问题深恶痛绝,但在普通村民看来,尽管 LHG 犯了错误,但他收取"手续费"问题与自己并无直接关联。有些村民根据对其个人品行的了解,认为这事具有偶然性,是他"一时糊涂"。一位八十多岁、辈分较高的老婆婆对我们说:"选举时有人犹豫要不要选 LHG。我跟他们说,你们这些个猪脑壳,还选什么选,就让他(指 LHG)继续当。反正他已经贪了,总得为我们办点实事吧?如果选了别人,你能保证他做得更好吗?"② 在村庄选举中,在德才无法兼备的情况下,村民对村干部的评价标准往往以德为先,而非以能为先。他们更倾向于选择性格宽和、处事公正的人当选,这样遇事好说话,能帮上自己的忙。能人型村干部虽能带领村民致富,但这些村干部往往个性较强、脾气较大,不受村民喜欢。在其他候选人无法给村庄发展带来确定性收益的情况下,LHG 为人比较和善、容易说话,"保守"的村民在选举中再次对他给予了信任和支持。

由于多数村民与村庄选举缺乏直接性利益关联,他们既没有参加选举的动力,也对选举结果漠不关心,实践中"一根烟改变民主"的现象在村庄社会较为普遍。由于村民投票的意愿不强,使村委会选举的公正性、实效性及基层民主的价值实现等问题都面临挑战。村干部只好采用发奖品的方式吸引村民参加投票,这一具有乡土特色的动员方式可以确保村委会选举的程序合法性,却无法确保实效性。有些村民带着农具

---

① 杜姣、刘尧飞:《乡村责任共同体的实践逻辑及其治理优势》,《南昌大学学报》(人文社会科学版)2021 年第 6 期。

② 2014 年 7 月 25 日对龙村村民李阿婆的访谈。

第七章 文化关联：惠农治理中的农民认同

过来顺带投票，领了奖品就下地干活，至于谁当选则与其无关了。铁镇许多农民在外务工，选举时他们也不回村参加投票，而"委托投票"容易引发操作的不规范问题。

日常实践中村民的闲谈表达出他们对村支书和村主任态度的差异："LHG经常骑摩托车到镇上办事，路过我家门口，我喊他一声，他就刹一脚，到我家里坐一坐，问问情况，摆摆龙门阵。我向他反映，我们村二组一户老人得了病已经起不来床了，生活不能自理，也没人照顾，这种情况看能不能给弄个低保嘛？后来他带了乡镇干部来看，就把低保给办下来了。但我们村的村支书王书记，他骑摩托车到镇上开会，办事路过这里，我每次喊他，他都装作没听见，根本不得停，一溜烟跑得贼快。平时有什么事，他也不管我们：他只要和全村几十个党员搞好关系就行了，哪管我们普通老百姓嘛。所以我们还是希望LHG当选。"①

这种差异反映出农民在自己的视界和理解限度内，对一般乡村干部及其权力实践过程、基本规则与态度的认知和评价。这些评价立足于农民自身的日常感知与实践，经过不同参与主体的叠加和传播，添加自己的立场、观点和情绪，闲话变得相对具体、零碎和私人化，往往带有情感化、人格化和"道德审判"的色彩。村民在闲话传播中对王书记的不满及对村主任LHG的赞赏，体现出建立在"事实"基础上的认知差异。村民认为，王书记作为党员干部，尽管知道村里有老人卧病在床、生活不能自理，但路过时都不过来看一眼，喊都不搭理，不关心群众生活，没有发挥党员干部的模范带头作用。许多村民对他有意见，私下议论和贬损非常多。村民私下都叫他"鬼书记"，认为他不仅态度蛮横，而且鬼心眼非常多。村民说，他的一只眼睛是斜的，看人时，别人会感觉他在用一只眼睛看，所以给他起了个绰号叫"独眼龙"。这些评判带有很强的乡土化特征与情感色彩，反映出农民的好恶观念。这些微观认知反映出熟人社会的人际关系与认同样态。普通村民认为，村支书是党

---

① 2014年7月24日对龙村村民王某的访谈。

员选的，我们不是党员，没有选过他，他平时也不跟我们交往；但村委会主任 LHG 是村民选的，他平时跟群众关系比较亲近，态度也比较好。村民得出的结论是，自己选出的村干部，还是要更为村民着想一些。

村民的这些意见，在乡村内部形成了一种具有倾向性的评价机制，并通过不同渠道和方式传到村干部的耳朵里，对当事人产生巨大的舆论压力。当事人会在意村庄内部的评价，不断调适自己的行为，以符合熟人社会的公共规范。村主任 LHG 获得了村民的认可，在日常工作中更注意倾听村民的意见，解决村民的实际困难。他在听到村民的议论后，向乡镇反映了这位老人的问题，并带乡镇干部下乡考察，解决了他的生活困难问题。尽管村民私下的议论带有一定的情感因素，但当它作为一种情绪体验经过反复强化固定下来后，会形成一定的路径依赖，对村干部行为起到一种制约作用。无论村民私下对村干部如何称呼，都反映了人们对他的喜恶和爱憎。从这种与政治认知相关的"诉说"与评价中，可以感知乡村社会具体的运作过程与认同情态，发现来自农民内心的真实体验和认识。

村庄作为一个相对狭隘和封闭的社会空间，它按照亲疏远近形成一定的差序圈层，每位村民在其内心世界都有"我"与"他"之分。尽管闲话传播者试图将谈话内容封闭在自己的亲密圈子内，但"你不要和别人说"的约定没有任何约束力，闲话仍通过"交往性自己人"在人际交往的圈子结构间广泛传播。村庄是一个熟人社会，村民相互之间知根知底，"彼此熟知"的关联网络是村庄闲话传播和社会关系重塑的重要因素。

在这一空间结构内，相互衔接和构筑的地缘关系结构使村干部任何的行为举动都受到关注并引发议论，深刻影响着村民的政治认同。铁镇龙村书记王某在几年之内换了三四辆摩托车，买了两套住房和门市，还买了两个车。这些被村民看在眼里，引发了诸多猜测。这蕴含着农民简单计算后的一个直观判断，即对村干部实际收入与开支的差异化对照。在村民看来，干部现实享受的物质成果的货币化数量除去其大概的工资

第七章 文化关联：惠农治理中的农民认同

收入（包括大致的农业收入和经营所得），其差值即为干部的隐性收益，也即村干部贪污的部分。村民认为，村干部和普通农民一样，他未从事其他经营性项目，为什么能够翻盖新房？为什么能一人当干部，全家都不干活？凭什么大车（汽车）小车（摩托车）频繁更换、在县城买楼房？针对这些疑问，农民没有真凭实据验证自己的判断，但在日常生活和信访实践中，这种情绪得到了明显的展露。在笔者以调研者身份参加当地村民举办的小型观音庙会时，村支书王某也以"旁观者"的身份全程参与，这让村民的议论少了很多。农民并不倾向于激烈表达自己的意见，熟人社会的生活规则昭示，适度忍让是一种生存智慧，但这并不意味着他们对这些问题可以视而不见。村民私下说，王书记是党员，平时是不参加这种庙会活动的；他这次参加，主要是担心村民议论对其不利的信息。之所以如此，是因为他"心里有鬼"。这种相互之间的猜测和不信任，使农村社会总体上保持一种"微弱的平衡"状态，并因乡村矛盾而随时被打破。

农民根据自己生活体验的日常测算尽管看似合情合理，但它因掺杂过多情感偏见而忽略掉许多重要的内容。面对这些评论或质疑，村干部会从国家制度与个人生活等方面进行回应和解释，尽管有些村民无法理解这种解释。对于村民的质疑，龙村支书王某的解释是：在2003年合村并组时，他担任新合并的龙村村支书。当时乡镇上的房价很低，他便以4.2万元的价格，购买了住房门市一套。后来当地房价不断攀升，在2012年，他以19.8万元的价格将其卖给了同村另一位村民。看到投资带来的可观收益后，在2015年，他又以22.8万元的价格在乡镇中心位置买了一套住房和门市，大约160平方米，想等待升值后再出售。这些都被村民看在眼里，成为其猜疑的依据。至于村民反映他买了两辆车，他解释说，车辆是长期做服装批发生意的儿子儿媳购买的，一辆长安车，一辆奥迪，平时经常开回村里，被村民误认为是自己购买的。实际上他到镇上办事都是骑摩托车，因为他没拿驾照，也不会开汽车。

但在农民的亲缘观念中，这些财产属于父母还是属于子女，本身没有明确的界定。村民私下经常说,"他的财产最终还不也是他儿子的,这分得清吗?"尽管他的解释合情合理,但由于他的村干部身份,其解释往往被认为隐藏了许多"更重要的信息",导致他的解释并未消除村民的疑问与议论。王某私下也听到这些议论,但苦于无从解释。他说,自己也不想去解释,因为村民对自己的偏见一旦形成,无论自己怎么解释村民都不会相信,只好抱着"清者自清,浊者自浊"的态度。他愤愤不平地说:"现在老百姓的生活越来越好了,村里许多村民都买了汽车,这在我们村再正常不过。我们村干部为村民服务没错,但为什么就不能买车,不能改善自己的生活?普通村民买了车别人不说什么,村干部买了车就议论纷纷,这不合理的嘛!"① 村民的议论无形之中在村庄内部形成了一种公共舆论,在村民之间扮演着信息交流与社会交换的非正式功能。它所承载的情感互动和道德评判色彩,给村组干部带来了巨大压力,使他们不得不正视村庄内部的价值,进而约束和规范自己的行为。

(二) 农民的正当性认知与构建

农民既是惠农政策的受众,也是村庄公共事务的参与主体。在"坚持农民主体"的政策导向下,国家"三农"政策的制定及资源下乡都赋予农民良好的期待和愿望,即要求农民应具备一定的专业知识和基本认知能力,但实践中却始终存在农民主体性发挥的困境,需要我们对农民的认知世界及其变化机理进行深入考察。

当前,农民对国家的制度、法律和政策有了更多理解和认同,农民在生产生活实践中也形成了关于周遭事物合理性的理解和判断,即兼具乡土伦理、功利性和实用性等特点的合理性和正当性认知,② 成为乡村秩序维系的微观基础和道德依据。在农民的法律意识明显增强的背景

---

① 2016年7月18日对铁镇龙村村支书王某的访谈。
② 刘海健、王毅杰:《基于农民正当性认知的乡村有效治理——以吴河村日常纠纷为中心的考察》,《湖北社会科学》2020年第9期。

第七章 文化关联：惠农治理中的农民认同

下，农民对传统、惯例、规则和程序的认知仍然使乡村法律实践与惠农政策执行面临诸多困境。

当前，市场化催生的农村社会流动使越来越多的年轻人外出务工，导致农村治理群体不断流出，而以代际分工为基础的半工半农经营模式使得留在农村的主要是中老年人。他们接受的教育相当有限，对事物的认知过于偏狭和执拗，往往对惠农政策执行造成一定的认知偏差。尽管通信技术的发展使农民获取信息的能力有了极大提升，但农民的生活空间和政治空间较为狭窄，主要围绕以所在村庄为中心的集市圈层进行活动。这种空间局限使他们无法有效获取有关政治生活的更多背景性知识，限制了他们对惠农政策与乡村权力的基本认识，而拘囿于个体的主观"想象"更是脱离了事物与事件本身。在访谈中，铁镇龙村一位六十多岁的村民向我们表达了自己的困惑："我们国家夏天多雨，很多地方发生洪水，这个我理解。但我在电视上看到，很多地方冬天也发洪水，这个问题我想不通。"[①] 对普通人而言，这只是一个基本的自然现象和常识性问题（南北半球的地理环境和气候差异），但在受教育不多的农民那里，却成了难以跨越的思维难题。这种状况主要出现在知识文化水平不高的老年群体中。尽管这种因知识缺陷导致的认同偏差现象越来越少，但仍值得高度重视。正是因为他们无从解释，往往导致他们毫无顾虑和不负责任地"乱解释"，并经过"想象"把不相关联的两个事件联系在一起。在乡村特有的传播方式下，这会影响他人的行为和认同。

随着现代科学知识的传播和人们活动视野的拓宽，农民的认识越来越进步，但他们在日常生活中仍然喜欢把自然界的一些现象嫁接和移植到自己生活的现实世界，并按照想象的模式构建出自己认为合理的一套解释体系。农民日常生活中的道德、情感、话语和策略，也与农民认知形成和乡村秩序维系具有重要关联。在铁镇，尽管汶川地震已过去多

[①] 2013年6月12日对铁镇龙村村民刘某的访谈。

年,灾后重建也早已完成,但这一事件却镌刻在村民的集体记忆中,以至于在不同场合被反复提起。在对铁镇农民持续回访的过程中,笔者发现,他们把自己理解的一套解释体系移植到当今社会的生活秩序与关系网络,构建起具有鲜明自身生活经历与生命体验的话语体系。一位信佛的周姓村民在解释地震及其他灾害为何频繁发生时,她认为,这是因为社会上"坏人"太多,所以上天要惩罚他们。抛却这种带有较强神秘色彩和价值偏见的言论不谈,单就这种观点本身而言,实际上反映出她对现实生活状况的不满。她曾反复诉说,她与村干部的关系不好,导致自己在资源分配中处于劣势。她认为自己符合低保户的条件,但村上一直不给她评,导致她与村干部关系僵化。生活的不如意和人际关系的排斥使她选择了信菩萨,并成为当地观音庙的一个主事人。尽管她陈述的情况并不客观属实,但对她流露出的与生活密切相关的话题和情绪,村干部不能任其存在,而必须作出有效、合理的情绪开导和政策解释。

毫无疑问,村民基于现实的生活经历和体验而遭遇的情感和认知困境,都可能被转嫁到乡村社会的权力精英身上。由于乡村干部的特殊身份,他们的任何不当言行都可能被无限放大和过度解读,甚至演变为村民的普遍性情绪。干群矛盾全景式地呈现出乡村社会的结构与人际关系状况,它一般由现实利益分配问题引发,在一定时期内会向非利益型矛盾转变,[①] 表现为各种逐利动机、地方知识与治理变革的相互糅合。铁镇龙村一位周姓村民曾这样评价该村一位前任村干部:"原先的书记王周在搞运动的时候,非常凶,村里人都惹不起他;后来搞计划生育,又做了不少坏事。结果呢?他老婆和幺儿先后出了车祸;二娃得了风湿病,走不得路;三娃喝酒醉死了;他本人又吸烟又喝酒,也把身体喝坏了。"[②] 这种评论夹杂着熟人社会的个人恩怨等主观因素,往往与逐利

[①] 朱力、汪小红:《干群矛盾的理性分析:类型、特征、趋势和对策》,《中共中央党校学报》2017年第3期。

[②] 2017年7月19日对铁镇龙村周姓村民的访谈。王周为龙村前任村干部,与现任村党支部书记是叔侄关系。

动机、社会文化与道德伦理等相互交织，反映出农民对村干部的认知态度。

对此，王周本人给出的解释是，他的腿病是他当干部那几年，每年春季都要往田里放水，下水多了才落下这个病根的，这与村民的解释完全不同。他说："那些年我当干部确实得罪了不少人，许多村民现在都还记恨我。但如果把原因完全归咎于我个人，这对我来说是不公平的，因为我当干部那几年也为村里做了很多事情，也吃了不少苦。那些年村干部的生存环境不好，确实存在村干部贪污违纪、乱作为的情况。当时在政策压力下，我也做了许多我并不想做的事情，但这并不表明我的个人品性很坏。现在国家政策好了，村干部手里掌握着更多农民想要的资源，很多人不愿得罪村干部，反而要和村干部搞好关系。如果现在我仍然是村干部，那么做得不一定比现在的村干部差。"①

这种话语差别反映出不同群体的认知差异。在村庄内部，许多没有权威来源、带有明显情绪偏见的闲话通过村民口口相传不断传播和反复强化，影响着村民对事实的准确判断。在传播过程中，信息被不断过滤、筛选和重新编织，逐步被演绎成面目全非的局面。在访谈中，村民反复讲述他们与乡村干部在不同治理场景中的碰撞和冲突，家庭生活状况的窘迫、家庭成员所受的侵害和不公平对待，以及乡村干部的行为失范和作风等问题，都被贴上情绪化和道德化的标签，成为乡村社会的集体表述和共同记忆；乡村干部在为农民提供公共服务、基础设施建设、农业推广和发展、推行村民自治、村务政务公开等方面的努力，则被选择性遗忘。这些认知大多是碎片化和回忆性的，通常借助农民的亲身体验和亲历事件讲述出来，却又强化了事件的"真实性"。

农民的话语叙述往往借助他们的日常实践与记忆，将"过去的"生活和经历用于解释现实世界。在铁镇，那些已经离职的、但其子女后代仍在村庄社会承担要职的权力精英，其父辈与现任村干部的"历史"

---

① 2017年7月23日对铁镇原村干部王某的访谈。

与现实情况经常被村民挖掘出来反复比较。在村民的话语中，其父如何如何，其子又如何如何，等等，成为他们遵循的基本叙述脉络。他们叙述的核心，无非是为了呈现"村庄的过去是如何作用于村民的生活"①这一基本问题，不同主体前后的演变与转化呈现出"接续"的特征，如现任村干部的为人往往被推延到其父辈担任村庄干部时的作为。因此，村民的记忆既是建立在"现在"基础上的对"过去"的一种重构，也可能是建立在"过去"基础上对"现在"的一种重构，这种重构是累积性和传承性的。当然，这种重构并不完全等同于事实，而是根据需要经过重新组织，用来为现在的观点或行为提供一种正当性。

现代社会日益开放、流动和多元，农民对村庄的归属感和认同感逐步降低。在村民的村庄社会关联日益减弱的背景下，村民受到乡村人情观念和利益驱动的影响，其行为更具权宜性和实用性。他们不再在公开场合批评或指责村庄某个人的失范或败德行为，以避免增加自己在村庄内生活的社会成本，但这并不意味着人们对村庄公共问题的关注度下降。村民更多选择在特定的"私域"空间内谈论自己对公共问题的认识和看法，形成了一个发挥实际影响的"乡村舆论场"。虽然这一舆论场的空间范围与传播广度较为有限，但传播的效度却极其强大。这些未经确证的"小道消息"会突破特定空间的约束，形成影响较大的村庄公共舆论，在网络时代具有不可忽视的影响力。

实际上，"当面指责和批评"除了在一些仪式化的场合或受到国家权力的强力型构下存在外（如集体化时期），很少成为乡村人际交往的正常形态。虽然"直言不讳"被视为个人的美德，但它在农民现实生活中却很少呈现，因为这很容易得罪人。"当面不说"是村民顾及乡村熟人之间情面的理性选择，也是个体获得他人尊重的基础和前提。在铁镇，村民不愿当面得罪或顶撞村干部，进而为自己以后的生存生活与社会交往留下后路。在村庄熟人社会，谁也难保自己不会有求于他人，而

---

① 景军：《神堂记忆：一个中国乡村的历史、权力与道德》，福建教育出版社2013年版。

第七章 文化关联：惠农治理中的农民认同

贪图一时畅快得罪人是得不偿失的。村民不愿通过公共渠道（如正式会议、乡村干部办公室等公开场合）表达自己的观点和诉求，他们更愿意通过"私下议论"来阐明自己的立场和观点。在"好事不出门，坏事传千里"的乡村舆论传播模式下，这些私下议论会通过一定媒介传到村干部那里，进而对其行为产生影响。在信息更加开放的环境下，许多村民通过更具隐蔽性的网上信箱投诉或反映意见，尽管有时不署名，但村干部根据反映的问题和事项一般会猜到是哪位村民所为。这种反映渠道有国家正式制度的保障，村干部一般不会明张目胆地报复。在惠农背景下，尽管人们不通过公共的渠道和场合来表达意见，但人们通过私下议论产生的舆论依然功能强大。这就意味着，村庄公共舆论的功能并没有弱化，这种"私下议论"在一定条件下具有转变为公共舆论的可能，是一种呈现村民态度的有效形式。这些私下的议论由于无法追究其信息缘起与传播途径，更值得关注和重视。

实际上，这种差异化的认同分属主要是由于信息沟通不畅导致误解无法有效消除造成的。在村庄社会，基层干部要深入了解乡村民情，理解农民的认知世界与道德观念，树立良好的沟通意识和责任意识。一位乡镇干部在谈到如何解决这个问题时，提出了自己的看法：

> 作为基层管理者，一定要接地气。我原来也是科班出身的，当我和群众接触的时候，我觉得我们的群众还是可爱，并不是我们所想象的"穷山恶水出刁民"。群众很直，他们的要求很简单，他们想要什么他就跟你说。我经常说，"有钱钱打整，没钱化平伙"（有钱就用钱解决，没钱大家共同分摊），要用通俗的语言与他进行交流。我们要脚踏实地，用群众能懂的语言，用群众的方式，而不是站在一个虚幻的高处画了一个很美好的东西让他们接受。为什么各级部门都要求干部到基层去挂职锻炼，与群众同吃同住同行？你要了解他们，知道他们最需要什么。我们不要想当然，它不是一厢情愿的。我们干部不能想做什么就做什么，而必须要了解下面的

群众到底想要什么,然后才对症下药。当前的精准扶贫实际上传递了一个信息,它使党和政府获得民心,它不是小事。这些问题,都要通过群众去解决,他们要参与。如果没有群众的参与,不尊重他们的意愿,光我们在这里拍脑袋想问题,最终会事与愿违。①

在基层社会,许多乡村干部工作经验非常丰富,对问题认识也很深刻,他们明白问题的根源所在,有解决问题的强烈期盼,也希望在自己任内真正做一些事情。但乡村诸多问题的产生具有体制性因素,基层干部掌握的权力与资源无法有效匹配农村的治理复杂实际。由于信息的不对称及长期以来形成的价值偏见,导致乡村干部在政策执行与权力实践中背负了太多的政治责任与道德压力,使农民构建他们的国家认同时,却在基层认同方面陷入了一种"此长彼消"的困境,两者未能实现同向增长和相互强化。对基层干部而言,构建乡村有效治理机制及形成良性的互动关系,除了重视法律、法规和政策等正式制度外,还要关注农民在生计维系、家庭生活与治理实践中折射出的认知困境与正当性规律,真正从"乡村主位"和"农民主体"立场去理解农民的行为动机及其形塑机制,合理利用乡村社会中的社会网络和知识体系去化解认知冲突和社会矛盾。

小　　结

近代以来,虽然国家力图通过权力下沉整合乡村社会,使乡村发展服从和服务于国家治理目标和现代化需要,却未构建起政策有效贯彻的社会和文化基础,反而破坏了国家与乡村的文化联结。惠农政策执行应建立在乡村社会和文化网络基础上,而非在此之外建立联系。基层政权虽与乡村联系紧密,但介于科层化与乡土性之间,既要满足乡村诉求,

---

① 2017年7月24日对铁镇党委书记温某的访谈。

第七章 文化关联：惠农治理中的农民认同

又要以实现国家的整体意志为己任，必须依靠村庄内生的权力精英重塑政策执行的社会和文化基础。在惠农背景下，乡村干部逐步打破传统"赢利型经纪"的运作模式，而向兼顾村庄发展与个体利益的"混合型"角色转变，这为中国乡村的现代化及走向善治之路提供了契机，也有助于打破基层关系的内在紧张，为重塑和再造基层政权结构与品格奠定社会基础。

在惠农治理中，农民的认同分属具有差异化和非均衡性特征，主要体现在农民对不同政策类型与不同执行主体的认同差异上。这表明，惠农政策执行与乡村社会互动尚未实现制度化与有效性的双重构建。农民对村干部的道德评价展现出双方在"乡村舆论场"中的博弈关系。虽然这一舆论交接实现了农民话语表达与构建的现实需要，影响了他人行为及社会治理过程，确保乡村社会关系维持在一种可维系、可修复的博弈水平上，但这种非正式的权力实践与过程影响了政策执行制度化水平的提高。农民根据自己的生活体验与认知世界对乡村干部的道德化评判说明，在提高农民法治化和现代化意识的同时，要将乡村干部的管理和规范纳入基层治理体系和治理能力现代化的范畴。在日益开放多元的农村社会，基层治理现代化的关键在于构建多层次、复线式和自主性的弹性联结方式，而非单一化的联结形态，在横向上联结农民家户、村庄与市场的快速融合，在纵向上实现农民家户与村庄组织与国家政治组织的有效对接[①]，以此为基础推进惠农政策执行的制度化与基层政权之现代化建设。

---

① 刘义强、胡军：《中国农村治理的联结形态：基于历史演进逻辑下的超越》，《学习与探索》2016年第9期。

第八章

规制与治理：惠农时代的基层政权建设与治理现代化

在乡村场域，惠农政策围绕着制定、执行与资源分配等环节，形成了一个有机衔接、互为构建的治理体系。与惠农政策执行中的目标管理、技术策略、项目制等已有研究不同，本书更关注惠农政策执行的主客体即基层政权与乡村社会之互动状态，并以惠农政策执行为研究场景与关联点，展现基层政权的动态实践与运作过程。在厘清政权运作困境的同时，展现基层政权的正式规则与乡土社会的非正式逻辑之间的互动与融通，其中蕴含着国家对基层政权进行整合、规制的政治需要，进而明确国家、基层政权与乡村社会的三维视角在政策执行研究中的作用及其应用。

一 常规化的制度规制与基层政权建设

（一）常规化的制度规制

中国共产党作为"使命型政党"，具有先进的理想信念和坚定的政治立场，将主动承担历史使命和切实履行政治责任视为组织激励和行为动力之根本源泉。[1] "全心全意为人民服务"宗旨和信念的塑造，对规范惠农政策执行、遏制基层干部的投机主义行为及推进基层治理体系和

---

[1] 唐皇凤:《使命型政党：执政党建设的中国范式》，《浙江学刊》2020年第1期。

第八章 规制与治理：惠农时代的基层政权建设与治理现代化

治理能力现代化具有重要作用。在中国集体化实践及国家对传统官僚体系的整合、改造过程中，中国共产党逐步建立起一套自我规范和自我净化的政治伦理与道德评价体系，从而将符合国家意志的政治理念转化为具体的实践行动。国家在赋予基层政权意识形态化权威的同时，也使其经济政治利益与国家整体利益相融合。在国家形塑下，基层干部如若无法实现以个人利益最大化为表征的经济理性，就会转向追求政治理性，即追求自身政治利益和社会认同的最大化，如生存发展、获得认可与职位晋升的倾向，等等。在实践中，基层干部的政治理性蕴含着以一种合乎公共秩序、公共利益与公共规则的方式展开协调行动，但也不排除为了获得更多可支配的隐性权力与公共资源，有时会跨越公私边界损害社会利益，浪费巨大的治理资源。

由于信息在不同群体之间的非对称分布，基层干部在分配社会资源时往往面临自律性挑战和道德风险。既有的政治体系是一种差序结构，在信息不对称条件下，基层干部更容易将这种优势在实践中人为转化为信息阻断，进而增进基层政权的现实利益，或将惠农资源优先满足自己熟悉或亲近者。在税费体制改革背景下，基层政权的公共性与经营性这一双重特征影响和形塑着基层政治实践。虽然外在的监督机制在发挥规范制约作用，但基层干部的政治理性及体制缺陷容易造成"监督真空"，导致政策执行中的诸多问题未受到有效监督和规范，使基层政府倾向于通过"内部处理"的方式规避问责。铁镇曾多次发生乡村干部在服务过程中非法收取农民费用的事件，被农民上告到乡镇与县市。乡镇在查明事实的基础上，在内部开会时对当事人批评教育，作出党内警告、扣发奖励等处理，却很少对其职务做任何变动。这种内部处理结果未经公开，事件的负面影响被降至最低，避免在群众中形成扩散效应，具有特定的必要性。但是，这却很难在干部群体内部达成一种自律共识与行为自觉，更具制度化的权力规制方式必须被创制出来。

在惠农背景下，国家资源成为基层干部开展治理的有效手段，基层政权及其治理实践成为国家制度规制的重要内容。惠农政策内含着对政策执行的基本原则、程序、要求与规范等一系列制度性规定，是基层政策执行的重要依据。随着"权力入笼"制度体系的构建，国家也强化了对基层干部日常行为的监督管理。中央"八项规定"出台后，2013年D县下达了"十个严禁"的规定及其实施办法，对基层干部中可能存在的推诿敷衍、吃拿卡要、与管理服务对象发生经济关系以及在公款支付、公共资源交易、从事营利性活动、公车使用、饮酒赌博、非组织活动等方面的内容做了严格限定，为基层政权框定了规范标准和行动边界，成为推进党风廉政建设、干部考核和基层政权建设的重要内容。此外，D县通过制度定规范，制定了《D县县委常委会关于改进工作作风密切联系群众的实施意见》《D县党和国家机关及其工作人员不当行为问责办法（试行）》《关于进一步规范公车管理公务接待和重申禁止公款旅游利用婚丧嫁娶收敛钱财的通知》等规定。对于这些规定，D县要求全县干部做到令行禁止、不折不扣执行，不允许走形式搞变通、无视规定顶风违纪，并通过构建制度规范、活动造势和督查落实的"组合拳"深入整治干部作风。

这些规定适用于县乡街道全体机关干部、村社区四职干部与街道所属党组织负责人等群体，做到了人员的全覆盖。D县通过查摆问题、落实责任，对出现的问题进行全面整改和建章立制，通过召开座谈会、开通举报电话、设立征求意见箱、发放调查问卷等形式，针对干部作风中的思想浮躁、自我满足、服务意识不强等问题听取群众的意见建议，建立跟踪考核检查机制，作为干部考核评优的重要依据。

铁镇党委副书记谢某说，以往中午下班后到下午上班前这段时间，乡镇干部可以在镇上的茶馆喝茶聊天、打麻将，这在村民那里都属正常的娱乐活动。但中央"八项规定"实行以来，国家对基层干部的管理愈加规范，乡镇干部不能再去茶馆麻将馆等娱乐场所。如非执行公务，基层干部出现在这些娱乐场所，无论是否打牌喝酒，都视为违规违纪。铁镇一位正科级机关干部在一茶艺会所以100元起底、400元封顶的赌注打麻将，严重违反了党风廉政建设规定，被公安机关处以行政拘留十

第八章 规制与治理：惠农时代的基层政权建设与治理现代化

日、罚款三千元的处罚，并在镇党政办公会上给予通报，给予党内严重警告、行政记大过处分。"十八大后，基层干部的饭局、应酬少了，喝酒也少了，这些规定是为我们基层干部着想和考虑的，我是衷心赞成的。但在以前，你不喝不行，工作上很多时候要靠喝酒联络感情、拉近距离。你不喝，别人就觉得你和他有距离，觉得你不合群，工作中可能把你孤立起来，有些工作也不好做。我觉得这是一种不良风气。现在我们的工作氛围变好了，大家在外面吃喝的机会少了，有更多的时间回家照顾家庭，陪陪孩子，都不喝也就一样了。"[①] 基层干部对党风廉政建设的规定非常支持认同，他们认为这是中央对基层干部的关爱和保护。

刚性的制度规则确定后，就在乡村社会构建起一种约束机制。基层干部如遇熟人叫他去娱乐场所，自己囿于干部身份绝对不能去，而必须对其作出政策解释，避免对方不了解情况而得罪人。由于下午还要工作，基层干部午间不能饮酒，如果饮酒被查出亦属违纪。[②] 在2017年，铁镇干部有日常考核奖，"优秀"为1300元/月，"合格"为1000元/月，年终绩效奖还有12000元。在绩效考核下，铁镇干部通常不会违纪，因为违纪成本很高。针对工作开展滞后、群众反映意见较大、整改落实不到位的情况，党委、纪委主要负责人要被约谈。如果被约谈一次，这些奖励就没有了。谢某是铁镇党委副书记，属副处级，年收入大约十四五万，福利待遇也有保障，平时开支很少，他对自己的收入比较满意。

在科层体制的日常规训上，铁镇的上班时间非常严格，上午9：00—12：00,[③] 下午2：00到6：00。许多乡镇工作人员要在9：00之前通过人脸识别系统进行考勤。办公楼的楼道安装有摄像头，干部不能提前离开，上级部门随时会派人抽查暗访，考勤情况每月要在机关会上

---

① 2014年7月16日对铁镇党委副书记谢某的访谈。
② 但也有个别干部认为铁镇地处偏远，暗访组来检查的概率极低，有"酒不贵，不喝醉，喝上几口无所谓"的想法，中午饮酒现象仍偶有发生。
③ 在D县，许多乡镇干部住在县城，他们8：30从县里开车，十几分钟就可以到达镇上。

· 261 ·

做通报。为实现更严格的程序规制，中午 12：00 铁镇政府办公楼都会响起下班铃声，此时干部才能去食堂吃饭或离开。如果干部有事需要下村或外出，必须要履行登记、请假等手续。各下村人员由镇党委书记、镇长和纪委书记不定期抽查，凡抽查到应下村人员未在村上的扣 50 元/次。不过，这种抽查的制度安排更多停留在文本层面，在实践中很少得到应用，基层干部也很少有主动监督他人的行动激励。

同时，机关考勤和目标考核相挂钩，机关工作人员按考勤情况及工作业绩与县考核镇街一样按分值进行考核，这就把日常管理置于相对制度化的框架。D 县对机关的日常工作作出了更具体细致的规定，如夏天办公室开空调，要严格控制在 26 度以上，冬天不开空调；实行办公室责任制，人走断电，除主要领导和重要部门办公室的电话开通外，其余领导一律实行电话自费；办公室的纸张要双面打印，等等。这些规定琐碎具体，但政府科层体制的内在逻辑，就在于日常行政中的依规、依章、依制办事，因而这是一种极为必要的规制方式。国家将其政治要求嵌入基层干部的日常行为，可以实现政治整合与行政规制的有机统一。

基层政权面对的主要治理和服务对象，是广大农村与农民。农民对基层干部的印象和认知，也往往在日常交往和接触中形成和强化。弥合基层干部与农民之间的层级距离与心理隔阂、建立双方良性互动与有序沟通的政治机制，是基层工作开展的重要前提。为了做好群众工作，改进基层政府工作作风，有效回应群众的急难愁盼问题，铁镇特别强调建立健全首接首问制度。该制度要求，当前来办事的群众以书面程序、口头询问或其他形式询问时，第一负责接待的政府工作人员是首问责任人。他必须负责帮助群众办事和解决问题，回答群众的疑问，不属于自身职责范围或不具解决权限的事务，要及时将办事群众介绍或引领到其他职能部门或经办人，交付给其他相关承办人员，确保群众顺利、满意地办完事，不得拒绝办理或拒绝答复。对于自己职责范围内的事项，必须按有关政策和规定，从速予以办理或答复，不得拖延或推诿；如果要求办理的事项不符合办理条件或需要调查研究才能决定的，必须向群众

第八章　规制与治理：惠农时代的基层政权建设与治理现代化

讲清楚政策规定，不能一推了之。如果乡镇工作人员因拖拉推诿或服务态度差而被举报，政府要追究其首接首问责任，视情节轻重进行批评教育。如果累计超过三次被群众反映举报，则取消其当年评优资格，累计超过五次则年终考核不合格。

同时，乡镇干部要经常下村入户、深入基层开展调查，倾听和反馈群众的诉求，帮助基层群众解决实际问题，每月原则上不少于15天。也就是说，乡镇干部每月要有一半的时间在乡下开展工作。为了调研方便，铁镇的两辆公务车在上班时间分别由镇党委书记和镇长调动，并首先满足他们的需要。其他乡镇干部要到县里开会、办事、下村等，必须经主要领导同意后才能使用公务车或包车，否则不予报销。尽管有这些规范性的政策规定，但正如铁镇领导班子在对照检查中提到的，"个别领导干部对群众期盼不热心，遇事遥控指挥，问题嘴巴解决，擅长'打太极''踢皮球'，办事拖沓推诿，不及时。我镇干部下村时间虽然比较多，但多数时候由村社干部陪同，真正同群众单独接触的时间少，对群众的真实想法和诉求不了解，导致作出的决策与群众的意愿偏差较大。"[①] 铁镇干部在发放宅基地复垦补偿款等惠农资金时，为了图省事，直接委托村干部代为发放，"担水不到井边"，造成个别惠农资金发放迟缓，一些群众到镇政府咨询，增加了政府工作量，也使部分农民产生误解。这要求基层工作要实现管理和服务的精细化、精准化，推动岗责统一、权责一致。

（二）考核问责下的行为约束

国家对基层政权的规制，既包括日常事务的常规化设置和安排，也包括建立在制度约束与绩效考核基础上的一系列惩戒与再造举措。如果说"不能腐"更多侧重于制度上的建设与规制，从日常的科层化管理弥补制度漏洞，完善制度设置，那么"不敢腐"则主要从问责与惩戒

---

① 2014年《铁镇党政领导班子对照检查材料》。

的层面强化监管力度和行为约束，提高基层政权行政行为的违规成本。制度建设为基层政治运行提供了一个更具规则化和秩序化空间，也通过外在的政治高压与监督网络塑造了一个具有强约束力的政治环境。

从改革后乡村治理体制的变迁轨迹看，计划生育、上访、维稳、救灾、扶贫、安全生产及与某项目标责任相嵌结的专项检查等内容，都是基层干部必须面对的重要政治任务，国家围绕这些事项展开的考核与问责，构成了基层政权建设的核心内容。政治任务不同于行政任务的特点是，行政任务如未完成，基层干部面临的至多是一种基础性的惩戒，如不能参加评优，不能享受某种物质、精神奖励或政策优惠。但政治任务与压力型体制的"一票否决"处罚力度相联系，如果完不成任务，基层干部将面临上级严厉的政治问责，受到党的纪律处分，其直属领导也可能受到处罚。问责作为党和国家干部管理的重要制度安排，承载着对干部全面履职的保障功能。但一些地方在开展干部问责时，存在问责泛化、问责异化、问责失察和问责硬化等问题。① 在中国多层级政府组织结构中，从中央到地方再到基层，随着行政任务的分解与政治压力的传递，越往下指标越多，事项越繁杂，压力也越大。基层干部在资源有限与权责失衡条件下，要同时面对现实中存在的问责泛化与激励偏废问题，必须时刻保持紧张审慎态势，既要克服行政体制运作的缺陷，又要全力以赴完成繁重任务和复杂事项。

在特殊的治理事项中，强调政治任务的有效、平稳实施更凸显出考核问责的重要性。D县在扶贫治理中规定，要坚持"结果导向"，对完不成扶贫攻坚任务的，实行年度考核"一票否决"，考核结果对区县和省级考核实行捆绑使用。扶贫攻坚成绩显著的干部，会受到表彰、重用和提拔；而那些政策执行不彻底、工作不落实的干部，则被约谈提醒，甚至被问责。然而，由于有些事项责任认定不精准，权责结构不对称，干部缺乏相应职权，却不得不承担职权与能力之外的责任，导致问责、

---

① 郭剑鸣、蔡文婷：《规约与激励：精准问责的二维逻辑及其实现机制》，《学习与探索》2021年第7期。

第八章 规制与治理：惠农时代的基层政权建设与治理现代化

容错与激励之间的关系发生偏移和错位，难以实现精准问责、适度容错与有效激励的合理均衡。

为了保障特定任务的完成，D县党委政府存在着将行政问题政治化的倾向。也就是说，某些治理事项属于常规行政工作范畴，可以通过一些技术手段的改进或人员资源的调配完成。但如按常规的行政体制运作，需要一个较长的过程，在此期间发生的诸多不确定性因素可能影响事项的达成。为了推进行政任务的完成及提高政府行政效率，许多地方将行政任务当作政治任务来推进，将政治任务的执行标准贯彻到日常行政实践，尤其是以党委书记为主的"党政一把手"体制，也强化了这一行为趋向。党政主要领导通常制定严格的时间期限，对下级施加强大的政治压力，提高该事项在整个政府工作中的重视程度，采取"挂图作战"绘制责任图、分布图、进度图和资源图，通过定时间、定任务、定措施、定人员、定责任等形式，将日常行政任务转化为具有生死意涵的"战斗"或较量，通过严格的考核问责制度确定相关人员的责任。作为一种兼具计划性、针对性和灵活性的难点任务落实机制，挂图作战包含了目标责任制、行政包干制、小组治理和运动式治理等多种运作逻辑，但也可能诱发寻租腐败、心理压力和资源枯竭等组织冲突。①

在科层组织中，不同类型的任务对应不同的推进逻辑。在资源、精力有限的条件下，基层政府必须根据任务推进的难易程度和上级重视程度，在各项政策和任务中分出轻重缓急，进而采取不同的执行策略。这种分类治理体制要求，在政策体系中，对于那些考核中必须要完成的事项，以及那些最紧迫、最有利于实现和增进自身利益的政策（或政策的某些部分），是不容商量、必须引起高度重视的"硬指标"，政府必须集中资源全力完成；那些不涉及硬性考核的"软指标"，在缺乏充足人力物力投入的情况下，往往被推后执行，甚至被悬置起来，造成"政策空转"现象。

---

① 李利文：《挂图作战：科层组织如何完成难点任务？——基于违法建设综合整治的个案研究》，《公共管理评论》2020年第3期。

欧博文、李连江的研究也表明，基层干部在政策执行中区分出了"硬指标"和"软指标"，并根据自己对政策指标体系的理解，有选择性地执行。① 作为利益经营者，乡镇干部对可以增进自身利益的工作往往抢着去做，无利益或者利益少的工作不想去做，甚至没人做，上级不得不硬性安排。铁镇制定了对各村社的目标考核制度，机关干部与驻村干部一起考核。有些干部对新居建设、宅基地复垦、计划生育等有经费返还的工作非常重视，争先恐后去完成，而对于组织建设、市政管理、环境卫生、党风廉政、农村文化、村务公开等没有经费返还的工作则一拖再拖，迟迟无法落实，有些甚至被转换为"走过场"的形式化任务。基层政府根据任务的重要程度和权重指标，导致国家政策在治理实践中被划分为"一线政策"和"二线政策"，② 体现出"治理消解行政"③的特点。同时，政策执行过程又反过来形塑和强化了基层治理框架，不断推进国家政策监督框架的建立健全。

当精准扶贫成为一项重要的政治任务后，为了推动扶贫工作的有序推进和顺利开展，D县成立了24个扶贫攻坚工作小组，小组组长、副组长都由县级"四大班子"主要领导担任，县级联系领导为小组主要成员。领导小组以下进行了更精细的划分，专门设立统筹协调组（办公室）、政策研究组、宣传报道组、工作督查组、后勤保障组，其成员由县里抽调精干人员组成，全部由县级干部担任主任和主要领导。县级机关、事业、国有企业等单位都安排了扶贫任务，他们均要对口帮扶贫困村和贫困户。全县机关、事业单位和镇街副科级以上的干部，都被组织动员到扶贫攻坚体系中，采取"一帮一""一帮多"等形式，对建卡

---

① 欧博文、李连江：《中国乡村中的选择性政策执行》，载［德］托马斯·海贝勒、［德］舒耕德、杨雪冬主编《"主动的"地方政治：作为战略群体的县乡干部》，中央编译出版社2013年版，第341—364页。

② 吕德文：《中心工作与国家政策执行——基于F县农村税费改革过程的分析》，《中国行政管理》2012年第6期。

③ 印子：《治理消解行政：对国家政策执行偏差的一种解释》，《南京农业大学学报》（社会科学版）2014年第3期。

第八章 规制与治理：惠农时代的基层政权建设与治理现代化

贫困户开展结对帮扶。所有的贫困村干部、第一书记、驻点党建指导员、驻村工作队员、大学生村干部等不同群体都要接受全覆盖培训，深入了解扶贫政策、工作流程、帮扶思路与纪律要求等内容。驻村工作队则由县级对口帮扶牵头部门副职以上担任队长，同时担任第一书记，驻村蹲点扶贫。

D县的脱贫攻坚特别明确了各方主体的责任，规定县级联系领导为主要责任人，牵头帮扶部门和各镇街党政主要领导为第一责任人，帮扶成员单位党政主要领导为直接责任人，县级部门副科级以上干部、镇街机关干部和村（社区）四职干部为贫困户脱贫的具体责任人。[①] 为了落实到位，各级责任人必须亲自上阵，靠前指挥，其中，"第一责任人"所承担的责任最重，成为考核的主要责任对象。各责任人签订责任书，县委县政府与牵头单位、镇街签订责任书，镇街与村（社区）签订责任书，使责任具体明确，压力层层传递。这促使基层干部在工作中全力以赴完成既定任务和指标，充分利用政策的激励机制增强行动自主性与创新性，破除功利性和短视性的政策执行行为，努力实现基层治理能力与经济条件、资源禀赋和行政效能的匹配。

这样，以"帮扶不漏户，户户见干部"为基础的全覆盖扶贫模式在农村社会建立起来，而工作队体制作为革命时期中国共产党社会动员方式的延续，极大地推动了扶贫治理中的资源整合与力量凝聚。乡镇党政及各职能部门在承接上级的政策任务和压力传递过程中，连同村级组织与村干部一起构成了上下联动机制，并通过各方政策主体的共同运作编织成一个严密、稳固、联通的政策运行网络。在这一政策共同体内，各级政策主体的观念、利益与行动需保持高度一致。

为了加强对扶贫工作的监督，D县县委、人大、政府、政协、纪委等部门联合组成了督查组，对扶贫项目进度、内容、质量等开展常态化督查，规定每半月通报进度，每月月底召开分析推进会，把扶贫工作按

---

① 中共D县县委、D县人民政府：《关于精准扶贫精准脱贫的实施意见》（D委发〔2015〕11号）。

时间节点倒排任务，倒追责任，务实求效，确保扶贫任务如期完成。铁镇推行驻村工作组下村签到、扶贫日志、在岗抽查等制度，确保工作队成员每月有2/3的时间吃在村、住在村、干在村。结对帮扶干部要有针对性地制定措施，要求每年入户帮扶不少于4次，每月电话回访不少于1次。这既是党员干部建立"密切联系群众"工作作风的内在要求，也是克服科层干部人浮于事、文牍主义的需要。但调研中发现，农民对数字实际上并没有太明确的概念，尤其是一些生活不能自理、年纪较大的贫困户，干部到访时必须要告诉他你是谁，你来做什么，否则当被抽查问及扶贫干部是否来过时，他们往往不能准确回答。

在科层运作的压力型体制与锦标赛体制下，基层政权要接受不同层级的监督检查和绩效考核。D县制定了综合目标考核奖惩办法，赋予考核目标一定的权值和分数，对每个目标任务进行分解细化。各部门必须按照目标考核体系安排当年的中心工作和主要任务，对那些可以加分或减分的考核目标给予重点关注。为强化监督，D县还从县委县政府目标督查工作领导小组成员单位抽调人员组成综合目标考核小组，由县领导带队进行目标考核。如果超额完成任务，可以按超额比例进行加分，加分不超过该项目分值的30%，而财政税收、招商引资等作为政府重点推进的工作，则没有此限制；项目完成量在80%以下的，该项目不计分，项目完成量在80%以上的，未完成部分按比例扣分，同时根据考核结果进行全县各单位分类别评奖评优。对于评定结果，按公务员津贴补贴办法，由县财政局进行组织分配。各乡镇和县直属部门实行内部考核，按考核结果发放公务员奖金，领导班子成员的奖金分配可高于一般公务员，但最高不能超过2倍。各参与单位在信访稳定、安全生产、精准扶贫等方面实行一票否决。街道乡、县直属部门得分在85分以下且排序在最末位的和被"一票否决"的单位，负责人和班子成员还要被处以一个月月薪的罚金并在全县通报批评，主要领导被诫勉谈话；对于连续两年得分80分以下且排名最末位的责任单位，主要负责人将被做组织处理。这些结果还被各部门作为政绩评价和干部任用的重要依据。

第八章 规制与治理：惠农时代的基层政权建设与治理现代化

这种考核结果不仅与个人、单位的利益紧密联系，还与财政转移支付相挂钩。如果单位未达成规定的指标，县里拨付的经费就会减少甚至中止拨付，并把这些经费作为奖励拨付给那些工作做得好的部门。这既是一种压力传导机制，也是基层社会的动员激励机制，可以集中有限资源完成最重要的目标。这种"高位推动"使政策执行具有"运动型治理"的色彩，通过政治压力与行政责任实现对科层体制的高强度动员。有研究发现，为了克服官僚组织的惰性，愈来愈多的日常任务通过运动的形式来实现，导致"运动式治理的常规化"[1]，实际也是科层体制运作的典型反映。

在压力传递中，应付各种严格繁琐的考核成为基层政府的重要工作，经常使基层干部疲于应付，导致其在服从领导和服务群众面前经常发生矛盾。在基层治理中，领导关注的问题与群众关心的问题并不完全耦合。基于政绩的考虑，领导关心的问题，群众可能并不关心；群众关心的问题，领导可能认为不重要。这样，大量时间被用于制定、整理各项规划、材料、报表、数据，以及召开各种会议、研讨、培训等常规事务，基层干部日益深陷其中。更重要的是，花费巨大人力物力所做的这些事情，缺乏可操作的具体措施，在实践中根本无法推行落实，导致政策空转或悬置。这些时间本可以用于服务困难群众，却被过多用于满足上级的偏好和要求。这导致用来解决问题的手段却成为目的，问题本身反而被忽视和遮蔽，强化了基层工作的工具性倾向。

铁镇的调研也发现，科层体制的规训使不同层级的政府工作人员之间形成鲜明的组织依赖与差序分层。这不仅表现在日常事务性的安排和对接上，还体现在工作生活与社会交往中。下属必须严格按照上级的意志行事，即使自己有不同意见，也必须保留而不能与领导形成抵牾，而要坚定不移地执行上级意志。"你必须以领导的意志为意志，要知道领

---

[1] 倪星、原超：《地方政府的运动式治理是如何走向"常规化"的？——基于S市市监局"清无"专项行动的分析》，《公共行政评论》2014年第2期。

导的权威在任何时候都是不能挑战的。"① 这种意识导致下级对上级具有较强的依附性，它强化了上级领导的权威能量，也使不同主体产生了距离与分层。在对照检查时，铁镇领导班子也意识到这个问题："在某些工作推进不力的时候，缺乏冷静思考，偶尔发官威，摆架子，批评同志过于严厉，忽视了同志的感受，打击了干部创业干事的积极性。"② 内在的、看不见的科层化规则将不同群体区分开来，并按照差序规则形成了一种权力圈层，强化了科层体制的等级观念与规则意识。

二 政策互嵌及其制度化：惠农政策执行的现代化进路

（一）惠农政策执行的互嵌

在中国政治实践中，国家政策在基层社会的执行问题一直以来颇受关注。在政策本身的结构性张力、科层化执行体制与乡村非规则化现实等多重因素的影响下，政策执行状况也呈现出复杂性和多样性特征。既有研究更多关注惠农政策执行中的失效、扭曲和走样等侧面，体现出政策制定目标与政策执行结果之间的内在差异，却忽视了政策执行的具体情境与过程，无法在动态场景中追溯政策执行的内在机制与形成困境。

总体而言，惠农政策在基层治理实践中产生了几种值得关注的执行效果：一是扭曲性执行，由于惠农政策对乡村利益结构与利益过程进行了限定和规制，乡村干部在实践中有选择性和针对性地执行政策，剔除和过滤对自己不利的政策，导致政策在执行中的变通、扭曲和走样，违背了国家惠农政策设计的目标和初衷。这种政策执行的偏差反映出基层政权的价值和偏好，诸多研究指向基层政权本身的缺陷及科层化内在结构。二是权变性执行，由于政策制定者与乡村社会之间的距离，导致政策难以执行，必须通过乡村干部的"因地制宜"进行权变和调适，并

---

① 2014年7月26日对铁镇办公室主任戴某的访谈。
② 2014年《铁镇党政领导班子对照检查材料》。

第八章 规制与治理：惠农时代的基层政权建设与治理现代化

在应对乡村复杂事项时，借助正式权力之外、带有一定"乡土性"的非正式规则，如人情、面子、常理、关系等社会资源，来降低政策执行的难度和阻力。它尽管达成了国家的政策目标，但却是依靠乡村非正式权力来实现的，体现出政策执行的非制度化与非程式化特征。这表明，正式权力在乡村社会仍存在"力有不逮"之域，正式权力的行使不得不以转换了的形式实现既定的政策目标。三是强制性执行，在体制压力下，采用强制方式推行政策，甚至不惜损害基层政府的行政权威，造成乡村社会的内在紧张。这种强制性和机械性政策执行导致的社会负面效应，促使国家制定严格的规制措施限定其使用场合和频次。

本书在不断置换和推移的场景中对惠农政策执行的考察说明，不同类型的惠农政策具有统一性的规则可以依循和参照，但它仍呈现出政策执行的多样性和复杂化情态。以惠农政策执行为衔接点，国家、基层政权与乡村社会呈现出不同的行为方式与互动逻辑。基层政权作为惠农政策执行的主体，其身份角色具有多重性特征：它既利用国家政策赋予的政治资源强制性地执行政策，又根据现实需要适度权变以应对农村社会的"争利"行为，同时还利用政策强化和增进自身利益，形成了一个集执行、权变、利用等各个环节于一体的政策执行网络。

在基层治理实践中，以惠农政策为衔接点，国家、基层政权与乡村社会各主体之间相互嵌结、互为构建并各取所需，形成了"互嵌"式的运作机制，[①] 呈现出"你中有我，我中有你"的局面：第一，国家明确惠农政策的主要内容、实施目标与基本要求，并通过自上而下的科层体制嵌入基层政府的行政实践与过程，内化为他们的具体行动，赋予其相应权力与资源，同时制定配套奖惩措施保障政策落实。第二，基层政权借助国家赋予的惠农资源与行政权力，在执行实践中充分考量和有效对接农村的社会结构与乡土规则，以承接、调适和权变等不同方式回应乡村现实，达致政策灵活性、行为自主性与自我利益实现的有机统一。

[①] 申恒胜、王玲：《国家文本与地方规则：救灾治理中的基层政策执行研究》，《中国农村研究》2016年第2期。

第三，农民利用国家赋予的"身份"与权利，"合法地"向基层政府索取资源，扮演着一种"资源竞争者"的角色。在村庄内部的利益分配中，农民充分利用村民自治的制度框架与现有的土地产权约束，合法地将基层政权排斥在利益分配之外，型构出竞争性的利益博弈关系。由此，不同治理主体彼此嵌入到对方的运作体系与实践过程，相互影响并各取所需，进而达成自身目标和利益。

铁镇的惠农政策执行实践表明，基层政权与乡村干部在充分实现其行动自主性的基础上，表现出较强的政策权变性和灵活性，其行为也深受乡村社会与运行规则的型构，表现出一定的谋利行为。但总体而言，国家的惠农政策目标得到了"较好"实现，这也是惠农政策执行的"较好"结果。无论是基层政权对既有政策文本的承接与转换，还是基于乡村社会复杂现实而展开的灵活权变，抑或是基于利益实现基础上对国家政策的利用与援借，都推动了国家整体意志的实现，巩固了国家在乡村社会的权威基础。在科层体制的绩效考核与一票否决压力下，灾害社会、惠农政策执行与精准扶贫的具体场景也使基层政权主动变换常规化的运作节奏，将自己的政权结构与运作规程嵌入到国家治理体系中，以贯彻落实国家意志为主要目标和核心任务，适应国家特殊治理和超大型项目高速运转的政治需要。这样，国家的权力规制与目标监督极大扩展了基层权力的运作强度，促使基层政治行为必须严格遵循国家的政策底线，尤其在原则性问题上不能有任何触碰和违逆。

同时，惠农政策制定与执行之间的内在张力也使乡村社会的政策实践呈现出复杂多元的样态。在惠农政策制定中，国家考虑的是社会的整体利益并遵循普遍化的规则，进而实现和拓展社会公共利益，提升社会的整体福祉。为此，国家必须保证政策的统一性和有效性，要求执行者按照政策规范严格依法依章办事。但是，乡村社会的复杂现实促使基层政权在实践中重新界定政策规则时，更加倾向于采用特殊主义与普遍主义的巧妙糅合，甚至用特殊主义的规则去解构和颠覆普遍主义的规则。按照帕森斯的解释，普遍主义是指"独立于行为者与对象在身份上的

第八章　规制与治理：惠农时代的基层政权建设与治理现代化

特殊关系而制定的规则"，特殊主义"凭借的是与行为者之属性的特殊关系而认定对象身上的价值的至上性"①。

在惠农政策体系中，普惠性和特惠性两类政策即是这种原则在政策体系中的具体体现。普惠性政策适用于更广大的社会群体，他们相互之间并没有明确的经济、身份、地位等的界分，他们平等地享有同一类政策；特惠性政策则因享受者在经济、社会、能力、身份、年龄等方面具有不同于其他人的独特标识，如受灾、贫困、失去劳动能力、生病、高龄等，将其准确区分开来而赋予一定的政策优惠。如何精准地识别出这一部分群体，或者在特殊时期准确识别出最急需救助者，是一个关乎政策实施绩效与社会平稳过渡的关键问题。尽管现代国家所拥有的技术手段非常丰富，但这一识别过程在惠农政策实践中仍然是一个非常困难的程序。基层干部利用在信息占有方面的优势，更容易在政策执行中转换话语形式，策略性地交替使用普遍性的规则和乡土规范来应对村民的质疑，或以一种特殊主义的原则去替代普遍性的规则，形成一种"公私关系混合的执行结构"②。公共规则与乡土规范的悖论性结合，是乡村干部应对村民的一种有效手段。

这样，惠农政策执行的"互嵌"、普遍主义与特殊主义的杂糅以及不同主体对惠农政策的选择偏好，进一步型构了以发展和利益为导向的乡村社会关系。对国家而言，"嵌入式治理"作为国家对乡村社会进行秩序整合的重要方式，主要依靠强大的组织力量、行政权力作为保障，在权力的纵向延展与横向整合中，把国家权力嵌入到基层社会的结构、关系与规范，实现国家权力与乡村社会的有效对接，提升国家的政治权威及整合能力。

随着乡村社会越来越融入现代化进程，乡村发展更加依赖国家的宏

---

① T. Parsons and E. Shils, *Toward a General Theory of Action*, Cambridge: Harvard University Press, 1950, p. 82.
② 刘祖华：《村头官僚、政策变通与乡村政策的实践逻辑——村干部政策角色的一个解释框架》，《甘肃行政学院学报》2008年第2期。

观制度与环境。然而,国家的政策嵌入需要与乡村的地方性知识相适应并融合,破解政策执行主体、结构与对象之间的张力。国家在对乡村内生结构进行再造的过程中,也面临着乡土秩序和规范的"反嵌"。乡村社会的多样性和差异性,以及农民的认知结构、文化传统与行为观念呈现出非均衡分布的特征,导致他们对惠农政策及基层权力运作规则的认知也呈现出较大差异。农民权利意识的增长使其在实践中逐步发展和锤炼出一整套与基层政权打交道的非正式规则和技术,用以应对科层化的政府权力。村级组织与社会精英也在利益联结的基础上进行重组与整合,并在自主性前提下寻求适应乡村利益实现的自治模式。

(二)基层自主与惠农政策执行的制度化

铁镇的惠农政策执行个案充分展现了国家政策文本、基层权力实践与乡村社会实态之间的差异。惠农政策执行是在一个不断置换的具体实践场景中展开的,对这种动态过程与实践逻辑的考察可以使我们摆脱单纯从惠农政策文本开展研究的静态化缺陷,更多在过程差异与权力实践的层面展开分析。

研究发现,惠农政策文本的相对宏观抽象与乡村社会的复杂琐屑形成了巨大隔膜,导致基层政府在应对被治理对象的多元需求及科层压力时,总有一种"靠天(国家)太高,靠地(农村)太矮"的无助感,只能依靠基层干部在长期实践中形成的经验和技术完成超负荷的工作任务。尽管国家的政策设计非常周密严谨,但大国"简约治理"的逻辑使其很难涵盖不同地域社会的复杂现实,而必须在政策实践中为地方留出充分的自主空间,这实际上确立了基层政府政策执行中的"制宜性权力"。但由于其工作规程与操作尺度极难把握,实践中的突发状况也亟须基层干部作出及时应对和灵活处理,这些事项往往没有既定的规则和方案可以依循。在"结果导向"的绩效考核与评价体系下,基层行为受到一些主观性和变动性因素的影响,这往往与国家政策的基本精神与内在要求产生偏差,对国家政策的统一性与权威性形成挑战。

第八章　规制与治理：惠农时代的基层政权建设与治理现代化

由此，惠农政策的执行过程深受乡村社会具体情态的影响和形塑，铁镇政府基于农村现实与特殊场景的权变与经营明显地展现出乡土规则对国家政策的反嵌与抗拒。国家与农村之间的区隔导致政策的文本与实践之间具有相当大的弹性空间。基层政府作为具有独立利益的行动主体，在行使权力和执行政策中遵循一定的选择性机制。这种行为激励在各种政治压力下有效推动了基层自主性的扩张。实践中，基层政权在组织架构与权威体系上具有碎片化的结构特征，而未被完全整合进国家政权体系。[①] 在国家事权下放与问责强化的政策约束下，它可以通过选择、利用或规避某些政策条文，依据自己的偏好追求既定的部门利益与行政目标，实现自主性权力的扩张与乡镇公共资源的增长。因此，基层政府作为一个具有特殊利益结构的组织实体，其利益与乡村社会的公共利益既不等同也不融合，其行为具有明显的自我实现和自我保护特征，体现出典型的"基层自主性"。

实践中，在惠农利益的争取尤其是在征地拆迁、环境整治、项目争取、资源配置等问题上，基层政府具有较强的利益经营动机。基层政权对农村社会基础性服务的提供以及公正秩序、公平规则的维护，由于缺乏激励机制而导致回应性相对不足。基层政府不但疏离于社会，有时还与基层社会处于利益冲突之中。在国家的管控和规制下，基层政权依据对乡村权力、资源与信息的掌握，具有规避国家监督管理的行为激励。这导致基层政权不但不能获得植根于乡村社会的"嵌入性"（embeddedness），反而强化了其超脱于基层社会的争利性。基层自主性的增长，一方面可以使基层政权在治理实践中根据需要进行体制改革和制度创新，是基层发展的动力源泉；但另一方面，它也使基层政权容易超越自身权限，突破政策边界，强制性介入市场活动与乡村利益过程，导致政府行为绩效具有不确定性。

为此，国家必须对惠农政策执行中的偏离行为进行纠正。作为国家

---

① 赵树凯：《乡镇治理与政府制度化》，商务印书馆2010年版，第299页。

政权建设的重要组成部分，基层政权的组织权能也面临重构与再造。实践中的运动式治理作为常规化、制度化治理之外的治理手段，常被用作科层化治理的纠偏机制。在治理实践中，地方政府利用注意力凝聚、政治动员、运动机制赋能与组织依赖等方式借势赋能，将常规治理任务嵌入运动式治理过程。① 这种治理方式短期内成效显著，却依赖于国家力量的持续介入与群众式的动员体制，具有明显的非制度化和非专业化特征，具有不可持续性，极易造成政治权威的分散化与碎片化。这种治理方式也很难满足农村治理的多元化和复杂化需求，导致常态社会的治理行为容易被宏观的政治环境所左右。这意味着运动式治理只能作为常规治理的一种补充手段，虽具有一定必要性，但却不能代替常规化、制度化的治理机制，而必须在资源、体制约束下进行常规治理和理性选择。

要破除基层政权的政策执行困境，使惠农政策成为提升农民认同的有效利器，必须确保惠农政策真正"落地"并得到切实实施。为此，在提升基层治理的技术化水平的同时，应当逐步提升政策执行的制度化水平。制度是"一套长期存在的、人类行为的规范化模式"②，是"调整公共政策执行关系的行为规范"③，它可以使"组织与程序获取价值观和稳定性"④。制度化是社会治理体制创新与政策执行变革的主要方向。政府的政策运行必须遵循法治化、理性化和专业化的路径，强化规范化的法律规章、制度规范的约束性和效力，并通过科学、合理、有效的程序来实现对政策执行过程的治理。

惠农政策的实施是一个常规化的行政过程，它与日常的例行化规则、事务性管理直接相关。因此，与之相关的制度安排与过程管理应以例行化的政府科层体制为基础，而无法通过运动式治理的方式有效完

---

① 文宏、杜菲菲：《借势赋能："常规"嵌入"运动"的一个解释性框架》，《中国行政管理》2021 年第 3 期。
② 金哲、姚永抗、陈燮君：《当代新术语》，上海人民出版社 1988 年版，第 415 页。
③ 宁骚：《公共政策学》，高等教育出版社 2003 年版，第 376 页。
④ ［美］塞缪尔·亨廷顿：《变化社会中的政治秩序》，王冠华、刘为等译，上海人民出版社 2008 年版，第 10 页。

第八章　规制与治理：惠农时代的基层政权建设与治理现代化

成，更不应被转换为其他形式的"作秀"或"运动"。实践中，政府应该根据惠农政策的内容与要求，不断改进管理技术，提高行政能力，提升政府工作效率和政策执行效能。这样，既可以保证基层政权嵌入乡村社会的结构关系与治理网络，真正发挥治理与服务功能，又可以超脱于乡村的利益竞争之外，避免争利性的政策执行行为。在实现政府政策目标和完成工作任务的过程中，基层政府行为应与以政治整合为特征的国家意志表达及其政治化过程有效区别开来，以推动政府治理与公共政策执行过程遵循制度化和常规化的治理机制。

同时，政策执行的制度化需要国家、政府与社会之间良性规则与互动秩序的明确和建立。三者之间应明确各自的运行边界及其权利、责任定位，确保以一种有序、高效的互动规则和程序来实现不同主体对政策过程的参与和治理。随着现代化建设的进步，人们对政府行为的预期也在不断增长，他们希望通过参与政府运作过程和政治体系来解决既有问题。政府在保持凝聚力和统合力的同时，应通过"政治吸纳"的方式，将农村社会的意愿和要求整合进惠农政策的执行过程，推动不同主体的诉求表达与利益实现在既有的规则体系与制度框架中顺利达成。基层政府的制度设置必须按照强化治理权能与治理现代化的方向展开，各种法律规章的制定与行政规范的建构应该确保各职能部门之间的有机关联、相互协调与顺畅运转，避免出现功能缺位和制度错位。尽管不同层级的政府部门有自己独特的利益，但应确保相互之间的有效沟通与协调互动，各级政府部门之间应保持目标、行动的协同性和一致性，推动政府在治理实践中以一个有机关联、相互配合的整体而展开行动，减少惠农政策执行中的信息失真和偏差。

总体而言，基层政权所面对的主要服务对象是广大农村与农民，其治理行为必须充分考虑农村社会的差异化需求，确保基层政权真正"下沉"而不能"悬浮"于乡村社会之上，并融入农村内部结构与利益网络，来强化农村公共服务的分类供给，建立和维护公平公正的治理规则与社会秩序，实现不同主体利益的相互协调与有机融合。由于基层政权的政策执行行为深受农村社会结构、文化网络与政策情境的型构，基层政权应强化政策执行的组织保障与制度建设，提升惠农政策执行的制度化水平，使基层政策执行遵循既有的规则、规范和要求。面对农村社会的多元形态与复杂需求，应构建并强化对乡村社会不同诉求的责任机制与回应机制。基层政策执行中的"权变"和"制宜"应以有效解决社会问题、提升基层政府治理能力和增强基层政府合法性为前提，而不能以基层政治权威的损害为代价。同时，社会的有效参与是保障基层政策执行与权力规范运行的重要前提，基层政府应构建对公众需求的良性回应机制，确保公众对政府治理过程与政策执行过程的积极和有效参与。

三　治理现代化视域下的基层政权建设

在国家治理体系和治理能力现代化背景下，推进基层权力的规制与基层政权建设既是一个亟须完善的实践性课题，也是一个需要作出理论阐释并进行持续追索的学术命题。

（一）理论反思：惠农时代的乡镇治权强化

权力问题是政治学关注的核心话题。受西方研究概念和分析范式的影响，许多概念被借用到中国的政治社会语境下，解释现代化转型背景下的国家权力体制、组织结构与运作机制。迈克尔·曼提出的"专断权力"与"基础性权力"被应用于转型期国家政权建设的理论分析与实践运作。这一对概念呈现的是统治者制定政策的自主性和决断力，以及在统治地域内有效贯彻命令和政策的能力。① 许多研究者结合现代国家构建面临的问题和任务，提出中国要在解构全能主义国家的同时实现现代国家建构，缩小国家权力范围并增强国家能力、限制国家专断能力

---

① ［英］迈克尔·曼：《社会权力的来源》第二卷，陈海宏等译，上海人民出版社2015年版，第68—70页。

第八章 规制与治理：惠农时代的基层政权建设与治理现代化

并强化提供公共物品的基础权力等核心内容。① 诸多研究也将乡村问题归结于"乡镇治权弱化"上，认为政权性质的模糊致使分类治理丧失了原则，而蜕化为纯粹的治理技术，弱化的权力机器在应对信访时如同"赤膊上阵"，导致"有分类无治理"的治理困境。② 在村庄治理中，"国家针对基层社会渗透能力不足，贯彻政治决策能力低下"③ 导致政策执行的歪曲和走样。

我们发现，惠农政策执行的困境，并不完全是基层干部基于认知差异和利益驱动等因素而故意扭曲造成，政策执行的扭曲只是个案考察中的一个维度。铁镇案例表明，惠农政策执行更多是通过政策的文本承接、措施转换与细节权变，使相对抽象、宽泛和不易操作的政策在复杂乡村贯彻落地。当理性科层化规则遇到乡村非规则化程序与复杂性现实时，政策执行的权变和创新就成为一种必然。这不仅不是对政策执行的扭曲，反而是对政策执行过程的实践创新，具有积极意义。基础性权力以"贯彻政策、命令的能力"作为考察标准，忽略了政策执行的目标与效果、工具与手段等具体问题。在集体化时期，国家的政治决策在意识形态动员、运动式治理、以政党为核心的组织机制下得到了高效贯彻，国家可以不受约束地介入乡村事务，实施政治领导、经济整合与社会控制，但却很难成为政策执行的理想样态。实际上，"高效"并不意味着"有效"，"高效"是指政策执行的效率问题，"有效"是指政策执行效果的可持续性问题，带有"长效"的意涵。集体化时期国家政策执行的"高效"更多通过强制权力实现，却造成了对社会自主空间的挤压，是一种非常规化的治理形式。尽管形式上"高效"，却需要强大的政治权力去维持，缺乏可持续性，因而不是"有效"（或"长效"）的。

---

① 李强：《自由主义与现代国家》，载陈祖为等编《政治理论在中国》，牛津大学出版社2001年版。

② 申端锋：《乡村治权与分类治理：农民上访研究的范式转换》，《开放时代》2010年第6期。

③ 董磊明：《宋村的调解——巨变时代的权威与秩序》，法律出版社2008年版，第196页。

改革后村民自治框架的确立使村庄获得制度上的自治权力,但农村税费征缴、计划生育和社会治安等各项工作使村委会在组织结构上对乡镇具有一定依附性。税费改革后,基层政府的税收权力逐步被剥夺,基层政权逐步和农民脱离旧有的联系,基层政权转变为表面看上去无关紧要、可有可无的"悬浮型"政权,①甚至体现出集体滞后、权力失控、对接失败、治理无效的演化逻辑。②农民的个体性、原子化与疏离化特征凸显出乡村治理困境及转型的紧迫性。

乡镇作为国家治理的政权基石,具有联系乡村、承接事务、化解矛盾、维护稳定的基础性地位,国家是不容许坐视乡镇治权持续弱化的。基层政府治理转型的动力与资源,无法单靠乡村社会提供和解决,只能依靠国家推动。它使基层政权经历短暂的"政权悬浮"后,也促使国家在"取""予"之间发生根本性翻转,尤其是通过政策资源的供给,强化基层政府治理权能,加强基层政权组织建设,使其成为国家治理的重要根基。国家的资源支持对象不仅包括农村和农民,更包括基层政权,以有效解决农业税取消后基层政权资源匮乏和权能弱化等问题。农村办事大厅的建立、部门职员下村办公以及村干部的职业化坐班制都是乡村组织部门化、科层化的表现。③

国家对农村的帮扶和治理构建了农民与国家紧密型的政治关系,也推动了基层政权运作方式的重构。在汶川救灾重建、惠农政策体系构建、实施精准扶贫、推进乡村振兴、推进公共卫生危机治理等重大战略中,乡镇政府都发挥了战斗堡垒和排头兵的作用,顶在了治理一线,推动国家政策体系、政府科层体制与乡村民情有机衔接,实现农村社会的组织动员、资源整合与适应性治理。当前,乡镇党委政府主导下的责任

---

① 周飞舟:《从汲取型政权到"悬浮型"政权——税费改革对国家与农民关系之影响》,《社会学研究》2006年第6期。
② 张红阳、朱力:《"权力悬浮"背景下乡村治理无效性的根源——基于华北D村自来水工程建设史的分析》,《学习与实践》2017年第3期。
③ 欧阳静:《村级组织的官僚化及其逻辑》,《南京农业大学学报》(社会科学版)2010年第4期。

第八章 规制与治理：惠农时代的基层政权建设与治理现代化

网格治理体制的建立，也推动基层行政组织基于事权有效分配和资源优化利用的科层制运作体系更加完善，通过以组织网格制造有效的乡村政治关联，强化了行政体系与复杂治理情境的适度衔接，促进基层精细化治理。① 这体现出国家权力在乡村社会的组织在场、制度在场及"身体在场"。

有学者对乡村治理失序困局的分析认为，乡镇职能部门的组织和权力下乡并没有增进基层治理能力，反而因为不信任导致了基层治理能力的弱化。② 基层治理能力包含组织、制度、体系与技术等要素，是推动农村经济发展、秩序维系与事务解决的实际组织力、执行力与整合力。在当前中国由总体支配性权力转向技术化治理权力③的背景下，技术治理通过目标管理、项目体制与行政问责等形式，嵌入政府治理过程，推动了基层治理的标准化、专业化和规范化，实现了对基层治理的赋能提质。可见，基层政府在复杂治理实践中以不同形式扩展了权力空间与运作范围，强化了基层治理的权力与效能。基层政府的治理权力和治理能力非但没有弱化，反而得到了强化。

在"强基础、促发展"的政策导向下，国家针对"三农"问题的战略调整不断为乡村社会赋权增能，通过持续的政策供给、资源动员、产业扶持、对口帮扶、项目运作、东西协作、利益联结等机制的构建，不断推进农村基础设施的建设、发展和完善，增强了乡村发展动力和发展能力，以彻底解决农业生产低效、农民生活贫困、农村发展滞后等治理和稳定难题，实现农民对美好生活的企盼。这有力地改善了基层政府的政策执行环境，为实现乡村"良政善治"提供了可能。

孙立平发现，过去的 20 年，我们非常重视具体的制度变革，甚至不惜用毁坏"基础秩序"的方式来获得暂时的收益，结果却导致了制

---

① 吴春来：《责任网格的精细化治理逻辑及其效能——乡镇党委统合的一种组织创新路径》，《西北农林科技大学学报》（社会科学版）2021 年第 6 期。
② 杨华：《乡镇治权与基层治理能力建设》，《湖湘论坛》2018 年第 5 期。
③ 渠敬东、周飞舟、应星：《从总体支配到技术治理——基于中国 30 年改革经验的社会学分析》，《中国社会科学》2009 年第 6 期。

度有效运行不可或缺的"基础秩序"的崩解。① 在现代社会，公共性是政府合法性的基础，也是乡村治理合法性的基础。② 乡镇治权的强化是国家对农村进行有效治理的基础，但在利益分化加剧、矛盾纠纷复杂的乡村转型中，要解决惠农政策执行中的难题，需要合理配置和恰当均衡乡村社会的利益冲突，将乡镇治权转化为治理效能。增强乡镇治理权力必不可少，但简单抽象地增强乡镇治权和输入资源，并不能解决基层社会中的治理问题，反而容易导致乡镇自主性的无序扩张。

因此，必须加强基层党组织建设、增强基层党组织政治功能和组织力，加强基层政权治理体系和治理能力建设，提升基层政权的政治品格，规范基层权力的运作。要健全基层群众自治制度，加强对村级组织的管理与领导，协调村民自治功能发挥与村庄行政化之间的张力，遏制村级组织的谋利化趋向。要防止基层政权与村级组织在政策执行中因简单、强制的政策嵌入带来的负面效果，减少政策执行中的扭曲和偏差。在惠农资源下乡带来的乡村秩序重组中，面对乡村的利益争夺与博弈，基层政权必须正视和有效应对各种"争利"行为。乡村基础秩序的重建，需要加强基层政权建设，不仅要通过政策资源的输入或技术手段的改进强化基层政权的治理和服务能力，更要在乡村社会塑造公众共同认可的公共规则和价值规范，重塑乡村社会的公共精神。

（二）政策进路：迈向治理现代化的基层政权建设

2021年4月28日，《中共中央 国务院关于加强基层治理体系和治理能力现代化建设的意见》提出要推进基层治理现代化的改革创新和制度建设、能力建设，强调加强基层政权建设，构建党委领导、党政统筹、简约高效的乡镇（街道）管理体制。基层政权作为推进国家治理现代化的政权基石及政策执行的承接主体，对推动基层治理体系和治

---

① 孙立平：《守卫底线：转型期社会生活的基础秩序》，社会科学文献出版社2007年版，第7页。
② 张良：《"资本下乡"背景下的乡村治理公共性建构》，《中国农村观察》2016年第3期。

第八章 规制与治理：惠农时代的基层政权建设与治理现代化

理能力现代化具有"一线"的牵引和支撑作用。① 在国家治理重心下移和资源下沉背景下，国家既依赖基层政权贯彻落实政策、达致乡村有效治理，又要对基层权力的扩张性与自利性进行规制；乡村社会既寄望于基层政府提升治理能力和服务水平，又要抵制基层权力失范可能造成的侵害。面对国家与乡村的双重约束，基层政权发展出相对灵活性和权变性的运作形式。但由于它从基层社会获得的资源支持与政治认同有限，加之基层"分利秩序"形成中矛盾生长点的累积，导致乡村一直是国家治理体系的短板和弱项，影响了国家治理能力的整体提升，必须推进基层权力的规制和基层政权建设。

第一，优化制度设计，加强基层政权运作的制度环境与文化环境建设。

作为社会秩序生成和维系的基本构成要素，公共权力的实质功能是维护社会公平正义、实现公共利益和提升公共福祉，但权力的自利性和扩张性，也容易导致基层政府在政策实践中将政策执行转化为自身利益，并不断强化利益实现的自主性。有研究认为，正式制度缺失或权力结构的过度关系化，以及由此形成的权力行使者与监督者之间信息和力量"双重不对称"是造成当前公权力失范的根本原因。② 权力虽与腐败具有一定关联，但它并不必然导致腐败。权力的行使受制于权力赖以存在的制度条件、文化环境、体制功能及其他主客观条件，如权力行使者的主观意志、能力和动机等因素。权力行使者如把公共性权力转化为"个人私权"，则会导致权力的滥用。基层权力虽然微小，但它与农村紧密关联，所管辖的事项繁多琐屑，更难于监督和治理。基层权力如未受监督，容易发生失范行为，会产生更大的政治和社会危害，其影响面和覆盖面也更广。

孟德斯鸠认为，"有权力的人们使用权力一直到遇有界限的地方才

---

① 杨彬权：《乡镇政府治理的法律困境及破解路径》，《行政与法》2020 年第 1 期。
② 刘述良：《中国公共权力结构的失范治理与制度分析》，《深圳大学学报》（人文社会科学版）2014 年第 4 期。

休止"。① "制度"是防止基层权力腐败的"笼子",是对基层权力进行有效监督和制约的行为规则,它既包括正式制度,也包括各种非正式制度。前者是以明确形式确定下来并由特定组织保障实施的法律法规、政策规章、契约合同等,后者则是内生于社会生活与个体行为的非正式规范,如价值信念、道德伦理、惯习礼俗等。制度环境的复杂性和多元化导致了权力主体行动的应变性与策略性。基层政权处于科层制度与村庄传统惯习之间,决定了制度建设的长期性和艰巨性。由于政党与国家政权的紧密联系,必须充分发挥党内制度与法规在防范与警示、规范与引导、惩治与激励等方面的重要作用,加强党内法规制度体系、党内法规制度实施体系、党内法规制度保障体系建设,提升党依据党内法规管党治党的能力和水平。要优化反腐倡廉制度设计,科学合理配置基层权力,强化权力监督和制约,尤其是对党政"一把手"的权力监督。坚持用制度管权管事管人,加快构建决策科学、执行坚决、监督有力的权力运行体系,构建"不敢腐"的惩戒机制、不能腐的防范机制和"不想腐"的思想净化机制,努力实现干部清正和政府廉洁。

基层政府面对的服务对象主要是农村社会,而农村的文化传统会对基层权力运行形成一种牵制。要加强对基层政权工作人员行政伦理与道德伦理的教育和学习,培养服务意识、责任意识和廉政意识;践行党的群众工作路线,构建良好的行政作风文化,完善制度文化体系建设,保证权力的规范和健康行使。要充分尊重乡村社会的传统惯习、乡村规则与地方性知识,发掘其内部差异性、复杂性及其特色,对其进行适当引导和合理利用;赋予农民更多的自治空间和民主权利,为农村社会发展提供一个更加宽容、有序和公正的治理环境,实现国家治理与基层治理的有效衔接。

第二,塑造回应型和服务型的政权品格,构建以政府为主导的多元供给机制。

---

① [法]孟德斯鸠:《论法的精神》(上册),张雁深译,商务印书馆1959年版,第184页。

第八章　规制与治理：惠农时代的基层政权建设与治理现代化

随着现代国家构建与服务型政府理念的倡行，公共服务供给成为政府的重要职责，也是化解基层矛盾纠纷、解决基层群众急难愁盼问题的主要途径。公共服务供给涉及社会资源的再分配问题，资源分配往往呈现出异质性和非均衡等特征，影响农民对政府公正性的认识。双方围绕公共服务展开的博弈互动及内在张力，形塑了基层治理机制及其绩效，促使政府运作过程在信息多元化背景下越来越倾向于透明、公开和公正。政府行政过程中的强制性不断弱化，而政策执行中的弹性机制与选择空间却持续增大。基层干部在制度与政策约束下，经常难以满足农民的多样化需求，导致基层政治权威难以形成，基层权威认同出现"祛魅化"趋向。在规则调整和利益多元条件下，政策执行中的纠纷和问题强化了农民对基层干部的认知和偏见，导致农村社会矛盾不断积累和加深。

随着国家治理向现代化和制度化转型，多元主体协同治理成为国家治理的重要内容，也是破解基层社会矛盾、构建良性的政治沟通机制的重要驱力。基层政府要适应农村治理的现实需求，增强政府的回应和反馈能力。面对基层群众的利益诉求和治理难题，基层政府因资源和权限而不能直接解决的，要向群众做好解释工作。政策解释应使用群众能听懂的语言和乡村惯用的习惯方式，提升政府的回应能力，避免打官腔、做官样文章。在网络社会，要有效整合网络空间的政府回应渠道和传统制度性政府回应渠道，实现互联网时代政府回应机制的架构重建，使公共决策的制度框架与网络空间的政治参与进行对接。[①] 充分利用各种理事会、老年人协会、志愿者组织、纠纷调解会等群众性组织，充分发挥乡贤、老党员干部、模范人物等的示范引领作用，发挥其在回应乡村社会"小事"方面的优势。基层党委政府加强对这些组织的管理、引导和支持，实现基层治理资源的良性整合，有效弥补正式权力的不足。

在基层政府与农民之间的信任机制尚待建立的条件下，政府的过度

---

① 陈新：《互联网时代政府回应能力建设研究——基于现代国家治理的视角》，《中国行政管理》2015年第12期。

包揽反而容易引发更多治理矛盾。正式的科层权力更适合承接国家的正式制度、政策与任务，它遵循"对上负责"逻辑，以便在国家与基层社会之间发挥桥梁和纽带作用。基层政权在掌握关键性领域和重大事务决策的基础上，要实现政府、市场与社会的合理分工，利用半正式、半公益性质的组织机构对繁杂事务进行治理。"横向到边，纵向到底"的基层治理体系不一定由政府亲自铺陈和展开，许多治理事项可以交由一些自治性组织和公共服务机构去实现。在"有效治理"的政策规约下，村（居）委会承担了越来越多的行政职能，村（居）两委干部也越来越行政化。这虽然对村民自治制度造成一定影响，却可以有效分摊基层政府无法管也管不好的部分村庄治理职能，大大减轻基层政府的负担。在涉农利益事项的处理上，政府要保持相对"超脱性"，着眼于宏观政策指导而非包办代替，避免对农村事务的不当介入和过度干预，让农民自主解决村庄内部利益问题。

基层治理作为国家治理的"微细胞"，是提升公共政策执行绩效、实现社会治理有效性、推进国家治理现代化的基石。面对农村工作的艰巨性、复杂性和差异性，基层政府要发挥强基固本作用，以满足人民群众的美好生活需求为价值目标，构建以农民需求为导向的公共服务供给体系，提升公共服务供给的力度和效度。当前，我国农村公共服务的政策体系已经非常完善，以惠农政策、精准扶贫和乡村振兴为战略支撑的"三农"政策体系涵盖了农村公共服务的基本内容。要将支农惠农强农政策不断细化落实，坚持绿色、安全、高质量发展的农业产业发展模式，以农业农村现代化为目标，以三产融合为导向，以科技创新为引领，聚集并激活技术、人才、资金、信息等创新创业要素，推动巩固脱贫攻坚成果与乡村振兴有效衔接。要将信息技术应用于农业农村发展，整合信息资源、拓宽应用场景、实现资源共享，推动区块链、大数据、人工智能等嵌入基层治理过程，精准定位和有效识别农民的服务需求，精确感知和精准防范农村社会治理风险，构建网络状、协同性、交互式的基层智慧治理平台。充分尊重农村特殊群体的生活习惯和多样化需求，推动无障碍和适老化信息服务，构建线上线下互联互通的公共服务供给体系。

第三，推进基层减负增效，规范问责考核，构建简约高效的基层治理体系。

农村社会是国家治理的"微单元"，集社会利益的发生源、社会矛盾的聚合源于一体。基层治理事务千头万绪，纷繁复杂，各种事权责任交错集中，同质化、无效化的文件会议、数据台账、痕迹管理与监督检查过频过多，导致基层政府经常以有限的权力承担无限的责任，负担重、压力大、负荷高成为基层工作的现实写照。在考核问责体制下，由于各种监督、检查和考核等事项未能清晰界定范围、内容和标准，导致基层各类检查考核存在名目繁多、多头重复、机械照搬、痕迹过重等问题，助长了权责失衡、重复管理与责任推诿等形式主义和官僚主义。由于权责结构的非对等性、信息结构的非对称性、目标与考核结构的偏移性、资源结构的非均衡性四类结构性要素的共同作用，导致基层负担不断再生。[①]

要推动基层治理方式和政府职能转型，必须全面贯彻落实关于推进基层政权治理能力建设的政策举措，增强乡镇（街道）行政执行、为民服务、议事协商、应急管理和平安建设等能力。科学规范"属地管理"，清晰界定基层政府接受上级部门委托的事项，明确条块之间的权责体系、任务分工和联动机制，构建差异化的事权划分体系。要梳理基层政府的权责利清单，明确哪些是基层政府必须承担的事项，哪些是可以交由社会力量承担、基层政府只需发挥指导管理作用的事项，构建分工明确、权责对等、责任共担、群众监督的基层治理体系。持续推动人力、物力和财力向基层倾斜，推动社会治理与服务重心下移，推动党员干部下沉参与基层治理，提升基层干部服务群众、处事应变、调查研究、组织落实等各项能力，有效服务群众。

---

① 曹银山：《基层减负的内生性结构困境与治理路径》，《公共治理研究》2021年第5期。

同时，要健全和完善基层政府及工作人员的监督考核、奖惩保障、责任追究等各项机制，推进精准问责、有效激励与适度容错的有机融合。首先，在精准问责方面，其核心要义是问准责任、问对对象、问实事由。[①] 要坚持权责一致、错责相当的原则，针对政策执行中的执行不当、执行不力和不执行等情况进行分类甄别，确保基层干部或组织在权责范围内承担责任，做到依法依纪依规问责，区分基层干部的主体责任、直接责任和配合责任，防止问责不力及问责简单化、泛化、软化等问题。优化基层事务的监督考核与奖惩保障机制，明确考核的各项指标和具体标准，减少或慎用不可量化的"一票否决"考核方式和检查方式，严格控制考核检查的频次和数量，避免过度考核和形式化检查。其次，在有效激励方面，健全基层工作遴选、选调、培训和晋升机制，建立能上能下的选人用人机制，改善基层干部年龄偏大、文化层次不高、知识更新较慢的难题，为基层人才提供更多的晋升渠道。要增强基层干部干事创业、勇于担当、自觉作为的积极性，提升基层干部的幸福感和归属感，落实带薪休假、加班补贴等各项政策，关注基层干部的心理健康教育和压力排释，关心其在工作和生活中的困难。再次，在适度容错方面，要积极探索容错免责的负面责任清单，优化容错纠错的制度文本建设，科学规范界定适用容错的具体情形，制定切实可行的科学预防和制度纠错措施，提升适度容错、科学纠错的融合度和适应性。要区分因政策调整、决策变化或事情突发等不同治理环境，以及解决历史遗留问题、化解矛盾纠纷隐患、推进重点领域重点工作等事项时，因情况紧急复杂及受客观条件限制而存在不可抗力或难以预测因素的情形，或在改革发展中因探索创新导致工作出现偏差或失误的情形，可合理适用容错免责原则。

第四，坚持农民主体地位，强化农民参与，提升农民幸福感获得感。

[①] 郭剑鸣、蔡文婷：《规约与激励：精准问责的二维逻辑及其实现机制》，《学习与探索》2021年第7期。

第八章　规制与治理：惠农时代的基层政权建设与治理现代化

农民主体性是自主性、能动性和受动性的统一①，是农民进行自我选择的基本权利、农民积极参与村庄经济发展、村务活动的能力和接受管理规范与社会约束的意识。②推进农民主体地位的发挥，可以防止政府缺位或政府替代等行为偏向。农民关心的政策与实践领域，主要集中在与其利益直接相关的征地拆迁、低保养老、村庄治理、农村环境、集体收益分配、干部作风等不同层面。但长期以来，农民参与渠道和参与方式的匮乏导致其利益表达往往被村庄精英所替代，其意见在关键性的利益分配中容易被忽视。乡村共同体的消解与农民去组织化等因素，也容易使农民产生政治参与缺失和发展动力匮乏等内在缺陷，导致农民融入乡村产业发展、参与农村治理事务、创造美好生活的自主性和能动性不足。

坚持利益逻辑是调动农民生产积极性和实现农民主体性的核心所在。③要建立广泛的利益联结机制，推动农民治理角色的现代转型，使农民从传统散漫无序的旁观者转变成为村庄经济活动和公共事务的参与者、管理者和受益者，强化农民对现代农业产业模式和经营体系的正确认识，培育适应农业产业新业态的新型职业农民。充分尊重农民的意愿和自主选择权，组织动员农民参与村庄产业过程与合作组织，提升农民参与的自主性和积极性。发挥村庄正式制度与非正式制度的规范、管理和约束作用，推动农民横向交往、纵向认同的交互增强，实现村庄社会的有效治理与社会关系的良性互动。

农民主体性的提升是一个动态过程，需要在"三治融合"的治理体系中探求村庄充满活力、和谐有序的善治路径。要培养村民自治意识、拓宽村民自治渠道，提升村民自治能力，推动基层群众自治机制充

---

① 李卫朝、王维：《依托农民主体性建设，切实推动乡村全面振兴》，《中国农业大学学报》（社会科学版）2019 年第 3 期。
② 周立、庞欣、马荟：《乡村建设中的农民主体性提升——基于角色互动理论的 Y 村案例分析》，《行政管理改革》2021 年第 4 期。
③ 霍军亮：《乡村振兴战略下重塑农民主体性的多重逻辑》，《西北农林科技大学学报》（社会科学版）2022 年第 3 期。

分实现农民意志，保障农民合法权益。要在信访制度之外构建政府与社会的有序沟通和平等协商机制，引导农民的诉求表达和利益纠纷在既有的规则框架中协调解决。引导农民树立参与意识和合作观念，使农民以建设者和主人翁身份正视基层社会的治理难题，以发展眼光看待政府治理转型中的矛盾纠纷和利益分化，使其着眼于提出建设性意见而非破坏式参与基层治理过程。要强化农民对规则和法律的遵守和敬仰，对农民进行法治宣传和教育，引导农民在现有法治框架内进行合理、有效表达。对群众关心的利益问题，要引导农民运用法律思维和通过法律途径解决。基层政府要建立对乡村社会利益进行有效调节的机制，充分考虑不同群体的利益诉求，平衡和保护不同阶层的利益，防止其在治理中产生排斥感和挫折感。

参考文献

一 著作

《毛泽东选集》第3卷,人民出版社1991年版。

曹锦清:《黄河边的中国》,上海文艺出版社2000年版。

陈吉元、胡必亮:《当代中国的村庄经济与村落文化》,山西经济出版社1996年版。

陈心想:《走出乡土:对话费孝通〈乡土中国〉》,生活·读书·新知三联书店2017年版。

陈振明:《政策科学》,中国人民大学出版社2003年版。

狄金华:《被困的治理:河镇的复合治理和农户策略(1980—2009)》,生活·读书·新知三联书店2015年版。

董磊明:《宋村的调解——巨变时代的权威与秩序》,法律出版社2008年版。

费孝通:《江村经济》,商务印书馆2001年版。

费孝通:《乡土中国》,上海人民出版社2007年版。

黄光国:《人情与面子:中国人的权力游戏》,中国人民大学出版社2010年版。

金观涛、刘青峰:《兴盛与危机——论中国封建社会的超稳定结构》,湖南人民出版社1984年版。

金哲、姚永抗、陈燮君:《当代新术语》,上海人民出版社1988年版。

景军：《神堂记忆：一个中国乡村的历史、权力与道德》，福建教育出版社 2013 年版。

李祖佩：《分利秩序：鸽镇的项目运作与乡村治理（2007—2013）》，社会科学文献出版社 2016 年版。

吕德文：《找回群众：重塑基层治理》，生活·读书·新知三联书店 2015 年版。

宁骚：《公共政策学》，高等教育出版社 2003 年版。

欧阳静：《策略主义：桔镇运作的逻辑》，中国政法大学出版社 2011 年版。

荣敬本：《从压力型体制向民主合作制的转变：县乡两级体制改革》，中央编译出版社 1998 年版。

孙立平：《守卫底线：转型期社会生活的基础秩序》，社会科学文献出版社 2007 年版。

王春光：《中国农村社会变迁》，云南人民出版社 1996 年版。

吴钩：《"隐权力"：中国历史弈局的幕后推力》，云南人民出版社 2010 年版。

吴思：《潜规则：中国历史中的真实游戏》，复旦大学出版社 2009 年版。

吴毅：《村治变迁中的权威与秩序》，中国社会科学出版社 2002 年版。

吴毅：《小镇喧嚣》，生活·读书·新知三联书店 2007 年版。

奚洁人主编：《科学发展观百科辞典》，上海辞书出版社 2007 年版。

萧公权：《中国乡村——论 19 世纪的帝国控制》，联经出版事业股份有限公司 2014 年版。

徐勇：《城乡差别的中国政治》，社会科学文献出版社 2019 年版。

徐勇：《现代国家、乡土社会与制度建构》，中国物资出版社 2009 年版。

杨念群：《中层理论：东西方思想会通下的中国史研究》，江西教育出版社 2001 年版。

杨雪冬：《市场发育、社会生长和公共权力构建》，河南人民出版社

2002年版。

应星:《大河移民上访的故事》,生活·读书·新知三联书店2001年版。

翟学伟:《人情、面子与权力的再生产》,北京大学出版社2013年版。

张静:《基层政权:乡村制度诸问题》,上海人民出版社2007年版。

张仲礼:《中国绅士》,上海社会科学院出版社1991年版。

赵凯农、李兆光:《公共政策——如何贯彻执行》,天津人民出版社2003年版。

赵树凯:《农民的政治》,商务印书馆2011年版。

赵树凯:《乡镇治理与政府制度化》,商务印书馆2010年版。

赵晓峰:《公私定律:村庄视域中的国家政权建设》,社会科学文献出版社2013年版。

周荣德:《中国社会的阶层与流动——一个社区中士绅身份的研究》,学林出版社2000年版。

[德] 马克斯·韦伯:《儒教与道教》,洪元富译,江苏人民出版社2005年版。

[德] 托马斯·海贝勒、舒耕德、杨雪冬主编:《"主动的"地方政治:作为战略群体的县乡干部》,中央编译出版社2013年版。

[法] 孟德斯鸠:《论法的精神》,张雁深译,商务印书馆1959年版。

[法] 魏丕信:《十八世纪中国的官僚制度与荒政》,徐建青译,江苏人民出版社2006年版。

[美] J. 米格代尔:《农民、政治与革命——第三世界政治与社会变革的压力》,李玉琪、袁宁译,中央编译出版社1996年版。

[美] 巴林顿·摩尔:《民主与专制的社会起源》,拓夫、张东东等译,华夏出版社1987年版。

[美] 杜赞奇:《文化、权力与国家——1900—1942年的华北农村》,王福明译,江苏人民出版社2003年版。

[美] 费正清:《伟大的中国革命》,刘尊棋译,世界知识出版社2000

年版。

［美］古德诺:《政治与行政》,王元译,华夏出版社1987年版。

［美］黄仁宇:《万历十五年》,中华书局1982年版。

［美］黄宗智:《华北的小农经济与社会变迁》,中华书局2000年版。

［美］黄宗智:《经验与理论:中国社会、经济与法律的实践历史研究》,中国人民大学出版社2007年版。

［美］吉尔伯特·罗兹曼:《中国的现代化》,国家社会科学基金"比较现代化"课题组译,江苏人民出版社1995年版。

［美］孔飞力:《叫魂:1768年中国妖术大恐慌》,陈兼、刘昶译,生活·读书·新知三联书店1999年版。

［美］孔飞力:《中华帝国晚期的叛乱及其敌人——1796年—1864年的军事化与社会结构》,谢亮生、杨昌泉、谢思炜译,中国社会科学出版社1990年版。

［美］明恩溥:《中国乡村生活》,午晴、唐军译,时事出版社1998年版。

［美］乔尔·S.米格代尔:《社会中的国家:国家与社会如何相互改变与相互构成》,李杨、郭一聪译,江苏人民出版社2013年版。

［美］乔森纳·H.特纳:《社会学理论的结构》,邱泽奇等译,华夏出版社2001年版。

［美］塞缪尔·亨廷顿:《变化社会中的政治秩序》,王冠华、刘为等译,上海人民出版社2008年版。

［美］王国斌:《转变的中国:历史变迁与欧洲经验的局限》,李伯重、连玲玲译,江苏人民出版社1998年版。

［美］西达·斯考切波:《国家与社会革命:对法国、俄国和中国的比较分析》,何俊志、王学东译,上海人民出版社2007年版。

［美］西摩·马丁·李普塞特:《政治人:政治的社会基础》,张绍宗译,上海人民出版社2011年版。

［美］小约瑟夫·斯图尔特、戴维·M.赫奇:《公共政策导论》,韩红

译，中国人民大学出版社2011年版。

［美］詹姆斯·C. 斯科特：《农民的道义经济学：东南亚的反叛与生存》，程立显、刘建等译，译林出版社2001年版。

［美］费正清：《中国：传统与变迁》，张沛译，世界知识出版社2002年版。

［美］李怀印：《华北村治——晚清和民国时期的国家与乡村》，中华书局2008年版。

［英］安东尼·吉登斯：《民族—国家与暴力》，胡宗泽、赵力涛译，生活·读书·新知三联书店1998年版。

［英］迈克尔·曼：《社会权力的来源》第二卷，陈海宏等译，上海人民出版社2015年版。

Jean Oi, *State and Peasant in Contemporary China: The Political Economy of Village Government*, University of California Press, 1989.

Max Weber, *Economy and Society*, ed. by Guenther Roth & Claus Wittich, New York, Bedminster Press, 1968.

Michael Mann, *States, War, and Capitalism*, Oxford: Blackwell, 1992.

T. Parsons and E. Shils, *Toward a General Theory of Action*, Cambridge: Harvard University Press, 1950.

二 学术论文

曹银山：《基层减负的内生性结构困境与治理路径》，《公共治理研究》2021年第5期。

陈氚：《权力的隐身术——互联网时代的权力技术隐喻》，《福建论坛》（人文社会科学版）2015年第12期。

陈锋：《分利秩序与基层治理内卷化：资源输入背景下的乡村治理逻辑》，《社会》2015年第3期。

陈锋：《连带式制衡：基层组织权力的运作机制》，《社会》2012年第

1期。

陈家建、边慧敏、邓湘树：《科层结构与政策执行》，《社会学研究》2013年第6期。

陈家建、张琼文：《政策执行波动与基层治理问题》，《社会学研究》2015年第3期。

陈潭、刘祖华：《迭演博弈、策略行动与村庄公共决策——一个村庄"一事一议"的制度行动逻辑》，《中国农村观察》2009年第6期。

陈新：《互联网时代政府回应能力建设研究——基于现代国家治理的视角》，《中国行政管理》2015年第12期。

陈永刚、毕伟：《村干部代表谁？——应然视域下村干部角色与行为的研究》，《兰州学刊》2010年第12期。

邓燕华、张莉：《"捆绑式政策执行"：失地社保与征地拆迁》，《南京社会科学》2020年第12期。

丁煌：《我国现阶段政策执行阻滞及其防治对策的制度分析》，《政治学研究》2002年第1期。

董海军：《乡镇干部群体的角色实践及其弱势化：一项类型学的观察》，《社会》2005年第6期。

杜姣：《村干部的角色类型与村民自治实践困境》，《求实》2021年第3期。

杜姣、刘尧飞：《乡村责任共同体的实践逻辑及其治理优势》，《南昌大学学报》（人文社会科学版）2021年第6期。

樊佩佩、曾盛红：《动员视域下的"内生性权责困境"——以"5·12"汶川地震中的基层救灾治理为例》，《社会学研究》2014年第1期。

方菲、吴志华：《脱贫攻坚背景下驻村干部的"诉苦"研究》，《湖北民族大学学报》（哲学社会科学版）2020年第4期。

方劲：《中国农村扶贫工作"内卷化"困境及其治理》，《社会建设》2014年第2期。

冯仕政：《"典型"：一个政治社会学的研究》，《学海》2003年第3期。

高卉、刘明星:《驻村扶贫:增权动员与主体回归——基于 K 村个案研究》,《广西民族大学学报》(哲学社会科学版)2020 年第 2 期。

龚春明:《精致的利己主义者:村干部角色及"无为之治"》,《南京农业大学学报》(社会科学版)2015 年第 3 期。

关晓铭:《项目制:国家治理现代化的技术选择——技术政治学的视角》,《甘肃行政学院学报》2020 年第 5 期。

管兵:《项目理政:县域治理激励机制的视角》,《社会科学研究》2021 年第 2 期。

郭剑鸣、蔡文婷:《规约与激励:精准问责的二维逻辑及其实现机制》,《学习与探索》2021 年第 7 期。

郭亮:《资本下乡与山林流转:来自湖北 S 镇的经验》,《社会》2011 年第 3 期。

郭占锋、李琳、张坤:《从"悬浮型"政权到"下沉型"政权——精准扶贫对基层治理的影响研究》,《中国农村研究》2018 年第 1 期。

韩恒:《行政分隔与分类控制:试论当前中国社会领域的管理体制》,《中国行政管理》2008 年第 4 期。

韩志明:《规模焦虑与简约治理——大国治理历史与现实的理论考察》,《中山大学学报》(社会科学版)2021 年第 4 期。

贺东航、孔繁斌:《公共政策执行的中国经验》,《中国社会科学》2011 年第 5 期。

贺海波:《村庄权力主体多元利益的均衡与村庄权力结构的稳定》,《社会主义研究》2015 年第 5 期。

贺雪峰:《国家与农民关系的三层分析——以农民上访为问题意识之来源》,《天津社会科学》2011 年第 4 期。

贺雪峰:《论利益密集型农村地区的治理——以河南周口市郊农村调研为讨论基础》,《政治学研究》2011 年第 6 期。

贺雪峰:《农村社会结构变迁四十年:1978—2018》,《学习与探索》2018 年第 11 期。

贺雪峰、阿古智子：《村干部的动力机制与角色类型——兼谈乡村治理研究中的若干相关话题》，《学习与探索》2006年第3期。

贺雪峰、刘岳：《基层治理中的"不出事逻辑"》，《学术研究》2010年第6期。

黄冬娅：《比较政治学视野下的国家分殊性、自主性和有效性》，《武汉大学学报》（哲学社会科学版）2009年第4期。

黄鹏进：《农村土地权属认知中的差序化圈层结构》，《湖北社会科学》2018年第9期。

黄政、黄家亮：《法律实践与乡村秩序体系的建构——基于韩村土地承包费纠纷的考察》，《华中农业大学学报》（社会科学版）2021年第3期。

黄宗智：《集权的简约治理——中国以准官员和纠纷解决为主的半正式基层行政》，《开放时代》2008年第2期。

霍军亮：《乡村振兴战略下重塑农民主体性的多重逻辑》，《西北农林科技大学学报》（社会科学版）2022年第3期。

姬会然、慕良泽：《产权过程论及其政治学研究》，《西北农林科技大学学报》（社会科学版）2013年第2期。

江亚洲、施从美：《利益连带：集体经济模式下村庄治理秩序的形成》，《晋阳学刊》2017年第3期。

金耀基：《关系和网络的建构：一个社会学的诠释》，《二十一世纪》1992年第2期。

康晓光、韩恒：《分类控制：当前中国大陆国家与社会关系研究》，《社会学研究》2005年第6期。

孔祥利：《地方政府与驻地中央机构的互动——以"央视大火"的应急处置过程为例》，《中国行政管理》2012年第6期。

匡远配、易梦丹：《产业精准扶贫的主体培育：基于治理理论》，《农村经济》2020年第2期。

李博、左停：《谁是贫困户？精准扶贫中精准识别的国家逻辑与乡土困境》,《西北农林科技大学学报》(社会科学版) 2017 年第 4 期。

李丹阳、张等文:《驻村干部和村两委的协同治理》,《华南农业大学学报》(社会科学版) 2021 年第 6 期。

李利文:《挂图作战:科层组织如何完成难点任务?——基于违法建设综合整治的个案研究》,《公共管理评论》2020 年第 3 期。

李卫朝、王维:《依托农民主体性建设,切实推动乡村全面振兴》,《中国农业大学学报》(社会科学版) 2019 年第 3 期。

李雪萍、刘腾龙:《精准扶贫背景下精准识别的实践困境——以鄂西地区 C 村为例》,《湖北民族学院学报》(哲学社会科学版) 2018 年第 5 期。

李永萍:《隐秘的公共性:熟人社会中的闲话传播与秩序维系——基于对川西平原 L 村的调研》,《西南大学学报》(社会科学版) 2016 年第 5 期。

李祖佩:《项目制基层实践困境及其解释——国家自主性的视角》,《政治学研究》2015 年第 5 期。

李祖佩、曹晋:《精英俘获与基层治理:基于我国中部某村的实证考察》,《探索》2012 年第 5 期。

李祖佩、梁琦:《资源形态、精英类型与农村基层治理现代化》,《南京农业大学学报》(社会科学版) 2020 年第 2 期。

梁东兴、龙心刚:《农民的认同逻辑、行动单位与乡村研究的基础》,《理论月刊》2013 年第 6 期。

梁栩丞、刘娟、胡秋韵:《产业发展导向的扶贫与贫弱农户的脱贫门槛:基于农政分析框架的反思》,《中国农村观察》2020 年第 6 期。

林健、肖唐镖:《社会公平感是如何影响政治参与的?——基于 CSS2019 全国抽样调查数据的分析》,《华中师范大学学报》(人文社会科学版) 2021 年第 6 期。

刘海健、王毅杰:《基于农民正当性认知的乡村有效治理——以吴河村日常纠纷为中心的考察》,《湖北社会科学》2020 年第 9 期。

刘鹏：《从分类控制走向嵌入型监管：地方政府社会组织管理政策创新》，《中国人民大学学报》2011年第5期。

刘述良：《中国公共权力结构的失范治理与制度分析》，《深圳大学学报》（人文社会科学版）2014年第4期。

刘一弘、高小平：《风险社会的第三种治理形态——"转换态"的存在方式与政府应对》，《政治学研究》2021年第4期。

刘义强、胡军：《中国农村治理的联结形态：基于历史演进逻辑下的超越》，《学习与探索》2016年第9期。

刘玉珍、程军：《土地调整的普遍性习惯与法律性规定的冲突及其化解路径》，《农村经济》2019年第3期。

刘祖华：《村头官僚、政策变通与乡村政策的实践逻辑——村干部政策角色的一个解释框架》，《甘肃行政学院学报》2008年第2期。

卢飞、江立华：《平衡逻辑下的人情交换——农民工群体内"散东西"行为的一个解释框架》，《学习与实践》2017年第6期。

鹿斌：《基层治理中的"说服"：一种非正式治理行动的研析》，《江海学刊》2020年第3期。

吕德文：《中心工作与国家政策执行——基于F县农村税费改革过程的分析》，《中国行政管理》2012年第6期。

毛安然：《赋权与认同：乡村振兴背景下乡村价值激活农民主体性的路径》，《华东理工大学学报》（社会科学版）2019年第2期。

穆昭阳：《民众记忆与村落民俗传统传承》，《民俗研究》2012年第6期。

倪星、原超：《地方政府的运动式治理是如何走向"常规化"的？——基于S市市监局"清无"专项行动的分析》，《公共行政评论》2014年第2期。

欧博文、李连江：《中国乡村中的选择性政策执行》，载［德］托马斯·海贝勒、［德］舒耕德、杨雪冬主编《"主动的"地方政治：作为战略群体的县乡干部》，中央编译出版社2013年版。

欧阳静:《"维控型"政权:多重结构中的乡镇政权特性》,《社会》2011年第3期。

欧阳静:《村级组织的官僚化及其逻辑》,《南京农业大学学报》(社会科学版)2010年第4期。

彭晓旭:《经营型经纪:项目下乡与村干部角色再造——以浙江D村为例》,《天津行政学院学报》2021年第3期。

齐晓瑾、蔡澍、傅春晖:《从征地过程看村干部的行动逻辑——以华东、华中三个村庄的征地事件为例》,《社会》2006年第2期。

强世功:《中国宪法中的不成文宪法——理解中国宪法的新视角》,《开放时代》2009年第12期。

渠敬东:《项目制:一种新的国家治理体制》,《中国社会科学》2012年第5期。

渠敬东、周飞舟、应星:《从总体支配到技术治理——基于中国30年改革经验的社会学分析》,《中国社会科学》2009年第6期。

饶静、叶敬宗:《税费改革背景下乡镇政权的"政权依附者"角色和行为分析》,《中国农村观察》2007年第4期。

任剑涛:《国家治理的简约主义》,《开放时代》2010年第7期。

桑玉成、孙琳:《论政治运行中的人伦关系与道德基础》,《南京师大学报》(社会科学版)2012年第3期。

申端锋:《乡村治权与分类治理:农民上访研究的范式转换》,《开放时代》2010年第6期。

申恒胜:《"分配型政权":惠农政策背景下基层政权的运作特性及其影响》,《东南学术》2013年第3期。

申恒胜:《基层政治运作中的行政化逻辑》,《当代世界社会主义问题》2010年第4期。

申恒胜:《家户与国家关系演进的历史逻辑——政治与灾害双重嵌入的视角》,《岭南师范学院学报》2018年第1期。

申恒胜、王玲:《国家文本与地方规则:救灾治理中的基层政策执行研究》,《中国农村研究》2016年第2期。

申静、陈静:《村庄的"弱监护人":对村干部角色的大众视角分析》,《中国农村观察》2001年第5期。

沈延生:《村政的兴衰与重建》,《战略与管理》1998年第6期。

苏力:《较真"差序格局"》,《北京大学学报》(哲学社会科学版)2017年第1期。

苏昕、付文秀、于仁竹:《互惠共生:村干部领办型合作社的成长模式》,《经济社会体制比较》2021年第6期。

宿胜军:《从"保护人"到"承包人"》,载杨善华、王思斌主编《社会转型:北京大学青年学者的探索》,社会科学文献出版社2002年版。

孙立平、郭于华:《"软硬兼施":正式权力非正式运作的过程分析》,载《清华社会学评论》第1辑,鹭江出版社2000年版。

孙立平、王汉生、王思斌、林彬、杨善华:《改革以来中国社会结构的变迁》,《中国社会科学》1994年第2期。

孙良顺:《水库移民社区后期扶持项目争取中的"关系"策略应用》,《南通大学学报》(社会科学版)2018年第6期。

孙新华:《"项目进村"的私人化运作与村庄建设困境——基于湘中英村的经验》,《现代城市研究》2016年第10期。

覃志敏:《连片特困地区农村贫困治理转型:内源性扶贫——以滇西北波多罗村为例》,《中国农业大学学报》(社会科学版)2015年第6期。

唐皇凤:《使命型政党:执政党建设的中国范式》,《浙江学刊》2020年第1期。

仝志辉、贺雪峰:《村庄权力结构的三层分析——兼论选举后村级权力的合法性》,《中国社会科学》2002年第1期。

王国红:《论政策执行中的政策规避》,《唯实》2003年第2期。

王国敏、张宁、杨永清:《贫困脆弱性解构与精准脱贫制度重构》,《社会科学研究》2017年第5期。

王汉生:《改革以来中国农村的工业化与农村精英构成的变化》,香港:《中国社会科学季刊》1994年第3期。

王汉生、刘世定、孙立平等:《作为制度运作和制度变迁方式的变通》,香港:《中国社会科学季刊》1997年冬季号。

王惠娜、陈瑞莲、贺畅:《序贯互动:城镇化进程中的政府与农民行为研究》,《学术研究》2017年第8期。

王敬尧、郑鹏:《基层政府非正式治理技术的类型学分析》,《南京大学学报》(哲学·人文科学·社会科学)2021年第1期。

王丽惠:《控制的自治:村级治理半行政化的形成机制与内在困境》,《中国农村观察》2015年第2期。

王玲:《国家赋权与话语表达:灾害嵌入下农民身份的重构与治理转型》,《甘肃理论学刊》2020年第6期。

王思斌:《村干部的边际地位与行为分析》,《社会学研究》1991年第4期。

王思斌:《村干部权力竞争解释模型之比较——兼述村干部权力的成就型竞争》,《北京大学学报》(哲学社会科学版)2005年第3期。

王向民:《分类治理与体制扩容:当前中国的社会组织治理》,《华东师范大学学报》(哲学社会科学版)2014年第5期。

王艳、沈毅:《资源下乡、私人关系与村庄秩序——以T村绿化工程承包权竞争为例》,《西北农林科技大学学报》(社会科学版)2021年第4期。

王振标:《论村内公共权力的强制性——从一事一议的制度困境谈起》,《中国农村观察》2018年第6期。

王中原:《精准识贫的顶层设计与调适性执行——贫困识别的中国经验》,《中国农业大学学报》(社会科学版)2020年第6期。

温铁军:《我们还需要乡村建设》,《开放时代》2005年第6期。

文宏、杜菲菲:《借势赋能:"常规"嵌入"运动"的一个解释性框架》,《中国行政管理》2021年第3期。

吴春来:《责任网格的精细化治理逻辑及其效能——乡镇党委统合的一种组织创新路径》,《西北农林科技大学学报》(社会科学版)2021年第6期。

吴高辉:《国家治理转变中的精准扶贫——中国农村扶贫资源分配的解释框架》,《公共管理学报》2018年第4期。

吴毅:《"权力—利益的结构之网"与农民群体性利益的表达困境——对一起石场纠纷案例的分析》,《社会学研究》2007年第5期。

吴毅:《"双重角色"、"经纪模式"与"守夜人"和"撞钟者"——来自田野的学术札记》,《开放时代》2001年第12期。

吴毅:《双重边缘化:村干部角色与行为的类型学分析》,《管理世界》2002年第11期。

肖瑛:《从"国家与社会"到"制度与生活":中国社会变迁研究的视角转换》,《中国社会科学》2014年第9期。

谢治菊、许文朔:《扶贫责任异化:职责同构下的层层加码与消解》,《山东社会科学》2020年第1期。

邢成举:《城乡融合进程中的相对贫困及其差异化治理机制研究》,《贵州社会科学》2020年第10期。

邢成举:《政策张力、公平观念与扶贫工作的合理性》,《西北农林科技大学学报》(社会科学版)2018年第2期。

邢成举、李小云:《精英俘获与财政扶贫项目目标偏离的研究》,《中国行政管理》2013年第9期。

熊万胜:《基层自主性何以可能——关于乡村集体企业兴衰现象的制度分析》,《社会学研究》2010年第3期。

徐勇:《"接点政治":农村群体性事件的县域分析》,《华中师范大学学报》(人文社会科学版)2009年第6期。

徐勇:《"行政下乡":动员、任务与命令——现代国家向乡土社会渗透的行政机制》,《华中师范大学学报》(人文社会科学版)2007年第

5 期。

徐勇：《"政策下乡"及对乡土社会的政策整合》，《当代世界与社会主义》2008 年第 1 期。

徐勇：《"政党下乡"：现代国家对乡土的整合》，《学术月刊》2007 年第 8 期。

徐勇：《村干部的双重角色：代理人与当家人》，香港：《二十一世纪》1997 年 8 月号。

徐勇：《农民理性的扩张："中国奇迹"的创造主体分析——对既有理论的挑战及新的分析进路的提出》，《中国社会科学》2010 年第 1 期。

徐勇：《县政、乡派、村治：乡村治理的结构性转换》，《江苏社会科学》2002 年第 2 期。

徐勇：《现代国家建构与农业财政的终结》，《华南师范大学学报》（社会科学版）2006 年第 2 期。

徐勇：《中国家户制传统与农村发展道路——以俄国、印度的村社传统为参照》，《中国社会科学》2013 年第 8 期。

徐勇、吴毅、贺雪峰、仝志辉、董磊明：《村治研究的共识与策略》，《浙江学刊》2002 年第 1 期。

严佳、张海波：《信访治理的结构形态：以部门关系为中心的考察》，《南京社会科学》2019 年第 12 期。

杨彬权：《乡镇政府治理的法律困境及破解路径》，《行政与法》2020 年第 1 期。

杨华：《分化、竞争与压力的社会配置——对农村两类高危群体自杀行为的理解》，《人文杂志》2019 年第 4 期。

杨华：《农村征地拆迁中的利益博弈：空间、主体与策略》，《西南大学学报》（社会科学版）2014 年第 5 期。

杨华：《乡镇治权与基层治理能力建设》，《湖湘论坛》2018 年第 5 期。

杨建国：《基层政府的"不出事"逻辑：境遇、机理与治理》，《湖北社会科学》2018 年第 8 期。

杨嵘均：《论正式制度与非正式制度在乡村治理中的互动关系》，《江海学刊》2014年第1期。

杨善华、苏红：《从"代理型政权经营者"到"谋利型政权经营者"——向市场经济转型背景下的乡镇政权》，《社会学研究》2002年第1期。

野夫：《治小县若统大国——地震危机中基层政权运作的观察与忧思》，《天涯》2008年第4期。

叶本乾：《村庄精英：村庄权力结构的中介地位》，《中国农村观察》2005年第1期。

叶敏、李宽：《资源下乡、项目制与村庄间分化》，《甘肃行政学院学报》2014年第2期。

尹利民：《逆科层化：软约束条件下基层政府的信访治理与组织运作》，《学习与实践》2014年第5期。

印子：《治理消解行政：对国家政策执行偏差的一种解释》，《南京农业大学学报》（社会科学版）2014年第3期。

于建嵘：《土地问题已成为农民维权抗争的焦点》，《调研世界》2005年第3期。

余练：《地权纠纷中的集体成员权表达》，《华南农业大学学报》（社会科学版）2017年第1期。

翟学伟：《"土政策"的功能分析——从普遍主义到特殊主义》，《社会学研究》1997年第3期。

翟学伟：《人情、面子与权力的再生产——情理社会中的社会交换方式》，《社会学研究》2004年第5期。

张聪、蔡文成：《选举民主：政治合法性的建构及其困境》，《理论与改革》2014年第5期。

张红阳、朱力：《"权力悬浮"背景下乡村治理无效性的根源——基于华北D村自来水工程建设史的分析》，《学习与实践》2017年第3期。

张磊、伏绍宏：《结构性嵌入：下派干部扶贫的制度演进与实践逻辑》，

《社会科学研究》2020 年第 4 期。

张良:《"资本下乡"背景下的乡村治理公共性建构》,《中国农村观察》2016 年第 3 期。

张世勇:《国家认证、基层治理与精准识别机制——基于贵州 W 县精准识别实践的考察》,《求索》2018 年第 1 期。

张英洪:《农民、公民权与国家——以湖南省山脚下村为例》,《中国农村观察》2009 年第 3 期。

张兆曙:《生存伦理还是生存理性?——对一个农民行为论题的实地检验》,《东南学术》2004 年第 5 期。

赵吉林:《公共政策执行自主化的成因分析》,《云南行政学院学报》2003 年第 1 期。

赵蜜、方文:《社会政策中的互依三角——以村民自治制度为例》,《社会学研究》2013 年第 6 期。

赵佩、黄振华:《农民偏执型上访的生成及其内在逻辑——基于湖南省 G 村的田野考察》,《湖南农业大学学报》(社会科学版) 2021 年第 5 期。

赵树凯:《农村发展与"基层政府公司化"》,《中国发展观察》2006 年第 10 期。

赵树凯:《乡镇改革谈何容易》,《中国发展观察》2006 年第 1 期。

赵为民:《集体行动、财政激励与村级公共产品自主供给》,《华南农业大学学报》(社会科学版) 2019 年第 5 期。

赵晓峰:《分类治理与福利下乡:国家与农民关系视域中的精准扶贫政策实践研究》,《陕西师范大学学报》(哲学社会科学版) 2020 年第 6 期。

郑淋议:《农村土地调整与土地确权的关系:一个多维度检视》,《当代经济管理》2021 年第 8 期。

郑石明:《嵌入式政策执行研究——政策工具与政策共同体》,《南京社会科学》2009 年第 7 期。

郑永君：《属地责任制下的谋利型上访：生成机制与治理逻辑》，《公共管理学报》2019年第2期。

郑永君、张大维：《社会转型中的乡村治理：从权力的文化网络到权力的利益网络》，《学习与实践》2015年第2期。

郑有贵：《农业税费改革的重大意义与宝贵经验》，《人民论坛》2021年第31期。

周大鸣：《差序格局与中国人的关系研究》，《中央民族大学学报》（哲学社会科学版）2022年第1期。

周飞舟：《从汲取型政权到"悬浮型"政权——税费改革对国家与农民关系之影响》，《社会学研究》2006年第3期。

周飞舟：《锦标赛体制》，《社会学研究》2009年第3期。

周黎安：《中国地方官员的晋升锦标赛模式研究》，《经济研究》2007年第7期。

周立、庞欣、马荟：《乡村建设中的农民主体性提升——基于角色互动理论的Y村案例分析》，《行政管理改革》2021年第4期。

周雪光：《基层政府间的"共谋"现象——一个政府行为的制度逻辑》，《开放时代》2009年第12期。

周雪光：《权威体制与有效治理：当代中国国家治理的制度逻辑》，《开放时代》2011年第10期。

周雪光：《运动型治理机制：中国国家治理的制度逻辑再思考》，《开放时代》2012年第9期。

朱力、汪小红：《干群矛盾的理性分析：类型、特征、趋势和对策》，《中共中央党校学报》2017年第3期。

庄垂生：《政策变通的理论：概念、问题与分析框架》，《理论探讨》2000年第6期。

庄天慧、杨帆、曾维忠：《精准扶贫内涵及其与精准脱贫的辩证关系探析》，《内蒙古社会科学》（汉文版）2016年第3期。

左停、杨雨鑫、钟玲：《精准扶贫：技术靶向、理论解析和现实挑战》，

《贵州社会科学》2015 年第 8 期。

［美］黄宗智:《集权的简约治理——中国以准官员和纠纷解决为主的半正式基层行政》,《开放时代》2008 年第 2 期。

［美］黄宗智:《中国的现代家庭:来自经济史和法律史的视角》,《开放时代》2011 年第 5 期。

Lieberthal, Kenneth, "Introduction: The Fragmented Authoritarianism Model and Its Limitations", In Kenneth Lieberthal & Michel Oksenberg (eds.), *Policy Making in China: Leaders, Structures, and Process*, N. J.: Princeton University Press.

三　学位论文

陈锋:《机会主义政治——北镇的治理实践与分利秩序》,博士学位论文,华中科技大学,2013 年。

韩建力:《交公粮:农业税时代的集体记忆与政治认知》,硕士学位论文,吉林大学,2016 年。

胡永保:《中国农村基层互动治理研究》,博士学位论文,东北师范大学,2014 年。

秦振兴:《双重嵌入:农村政策执行的失真性实践机制研究》,硕士学位论文,吉林大学,2017 年。

王玲:《救灾政治:合法性经营视角下的现代国家与乡村社会》,博士学位论文,华中科技大学,2012 年。

袁明宝:《接点治理:国家与农民关系视角下的国家政权建设》,硕士学位论文,华中科技大学,2010 年。

周睿:《移民村庄利益分配中的权力运作》,硕士学位论文,中央民族大学,2010 年。